T0147229

نظرية الشعر عند الجاحظ

الطبعة الأولى

2009 – 2010م

المملكة الأردنية الهاشمية رقم الإيداع لدى دائرة المكتبة الوطنية (2009/3/1097)	
811.09	
المجمعي، مريم محمد	
نظرية الشعر عند الجاحظ/ مريم محمد المجمعي.-	
عمان: دار مجدلاوي 2009	
( ) ص.	
ر.أ: (2009/3/1097)	
الواصفات:/ النقد الادبي// التحليل الادبي// الشعر العربي/	
* أعدت دائرة المكتبة الوطنية بيانات الفهرسة والتصنيف الأولية	

ISBN 978-9957-02-361-4 (ردمك)

Dar Majdalawi Pub.& Dis.
Telefax: 5349497 - 5349499
P.O.Box: 1758 Code 11941
Amman- Jordan
www.majdalawibooks.com
E-mail: customer@majdalawibooks.com

دار مجدلاوي للنشر والتوزيع
تليفاكس : ٥٣٤٩٤٩٧ - ٥٣٤٩٤٩٩
ص . ب ١٧٥٨ الرمز ١١٩٤١
عمان ـ الاردن

◄ الآراء الواردة في هذا الكتاب لا تعبر بالضرورة عن وجهة نظر الدار الناشره.

نظرية الشعر عند الجاحظ

د. مريم محمد جاسم المجمعي

دار مجدلاوي للنشر والتوزيع

عمان-الأردن

المحتويات

المقدمة

ليس من السهل - أكاديميا ونقديا - معاينة المفاهيم والمصطلحات التي اشتغل عليها نقادنا القدماء، ومقاربتها للمفاهيم والمصطلحات الحديثة في المجال النظري (الفلسفي والفكري) والإجرائي (التطبيقي) ذاته، وذلك لأن المناخ المعرفي تباين تباينا كبيرا بين القدماء والمحدثين على النحو الذي صنع فجوة معرفية، يمكن أن تنظر إلى منطقة اشتغال النقاد القدماء بوصفها منطقة المعرفة التقليدية القديمة، ومنطقة اشتغال النقاد المحدثين بأنها منطقة المعرفة الجديدة.

من هنا تتحمل الدراسة الأكاديمية الجادة في هذا المضمار عبئا مضاعفا، وهي تسعى إلى محاولة ربط سلسلة الدراسات القديمة بالدراسات الحديثة على نحو ما، وبطريقة تتوافر على قدر كبير من العلمية والرحابة والفهم والتسامح المعرفي، وتقبل الآخر، والبعد عن التعصب، وتقليل فاعلية التمركز حول الأنموذج، على النحو الذي يمكن أن تتضح فيه ملامح التوافق ومنطلقات التلاقي بن القديم والجديد.

ويمكن أن يرشدنا ذلك إلى أساليب قراءة النص التراثي قراءة جديدة يكون بوسعها اكتشاف الرؤية الحداثية في الأنموذج القديم، والتوصل إلى فرص نجاح حقيقية في ربط السلسلة بين القديم والجديد ربطا علميا ومعرفيا وثقافيا، ينهض على الرؤية الناضجة غير المتحزبة، وفي إطار موضوعي من إدراك عامل الزمن والمكان والتاريخ في وضع القديم ضمن إطاره والحديث/ الجديد ضمن إطاره أيضا.

حول مفهوم (النظرية) بعامة و(نظرية الشعر) بخاصة عند القدماء، تتبدى سلسلة من الملاحظات الأدبية والنقدية في كتب القدماء تقارب هذين المفهومين ضمن سياقات متعددة، وبالإمكان هنا - مثلا - مراجعة كتاب (طبقات الشعراء) لابن سلام، (البيان والتبيين) للجاحظ، و(العمدة) لابن رشيق، وغيرها كثير، بما تتكشف عنه من أفكار وقيم نقدية يمكن أن تحيل على هذين المفهومين.

ولعل تجنيد ما يمكن تجنيده من قوى البحث والتقصي والحفر والقراءة والاستنتاج، بوسعها التوصل إلى استكناه وجوه التقارب في الفضاء المفهومي العام بين الرؤية القديمة والرؤية الجديدة في هذا المجال.

يحق لنا القول - ونحن نقدم هنا مرافعة أكاديمية عن أنموذجنا في البحث - إن الجاحظ من أكثر النقاد العرب القدماء الذين اشتغلوا في هذا الحقل - توسعا وقربا ودقة في مقاربة مفهوم (النظرية) عموما و(نظرية الشعر) خصوصا، في إطار الرؤية البحثية التي اعتمدها بحثنا هنا.

ولا شك في أن مؤلفاته التي راعت في بنائها وتكوينها العام فضاء المتلقي سواء أكان خليفة أم وزيرا أم إنسانا بسيطا، مثلما راعت خصوصية القصيدة ذاتها -بناء وتكوينا وتشكيلا-، وصلة ذلك بشخصية الشاعر الإبداعية والاجتماعية والثقافية، يمكن أن تشهد على ذلك، لأنها مثلت في سياق التجلي المفهومي لمصطلح (نظرية/ نظرية الشعر) حقيقة محددة متعلقة بين الجاحظ (الرائي والناقد والقارئ والكاتب) من جهة، ومجتمع التلقي وفضاء القصيدة وشخصية الشاعر من جهة أخرى.

ربما كانت مراعاة طبيعة المتلقي ووضعه وأنموذجه في توجيه الخطاب الشعري عند الجاحظ من الركائز المهمة في صياغة نظرية الشعر عنده، إذ كان ينظر إلى هذه القضية نظرة منهجية تنطوي على قدر عال من الوعي، وتقترب على نحو كبير من طروحات نظرية القراءة والتلقي الحديثة، وقد حلل الجاحظ في هذا السياق مقامات المهدى إليهم، أي الذين يتوجه إليهم الخطاب الشعري مباشرة، ووضع سياقات طبقية توجه أنموذج الخطاب الشعري وتحدد طبيعته على هذا الأساس.

إن مفهوم الجاحظ للشعر بوصفه مقوما مركزيا من مقومات صياغة نظرية خاصة ومتكاملة للشعر، قائم -استنادا إلى هذه الرؤية- على أساس علمي -معرفي، وذوقي- جمالي في آن معا، وهو يسعى دائما إلى مزج الروح

العلمي بالحساسية الذوقية وبأسلوبية تعبيرية خاصة يتميز بها الجاحظ حصرا، على النحو الذي تحتاج فيه إلى قراءة نوعية خاصة وبحث معمق.

تطلب بحثنا الموسوم بـ (نظرية الشعر عند الجاحظ) بطبيعة الحال الإتيان على قراءة كتب الجاحظ في هذا الحقل ورسائله، وكل ما كتب عنه في هذا الإطار أيضا، وعلى الرغم من أن البحث عن رؤية واضحة ذات صلة مباشرة بإشكالية بحثنا لم تكن متوافرة بالدقة المطلوبة، إلا أن كثيرا من المصادر والمراجع أضاءت بعض المفاصل التي اشتغل عليها البحث، وسهلت المرور إلى توجيه مقولات الجاحظ وتحليلها على النحو الذي يخدم فكرة البحث ويجيب على أسئلته ويكرس مقولته.

وعلى الرغم من المعاناة والمكابدة التي عانيناها وكابدناها في مسيرة البحث، على صعيد نوعية المصادر والمراجع، وإشكالية أسلوب الجاحظ في تناول الموضوعات، وحاجة ذلك إلى مزيد من التركيز والفحص وإعادة القراءة مرات ومرات للوصول إلى لب الفكرة الجاحظية وجوهرها، إلا أن حب الموضوع والانغماس في لذة البحث، وتصاعد هذا الحب مع استمرارية البحث والمعالجة والتناول والتحليل والمقاربة، ومحاولة استكناه حدود هذه النظرية في الرؤية الجاحظية الكثيفة والثرة والخصبة، هو ما خفف العبء وحول المعاناة والمكابدة إلى متعة وإلى فرح حقيقي.

لعل الآلية المنهجية التي استخدمناها في قراءة المدونة الجاحظية لاكتشاف نظرية الشعر عنده، تطورت هي الأخرى واتسع أفقها مع تطور البحث ذاته، واعتمدت في منظورها العام على حشد الأسس المكتشفة في مراحل البحث، وفتح فضاءاتها لكي تتضافر فيما بينها في سياق واحد، يمكن أن تشكل على الصعيد المفاهيمي رؤية موضوعية واضحة المعالم للظاهرة، وقد قاد تلاحم الموضوعات وقربها من بعضها لتكون الكل النظري الذي يؤلف النظرية، ولنا أن نقر هنا

-توافقا مع هذه المعطيات- أن خطة البحث لم تأخذ شكلها النهائي الذي استقرت عليه إلا في نهاية العمل.

تكون بحثنا من (التمهيد) الذي اجتهد في تحديد (مفهوم النظرية)، بوصفه مفهوما يدخل في صلب العملية البحثية وجوهرها، ولا بد من تعريفه وتشخيص حدوده على النحو الذي يتجلى في التوصلات التي ينتجها البحث لاحقا، أي ان الفروض البحثية التي تتعلق بهذا المفهوم، علاوة على فروض (مفهوم النثر بدلالة الشعر) الذي قاربه التمهيد بعد مفهوم النظرية، تمثل ضرورة بحثية أصيلة، على البحث أن يبرهنها في فصوله ومباحثه ويؤكد قيمتها في خلاصاته واستنتاجاته.

ذهب الفصل الأول إلى مقاربة (مفهوم الشعر) عند الجاحظ بوصفه المرتكز الأول من مرتكزات نظرية الشعر، وتشكل المفهوم عبر مجموعة من القضايا التي تمثل أرضية موضوعية تدعم هذا التشكل وتنضجه، ابتداء من التوجه إلى مبحث (في تعريف الشعر) لما له من صلة وثيقة بالمفهوم، ولعل تحديد الشعر بتعريفه أمر يسهل كثيرا إمكانية التوصل إلى مفهومه.

ومن ثم توجه المبحث اللاحق إلى كشف حدود التجنيس في (بين الشعر والنثر: حدود التجنيس)، من أجل وضع مفهوم الشعر في منطقته الصحيحة القابلة للتشكيل النظري، وكان لا بد في هذا الإطار من العودة إلى (أولية الشعر وعمره) بوصفه الركيزة التاريخية التي ينطلق منها المفهوم، أما قضية (الشعر والسحر: العلاقة والماهية) فإنها تنطوي على أهمية بالغة أيضا في تشكيل المفهوم وإدراك محتواه.

وأتى هذا الفصل أيضا على تعيين (وظيفة الشعر) بوصفها تمثل الجانب الإجرائي الأهم في تأسيس أرضية صالحة لبناء المفهوم، واختتم الفصل مباحثه بمناقشة قضية (ترجمة الشعر) إذ نظر إليها الجاحظ بموضوعية وعلمية تؤكد قوة مفهوم الشعر لديه، بما ينطوي عليه من حساسية عاطفية وانفعالية عالية يصعب

نقلها إلى لغة أخرى بقدر عال من الحفاظ على نصاعة المفهوم وقوة حضوره في النص.

جاء الفصل الثاني بعنوان (بناء الشعر: المكونات والتشكيل)، ولا شك في أن مرحلة تقصي أسس بناء الشعر تأتي بعد الاستقرار على تشكل المفهوم، وقد تمثلت أسس بناء الشعر عند الجاحظ بالمباحث الآتية: المبحث الأول (ثنائية اللفظ والمعنى) التي شغلت الدرس الأدبي والنقدي والبلاغي العربي القديم زمنا طويلا، لما لها من أهمية مفهومية واصطلاحية وإجرائية في تأسيس نظرية للشعر.

والمبحث الثاني (فضاء الصورة والتصوير) الذي كشف عن رؤية حداثية للجاحظ أكدت عمق رؤيته وصحتها لهذا الفضاء، وهو يتدخل في صلب العملية الشعرية ويسهم في تكريس فنيتها وجمالياتها، وذهب المبحث الثالث الموسوم بـ (بنية القصيدة) إلى استكشاف طبيعة البنية التي تؤلف معمار القصيدة عند الجاحظ، وأعقبها المبحث الرابع (عمود الشعر: الأسس والمقومات) ليستكمل شروط البنية على وفق نظرية عمود الشعر من حيث طبيعة الأسس والمكونات.

واختتم الفصل مباحثه بمبحث أخير ناقش قضية مهمة تدخل في سياق بناء الشعر عبر العتبة النفسية والفلسفية (دلالة الموهبة الشعرية: التوريث والتثقيف)، التي تفحص قيمة الموهبة ودلالتها في بناء الشعر بوصفها مكونا ثقافيا في التشكيل.

قارب لفصل الثالث الموسوم بـ (الشعر والآخر: الإحالة والتلقي) جزءا مهما آخر من نظرية الشعر عند الجاحظ، تمثلت في علاقة الشعر (شاعرا وقصيدة) بالآخر المتدخل في توجيه طبيعة الشعر وتحديد سياسته والكشف عن وظيفته، وكان مبحث (السرقات الشعرية وإشكالية الإحالة) من المباحث المحورية في الثقافة النقدية العربية الخاصة بنقد الشعر، فشكل السرقة يعاب على الشاعر.

وفي الطرف المقابل ناقشت نظرية الشعر عند الجاحظ في مبحث (الانتحال وتقويل الآخر) قضية تقويل الشعراء والانتحال على لسانهم، وهي قضية

مركزية خرجت أحيانا عن حدود الشعرية لتدخل في إطار ثقافي وفكري وحضاري.

واستكمل الجاحظ في هذا إطار علاقة الشعر بالآخر ما وصفناه بـ (استراتيجية التلقي الشعري) التي تنطوي على أهمية بالغة، تتحدد في نضج الرؤية الشمولية لثلاثية الفضاء الشعري في المستوى النظري، متمثلة بـ (الشاعر/ القصيدة/ القارئ) وهي تحتشد في سياق تمثلي واحد يوحي بالإحاطة والإدراك اكتملت صياغة الفضاء الشعري في نظرية الجاحظ بالفصل الرابع الذي والشمول.

جاء بعنوان (الرؤية النقدية: من الشاعر إلى القصيدة)، في التفاتة جاحظية مهمة للمناطق والتخوم والمساحات التي تتعلق بالشاعر وتؤلف شخصيته الشعرية، وتكشف عن رؤية لا تتعلق في جوهر بناء القصيدة بل تنظر إلى الشاعر واهتماماته ومشاغله، على النحو الذي يدعم موقفه من القصيدة ورؤيته لها، مستكملا شروطا أخرى للوصول بالنظرية إلى مرحلة الاستيفاء والنضج والصيرورة.

وناقش الفصل في مبحثه الأول (معايير التقويم النقدي)، وما انطوت عليه رؤية الجاحظ في هذا المجال من أحكام وقيم وتصورات تعمق الصورة لملامح نظرية الشعر عند الجاحظ، وعزز هذه الرؤية المبحث اللاحق الخاص بـ (مواصفات الشاعر) ودورها في تأليف صورة الشاعر، وأهمية ذلك في تكريس فاعلية التمييز والتشكل والخصوصية على الصعيد الذاتي الشعوري، وكذلك على الصعيد الاجتماعي وما يتطلبه ذلك من قيمة يحتاجها الشاعر كي تسهم في بناء شخصيته الأدبية والاجتماعية.

وربما يكون المبحث الثالث الموسوم بـ (زي الشعراء) معززا شكليا لهذا التمييز والتفرد والخصوصية، أما المبحث الأخير (المختارات الشعرية) فهو الآخر يسهم على المستوى ذاته في الكشف عن الطبيعة الذوقية والنقدية، لأن المختارات

التي ينتخبها في مناسبات مختلفة تكشف عن رؤية وموقف وحساسية انتقاء نقدية، تسهم على نحو ما في تأسيس أنموذج هذه النظرية.

نجد أن نظرية الجاحظ هنا حققت جزءا كبيرا من مفهوم التكامل النظري المطلوب في حدود صياغة نظرية مهمة من هذا النوع، لأنها قاربت ثلاثية التشكيل الشعري (الشعر/ الشاعر/ المتلقي)، واستوفت الشروط الفنية والتشكيلية والتاريخية والجمالية لكل جزء منها على حدة، وفي الوقت ذاته استكملت هذه الشروط عبر النظر إلى هذه الأجزاء في وحدتها وتفاعلها وتضافرها وتداخل نشاطاتها، على النحو الذي يشجعنا على القول بأننا تمكنا -بفضل الله- من اقتراح هذه الرؤية، وتحديدها، وتحليلها، وحشد ما توافر من القرائن والأدلة، واستنطاق النصوص وتأويل ما أمكن منها، للوصول إلى مرفأ نحسب أنه آمن إلى درجة معقولة، يشيع في أعماقنا طمأنينة معقولة لهذا المنجز الذي نطمح أن يكون جديرا بالقراءة والتأمل.

إن الباحثة في خاتمة المطاف المكتظ بالجهد والتعب والعناء واللذة والمتعة والتعلم وتوسيع حدود الأفق معا، وقد تمظهر أمامها حلم هذا البحث ليصبح أشبه ما يكون بحقيقة ماثلة، لا يسعها إلا أن تتقدم بشكرها وتقديرها للأستاذ المشرف الدكتور محمد صابر عبيد، الذي رعى هذا البحث رعاية خاصة ولولاه لما خرج إلى النور كما هو عليه الآن، وكل من قدم يد المساعدة للباحثة بكلمة تشجيع، أو دعم فكرة، أو تطوير رؤية، أو الإجابة على تساؤل، أو توفير مصدر أو مرجع، وفي مقدمتهم الدكتور نافع علوان بهلول إذ كان مثال الزوج المخلص والرفيق الوفي والصديق الصدوق.

ومن الله التوفيق

تمهيد

المبحث الأول: مفهوم النظرية
المبحث الثاني: مفهوم النثر بدلالة الشعر

المبحث الأول
مفهوم النظرية

لغة: مأخوذة من الجذر اللغوي (نظر): وهي تدور في فلك إشغال الفكر والعقل والحواس ولا سيما العين قال ابن منظور: (والنظر: حس العين، نظره ينظره نظرا ومنظرة ونظر إليه... والنظر: الفكر في الشيء تقدره وتقيسه منك... وتنظر أي تتكهن وهو نظر تعلم وفراسة والنظرة: اللمحة بالعجلة)[1].

اصطلاحا: توصف النظرية في نطاقها الاصطلاحي بأنها: (عملية كشف الأسس الفلسفية للأدب، سواء كان ذلك بطريقة الوصف الذي ينطوي تحت علم النقد، أم بطريقة الكشف الإبداعي في النظم والنثر)[2] على النحو الذي تتشكل فيه بوصفها: (الأساس المقوم للنص إذ إنها بيان لقيمة النص)[3] وعلى الصعيد البرهاني هي: (جملة التصورات أو المفاهيم المؤلفة تأليفا عقليا يهدف إلى ربط النتائج بالمقدمات)[4] أما النظرية في المجال الشعري تحديدا فتمثل كل الأسس التي يقوم عليها النقد التطبيقي للشعر من الناحية الفعلية، ويجب أن نعرف بأن نظرية الأدب في التراث العربي لا تتجاوز فني الشعر والبلاغة، فأغلب ما بقي لنا من إرث نقدي يسجل بهذا الاتجاه أو ذاك أي: البلاغة والشعر والناظر إلى كتاب (قواعد الشعر) لثعلب أو (كتاب البديع) لابن المعتز يصل إلى انطباع أكيد بأن مفهوم النقد العربي لم يبتعد عن الشعر وبلاغته بالرغم من أن التراث السردي العربي هائل كما ونوعا.

---

(1) لسان العرب، ابن منظور (711هـ)، دار إحياء التراث العربي، بيروت، لبنان، ط 3، (د.ت) مادة (نظر).

(2) النظرية النقدية عند العرب، د. هند حسين طه، منشورات وزارة الثقافة والإعلام، العراق، سلسلة دراسات (283) دار الرشيد للنشر، 1981م، ص 14.

(3) م.ن، ص14.

(4) معجم مصطلحات الأدب، مجدي وهبة، مكتبة لبنان، بيروت، 1974م، ص 569.

فالنظرية بمقصدها العام الأسس المقومة للنص سواء أكان شعريا أم نثريا، أما نظرية الشعر فلا تخرج عن الشعر بل تبحث في ماهية الشعر وتعطي تصورات ومفاهيم خاصة به، يمكن من خلالها تقييمه وتقويمه، ومفهوم النظرية وإن كان من المصطلحات الحديثة إلا أن أسسه قديمة قدم النقد نفسه، والمتأمل في كلام النقاد العرب القدماء يجد أن الأدب منذ نشأته اتخذ اتجاهين هما: التفسير والنظرية، فالأول: يعالج مع الآثار الأدبية التي يخلفها أصحابها على مر العصور تعاملا مباشرا بالإيضاح والشرح والتحليل ثم الحكم والتقويم، في حين ينهض الاتجاه النظري على تكوين المفاهيم والتصورات النظرية التي تشكل الأساس لنظرية الأدب عامة كما تشكل في الوقت نفسه الأصول الجمالية التي يبنى عليها النقد[1].

ويعد الفلاسفة المسلمون ممن عنوا بتحديد المفاهيم والتصورات النظرية للشعر وغاياته وأشكاله، بل توجهت طموحاتهم إلى محاولة استخلاص القوانين الكلية للشعر (مطلقا) التي يشترك فيها جميع الأمم على اختلافها[2].

إلا أننا لم نجد كتابا أو مؤلفا يجمع شتات هذه الآراء ولا سيما أن هذه الآراء مبثوثة في كتب متفرقة وفي عصور مختلفة لذا جاءت محاولات عديدة لجمعها ورصدها ومنها دراسة د. ألفت كمال الروبي[3] التي حاولت رصد هذه الجهود وزواياها وربط النتائج بمقدماتها مبوبة تحت مفهوم (النظرية).

ولا شك في أن (الشعر) بمفهومه العام هو المقابل الفني للنثر، وقد تباين العلماء في مفهومه، وأدواته، وخصائصه، ولما كان مفهوم نظرية الشعر يقوم على أساس بيان كل ما يتعلق بالمفاهيم والآراء والتصورات الخاصة بالشعر أو كل ما

---

(1) تطور النظرية الأدبية، تودروف، ترجمة: مها هلال أبو العلا، مجلة (ألف)، الجامعة الأمريكية بالقاهرة، عدد 1، 1981م.

(2) نظرية الشعر عند الفلاسفة المسلمين من الكندي حتى ابن رشد، د. الفت كمال الروبي، لبنان، ط 1، 1983م، ص 7.

(3) م.ن: ص 7

يقوم عليه نقده للشعر من الناحية الفعلية فإن القول بنظرية الشعر عند الجاحظ يبحث في جل ما قاله الجاحظ في الشعر وما يتعلق به وبيان الأسس النظرية في ذلك... فضلا عن بيان موقف بعض النقاد منه ردا أو قبولا، ومن ذاك اعتراض المازني (ت 249 هـ)[1] على مفهوم الشعر بأنه كلام موزون مقفى ورفضه بأن الشعر مجرد تصوير، معترضا بذلك على قول الجاحظ: (إنما الشعر صناعة وضرب من النسج وجنس من التصوير)[2] فالشعر كما يراه المازني يقوم على الخيال والتصوير، وهو يخاطب الوجدان، ولا بد أن يكون الشعر مطبوعا، ليس فيه أثر من آثار الصنعة والتكلف، وأن يستلهم الخيال الواسع، ويعمد إلى الابتكار والتجديد وأن يعبر تعبيرا صادقا عن نفس صاحبه، مصورا آمال النفس البشرية وآلامها، ومعبرا خير تعبير عن معاني الطبيعة والعقل... والشعر عنده ذاتي شخصي... وإنه ابن الخيال ويقول: (إن الشعر لغة العواطف)[3]. على الرغم مما يبدو من اعتراض المازني عليه من تهويم رومانسي- إنشائي خال من الضبط المفهومي النظري الذي جاء عليه قول الجاحظ، على النحو الذي يكشف قيمة المنطق النظري الجاحظي في تحديد المفهوم قياسا بالاعتراض الإنشائي الذي قدمه المازني.

ولا شك في أن المتأمل لأقوال الجاحظ كما سيجتهد بحثنا في الخوض فيها- يتلمس أسسا ومقاصد سجلها الجاحظ أقوالا وأفعالا من خلال كتاباته فيمكن القول إنه صاحب نظرية متكاملة وصاحب تطبيق نظري في فن الشعر.

---

(1) موسوعة المفاهيم (النون): (بحث غير معرف منشور في الانترنت).

(2) كتاب الحيوان، الجاحظ (ت 250) وضع حواشيه محمد باسل عيون السود، دار الكتب العلمية، بيروت، لبنان، ط 2، 2003: 3/ 67.

(3) موسوعة المفاهيم (النون): (بحث غير معرف منشور في الانترنت).

المبحث الثاني
مفهوم النثر بدلالة الشعر

النثر لغة: (نثرك الشيء، بيدك ترمي به متفرقا مثل نثر الجوز واللوز والسكر، وكذلك نثر الحب إذا بذر، وهو النثار، وقد نثره ينثره وينثره نثرا ونثارا ونثره فانتثر وتناثر)[1] (وقد نثر ولدا أو كلاما، أكثره)[2] ويقال: (رجل نثير... كثير الكلام)[3]. فاللفظ لم يخرج في معناه اللغوي عن نثر الشيء ورميه متفرقا والكثرة في الشيء.

اصطلاحا: فهو (الكلام الذي لم ينظم في أوزان وقواف)[4] أو هو (لغة العرب وكلامهم)[5].

أقسامه: حدده العلماء في قسمين[6]:

1- **النثر العادي:** هو الذي يبلغ معاني منطقية بأدق الألفاظ المختارة نحويا، من غير أدنى اهتمام بالجانب الصوتي و(الإيقاع).

2- **النثر الفني:** الذي يعنى باللفظ، والتركيب نحويا وصوتيا، لتكون له في النهاية صياغة إيقاعية موسيقية ملائمة.

---

(1) لسان العرب، مادة (نثر).

(2) م. ن.، مادة (نثر).

(3) م. ن.، مادة (نثر).

(4) الفن ومذاهبه في النثر العربي، د. شوقي ضيف، مكتبة الدراسات الأدبية، دار المعارف، مصر، (د.ت)، ص 15.

(5) القضايا النقدية في النثر الصوفي حتى القرن السابع الهجري، د. وضحى يونس، دراسة منشورات اتحاد الكتاب العرب، دمشق، 2006، (بحث منشور في الانترنت).

(6) الفن ومذاهبه، ص 15.

في حين جعله الجاحظ على ثلاثة أقسام (النثر الأدبي، النثر العلمي، النثر الديني) وجعـل لكـل قسـم منـه منهجا، فللأول: المنهج البلاغي، وللثاني المنهج العلمي وللثالث المنهج اللغوي[1].

تعريفه:

ومن الملاحظ على الدراسات القديمة أنها لم تشر إلى تعريف دقيـق للنثر، بـل هـي مجـرد إشارات متناثرة، ذهب ابن مسكويه إلى الفصل بين النظم والنثر(بفضل الوزن الذي به صار المنظـوم منظومـا، ولمـا كان الوزن حلية زائدة (وصورا) فاضلة عن النثر صار الشعر أفضل من النثر من جهة الوزن)[2]، وبقي الأصل في التفريق معتمدا الـوزن أساسـا إلى أن توسع الجاحظ في ذلك فأشار إلى القافيـة فـ (المنثور الـذي لم يقف)[3]، وفي إشارة أخرى يذكر الوزن: (وما تكلمت به العرب من جيد المنثور، أكثر ممـا تكلمـت بـه مـن جيد الموزون)[4]، وهي إشارات قاربت وجهة نظر المحدثين على نحو ما.

ومما عرف عن الجاحظ أنه ميز بين (السجع) و(الشـعر) و(النثر)، ولم يـورد في نصوصه مـا يجعـل السجع ضمن حدود الكلام المنثور، لقرب السجع من الشعر، بل لعل السجع وسط بينهمـا؛ لاشـتراكه مـع الشعر بالوزن والقافية ومع النثر بالشكل. وربما يكون الشعر مرحلة متطورة عن السجع، وهذا مـا أشارت إليه الحفريات التي

---

[1] مقالات في تاريخ النقد العربي، داود سلوم، منشورات وزارة الثقافة والإعلام سلسلة   دراسات (277)، دار الرشيد للنشر، 1981م، ص 133- 134.

[2] الفن ومذاهبه، ص15.

[3] البيان والتبيين، الجاحظ، كتب حواشيه: موفق شهاب الدين، دار الكتب العلمية، بيروت، لبنان،   ط 2، 2003م، 3/ 3.

[4] م.ن.: 1/ 196.

أجرتها البعثات العلمية فقد استخرجت من باطن الأرض العربية نثرا قديما جدا بلهجات عربية وسامية قديمة[1].

الجاحظ ينقل ما يفرق فيه بين السجع والكلام المنثور ليخرج الكلام المسجوع من حدود النثر، إذ نقل قول عبد الصمد بن الفضل بن عيسى الرقاشي الذي أجاب فيه عمن يسأله: (لم تؤثر السجع على المنثور، وتلزم نفسك القوافي وإقامة الوزن)[2] ولا شك في أن تفضيله للسجع وإيثاره لارتهان الوزن والقافية ولزومهما مما يجعلان (الحفظ إليه أسرع والأذن لسماعه أنشط، وهو أحق بالتقييد وبقلة التفلت)[3] فالمنثور مع كثرته يتفلت من الألسن ويضيع إذ إن (ما تكلمت به العرب من جيد المنثور أكثر مما تكلمت به من جيد الموزون، فلم يحفظ من المنثور عشره ولا ضاع من الموزون عشره)[4].

مما نلحظه في كلام الجاحظ أنه يفرق بين المنثور المقفى وغيره ويجعل القرآن من الكلام المنثور غير المقفى، وفي ذلك إشارة غير تصريحية إلى أن المنثور المقفى هو (السجع)، فإذا ما اقترن قوله: المقفى بالمنثور، قصد به السجع، وكلما ورد السجع بنصه من غير ارتباط بلفظ (مقفى) فهم من قوله: المنثور عامة. النثر المجرد من الوزن والقافية، قال الجاحظ: (وكيف خالف القرآن جميع الكلام الموزون والمنثور؟ وهو منثور غير مقفى على مخارج الأشعار والأسجاع)[5] فهو كلام لا يسير على نهج الشعر والسجع.

---

(1) بحث، الشعرية العراقية (الإنزياح النظري)، قراءة العقل الشعري أنموذجا، خالد البابلي، جريدة الصباح، (بحث منشور في الانترنت).

(2) البيان والتبيين: 1/ 196.

(3) م. ن:1/ 196.

(4) م. ن: 1/ 196.

(5) البيان والتبيين: 1/ 255.

ولا يهمل الجاحظ منزلة الوزن والقافية في التفريق بين السجع، وبين الشعر فهما وإن اشتركا (فالقصدية، والمعرفة) أساس قوي للتفريق (لو أن رجلا من الباعة صاح من يشتري باذنجان؟ لقد كان تكلم بكلام في وزن مستفعلن مفعولات، وكيف يكون هذا شعرا وصاحبه لم يقصد إلى الشعر؟ ومثل هذا المقدار من الوزن قد يتهيأ في جميع الكلام، وإذا جاء المقدار الذي يعلم أنه من نتاج الشعر، والمعرفة بالأوزان والقصد إليها، كان ذلك شعرا وهذا قريب، والجواب سهل بحمد الله)[1].

ومن هنا يمكن أن نستنتج أن الكلام المنثور قد يكون للوزن وجود فيه، ولكن قصدية المتكلم هي التي تحدده شعرا كان أم نثرا لذا تجد الجاحظ في أغلب كلامه يعتمد في القافية، والنظم أساسا للتفريق، ويجعلهما أساسا محددا للشعر أو النثر المسجوع والموضح لمفهوم النثر، ولعله في مفهوم القصدية إلى الشعر هنا يفتح مجال الرؤية واسعا لارتباط طبيعة تكون الجنس الأدبي بالقصدية، فمن يكتب الشعر يجب أن يذهب إليه قصدا حتى يكون إنتاجه شعرا؛ لأن ذلك يرتبط عند المنشيء والشاعر بوعي آليات النوع وإدراك حدود الكلام.

([1]) م.ن: 1/ 197.

الفصل الأول

المبحث الأول
في تعريف الشعر

يصعب تعريف الشعر، فضلا عن أنه يصعب ضبط حركته، ومفاجآته، وألاعيبه، هـذا قبـل أن يصبح الشعر نصا أو قصيدة، كما لا يمكن أن نحصر الشعر في تعريـف محـدد، ولا نستطيع تقييـده في موضوع معين أيضا فقد قيل الشعر مبثوث في جميع مناحي الناس وصفاتهم، ومختلـف الموضـوعات الواسـعة؛ لأن الشعر عملية إيجاد والخيال هو القوة الفاعلة القادرة على تحويـل مـواد كثيـرة في قلب الشاعر، والشعر بذلك قدرة فائقة يتحول بها -العالم الخارجي- مثلما ينعكس في ذات الشاعر إلى فن يعبر تعبيرا عميقا عما تعج به نفس الشاعر من أحاسيس ومشاعر منظمة تنظيما فنيا[1]. شرط أن يفهم الإحساس على أنه معاناة ذاتية في أوسع معانيها فضلا عن (الانفعالات الكبيرة والعنيفة وأن تتذكر حكمة الشعور الشخصي بمعنى أن يعبر الشاعر عن نفسه من إحساسه الخاص)[2]. ذلك (أن الشعر مسؤولية وأن القصيدة بناء فني يحتاج إلى موهبة ومهارة وثقافة وصدق تجربة ووجدان مرهف وأناة لا يقوى لصياغتها وخلقها إلا الشاعر حيث تكون عملية التوصيل الشعري عفوية بعيـدة عـن التعقيـد)[3]. فالشعر (معنـى والشعر يجب أن يكون واضحا)[4]، وفن له (واقعه الخاص وغاياته الخاصة)[1].

---

(1) ينظر: الأصول التراثية في نقد الشعر العربي المعاصر، دراسة نقدية في أصالة الشعر، د.عـدنان قاسـم، منشورات المنشأة الشعبية والتوزيع والإعلان، الطبعة الأولى، 1980م،ص 40.

(2) النقد الأدبي الحديث، د. علي عبد الرزاق حمود، وزارة التعليم العالي، جامعة بغداد، 1991،ص 202.

(3) مستقبل الشعر وقضايا نقدية، عناد غزوان، دار الشؤون الثقافية العامة، بغداد، الطبعة الأولى، 1994، ص 37.

(4) م. ن. ص 9.

فالشعر أوسع من أن تدركه كلمات محددة، وتشمله تعريفات متباينة معبرة عن وجهات مختلفة بحسب ما يراها قائلها، وبحسب مفهومه للشعر مقيدا بالمكان والزمان والفكر؛ كان الاختلاف واضحا، فالمعجميون مثلا قيدوه بالنظم والوزن والقافية والإثارة، قال ابن منظور: (الشعر منظوم القول غلب عليه لشرفه بالوزن والقافية)[2]. وأما الفيومي فيراه (النظم الموزون وحده ما تركب تركيبا متعاضدا، وكان مقفى موزونا مقصودا به ذلك، فلما خلا من هذه القيود أو بعضها فلا يسمى شعرا، ولا يسمى قائله شاعرا، ولهذا ما ورد في الكتاب والسنة موزونا، فليس بشعر لعدم القصد والتقفية وكذلك ما يجري على ألسنة الناس من غير قصد؛ لأنه مأخوذ من (شعرت) إذا فطنت وعلمت وسمي شاعرا لفطنته وعلمه به، فإذا لم يقصده فكأنه لم يشعر به)[3].

فلا يخلو القولان من تحديد لملامح الشعر بمنظوره اللغوي متمثلا بالوزن والقافية، فضلا عن القصدية، فالشعر (يطلق إذا قصد إليه قصدا؛ لأنه لو صح تسمية كل من اعترض في كلامه ألفاظ موزونة بوزن الشعر، كان الناس كلهم شعراء؛ لأن المتكلم لا ينفك من أن يعرض في كلامه ما قد يكون موزونا؛ وإنما يعد شعرا ما إذا قصده صاحبه)[4]. فضلا عن أن من ملامحه (النظم) الذي يعد من الملامح الجمالية في النص الشعري إذ يمثل (التأليف وضم شيء إلى شيء آخر)[5].

(1) م. ن. ص8.
(2) لسان العرب، مادة (شعر). وينظر: القاموس المحيط، الشيخ محمد بن يعقوب الفيروزآبادي، دار الفكر، بيروت، 1983م: مادة (نظم).
(3) المصباح المنير في غريب الشرح الكبير، الفيومي، مطبعة الكتبي، مطبعة الحلبي وأولاده، (د. ت) مادة (شعر).
(4) إعجاز القرآن، الباقلاني، تحقيق: السيد أحمد الصقر، دار المعارف، 1963م، (19-20).
(5) القاموس المحيط، الشيخ محمد بن يعقوب الفيروزآبادي، دار الفكر، بيروت، 1983م، مادة (نظم).

وبذا يمكن أن نميز بين المنظوم والشعر، فالمنظوم قد يكون شعرا أو نثرا، والشعر منه ما توافر فيه القصد فضلا عن الإثارة والعاطفة والأحاسيس، فهو(اللغة الخيالية الموزونة التي تعبر عن المعنى الجيد والفكرة والعاطفة، وعن سر الروح البشرية)[1]، وليس (كل نظم شعرا، إذ كثير ما يوجد من الأقاويل التي تسمى شعرا وليس فيها معنى الشعرية إلا الوزن واللحن)[2].

النظم يتسع ليشمل كل كلام موزون ومنه النثر أحيانا، وأقوال العامة ولكنه لا يسمى شعرا إلا إذا توافرت فيه القصدية والاثارة والعاطفة[3].

أما الأدباء والنقاد واللغويون فأبحروا في بيان مفهوم الشعر بحسب غايات محددة خاصة بهم، فاللغويون اهتموا به لأصل إثبات قاعدة نحوية أو لغوية، فلا غرابة أن تجد آراءهم بعيدة في كثير من الأحيان عن جوهر اللغة الشعرية، وكذا الفلاسفة الذين عنوا بوظيفة الشعر الاجتماعية مما جعلهم يخلطون بين الشعر والخطابة، وكل منهم قد حدد الشعر وعرفه معتقدا أنه جاء بفصل الخطاب وأن قوله هو عين الصواب. فابن فارس (ت 395) عده ديوان العرب وسجل آثارهم فهو (ديوانهم وحافظ آثارهم، ومقيد أحسابهم)[4]. ولم يخرج الثعالبي عن هذا المفهوم فالشعر (ديوان العرب، ومعدن حكمتها، وكنز آدابها)[5].

---

(1) مفهوم الشعر، دراسة في التراث النقدي، د. جابر أحمد عصفور، المركز العربي للثقافة، 1982م، ص37.

(2) الشاعرية أو الشعرية: تعني الأدبية أو التخيل بمصطلح نقاد وفلاسفة العرب القدماء ينظر: بحث (القصيدة العمودية... وحلم الشعر العربي)، منتديات الساخر، (بحث منشور في الانترنت).

(3) تلخيص كتاب (أرسطوطاليس)، ابن رشد؛ ضمن كتاب (فن الشعر)، تحقيق: عبد الرحمن بدوي، النهضة المصرية، القاهرة، 1954 م، ص 62.

(4) الصاحبي في فقه اللغة وسنن العرب في كلامها، تحقيق: السيد صقر، 1977م، ص 277. وينظر: كلامه، ص 467.

(5) اللطائف والظرائف، المطبعة العامرية الشرقية، مصر، 1300هـ ص 25.

أما النقاد فغالب أقوالهم تحد الشعر بأنه (قول موزون مقفى يدل على معنى)[1] نسوا أهم ما يجعل القول شعرا الخيال والعاطفة.

وقيده آخرون بالنظم فعندهم الشعر (كلام منظوم، بائن عن المنثور... بما خص به من النظم الذي إن عدل عن جهته مجته الأسماع، وفسد على الذوق، ونظمه معلوم محدود)[2]. وعند القرطاجني: (كلام موزون مقفى من شأنه أن يحبب إلى النفس ما قصد تحببه إليها، ويكره إليها ما قصد تكريهه لتحمل بذلك على طلبه أو الهرب منه، بما تضمن من حسن تخيل له، ومحاكاة مستقلة بنفسها أو مقصورة بحسن هيأة تأليف الكلام أو قوة صدقه)[3]. فالوزن والقافية والقصد والغاية فضلا عن حسن التخيل والمحاكاة للأشياء وحسن تصويرها بتأليف تصل بالكلام المؤلف إلى غايته ومكمنه الشعري. ومنهم من اتجه بمفهومه للشعر نحو الجهة التعبيرية له لما فيه من (تصوير لما في النفس للغير)[4]، أو الجهة الإيقاعية لأن (الكلام الموزون تقبله الغريزة بشرائط)[5]، أو الجهة التصويرية لعلاقته بالرسم فـ (الرسم شعر صامت وأن الشعر رسم ناطق)[6]، لأن الشاعر ينقل أو يحاكي الأشياء ويصورها للمتلقي فتلاقي قبولا أو نفورا بحسب تمكن الشاعر وقدرته.

---

(1) نقد الشعر، قدامة بن جعفر، تحقيق: كمال مصطفى، مكتبة الخانجي، (د. ت)، ص 17.

(2) عيار الشعر، ابن طباطبا العلوي، تحقيق: د. عباس عبد الساير، مراجعة: نعيم زرزور، منشورات علي بيضون، دار الكتب العلمية، بيروت، لبنان، ط 2، 2002، ص 41.

(3) منهاج البلغاء، تحقيق: محمد الحبيب بن خوجة، تونس، 1966م، ص 71.

(4) القول للباقلاني، عن اللغة والأدب والنقد (رؤية تاريخية ورؤية فنية)، أحمد الغراب. المركز العربي للثقافة العلوم، بيروت، لبنان، (د. ت)، ص 271.

(5) القول للمعري، م.ن.، ص 298.

(6) الشعر والرسم، فرانكلين ر. روجرز، ترجمة مي مظفر، دار المأمون، وزارة الثقافة والاعلام، دار الكتب والوثائق، بغداد، ط 1، 1990م، ص 46.

وإدراكا من الجاحظ بهذه الخلافات حاول أن يضع للشعر مفاهيم وتصورات، ويحدد أركانه بعد أن اطلع على ثقافات الأمم الأخرى[1] فضلا عن إدراك دقيق للنتاج الشعري العربي.

رؤية الجاحظ للشعر تنبع من حقيقة تأصيلية تجمع بين النظرة اللغوية والنظرة النقدية، إذ إن الشعر (شيء تجيش به صدورنا فنقذفه على ألسنتنا)[2]. فالقول مبعثه نفس الشاعر وغايته الوصول والتأثير بأسلوب يجري على (سجيته وعلى سلامته حتى يخرج على غير صنعة ولا اجتلاب تأليف ولا التماس قافية ولا تكلف لوزن)[3] موزونا مقفى[4]، مقصودا وإلا دخل في ضمنه كل قول موزون كقولنا (من يشتري باذنجان)[5].

فضلا عن تمكن الشاعر من شعره، فقد تميز أبو نواس في وصف الصيد ووسائله وطرائده؛ لأنه (عرف منها ما لا تعرفه الأعراب، وذلك موجود في شعره، وصفات الكلام مستقصاة في أراجيزه، هذا مع جودة الطبع، وجودة السبك والحذق بالصنعة)[6]، فمقياس التمكن والجودة: المعرفة والطبع وجودة السبك والحذق بالصنعة، فالطبع بصدق المبدع مع نفسه ومع إبداعه وعدم افتعال المواقف، والجودة بالسبك يجعل العمل الشعري وحدة متكاملة تصاغ في خلق عضوي متحد، ومتصف بالجودة التي ترتفع به عن الرداءة وتتمثل في الدقة والمهارة، ولا يمكن

---

(1) تأثر بأرسطو، أفلاطون (عن اللغة والأدب والنقد)، ص 271.

(2) البيان والتبيين: 4/ 28.

(3) م. ن: 3/ 4.

(4) ينظر: م. ن.: 3/ 3. وللمزيد: رسائل الجاحظ، عبد أمهنا، دار الحداثة، بناية حلمي عويدات، ط1، 1988م: 1/ 25.

(5) البيان والتبيين: 1/ 197.

(6) كتاب الحيوان: 2/ 271. وللمزيد ينظر: الصيد والطرد في الشعر العربي حتى نهاية القرن الثاني الهجري، د. عباس مصطفى، المؤسسة الجامعية للدراسات والنشر والتوزيع، بيروت، لبنان، ط 1، 1981م: ص 247.

أن يصل الأمر إلى غايته بنظر الجاحظ ما لم يكن قائله حاذقا يملك المهارة والقوة في الصناعة، أي: صناعة الشعر، وهذا لا يكون ما لم تكن هذه المهارة ناشئة ومصاحبة لاستعداد خاص أو طبع، وتتطلب استخدام أدوات معينة وتكتمل بالممارسة والدربة، فالصناعة لها طرفان[1]:

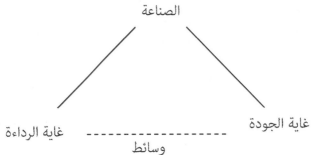

الصناعة
غاية الجودة
غاية الرداءة
وسائط

وغاية الجودة هي المقصد والغاية في القول عند الجاحظ، التي يسعى الشاعر إلى بلوغها، وغاية الرداءة وهي المستبعدة المضعفة للشعر.

وإكمالا لمفهومه للشعر قسم الشعر على ثلاثة اشياء: الصناعة، والنسج والتصوير بقوله: (إنما الشعر صناعة وضرب من النسج وجنس من التصوير)[2]. وكل من هذه الأشياء مرتبط عند الجاحظ بمغزى معين، ذلك أن العمل الشعري مبني على ثلاثة أسس: القائل والقول والمتلقي ولكل وسائله وطرقه، فالقائل مرتبط عند الجاحظ بمفهوم (التخيل) فضلا عن قدرته على التصوير (المحاكاة)، والمتلقي مرتبط بمفهوم (التخييل)، والقول مرتبط بالقائل من جهة وبالمتلقي من جهة أخرى، وكلما استطاع القول التأثير جاد وارتفع شانه.

---

(1) العمدة، في محاسن الشعر وآدابه، ابن رشيق القيراوني، حققه محيي الدين عبد الحميد، دار الجبل للنشر والتوزيع الطباعة، بيروت، لبنان، ط 5، 1981م: 1/ 119.

(2) كتاب الحيوان: 3/ 67.

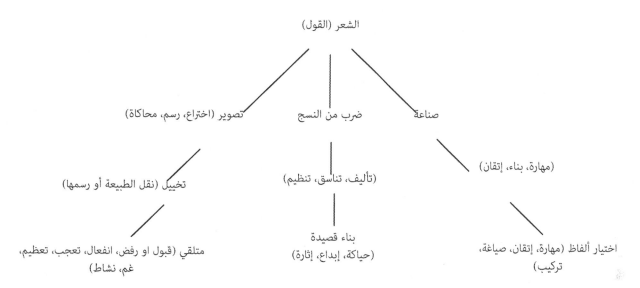

المفهوم العام للترابط النظري بين القول والقائل والمتلقي

فالجاحظ اهتم بالصياغة والأسلوب وتصوير المعاني وتحليلها والإبداع في أدائها[1]، ناظرا في تأليف العبارة وتأثيرها في المتلقي، وفن الشعر أو(فن التصوير) هي نظرة نقدية اختص بها الجاحظ من دون غيره[2]. فالشاعر يصور الطبيعة ويحاكيها فيضيف إلى الطبيعة أو يختصر أو يصور العواطف خيرا أو شرا، أي: إن الفن في النهاية ليس نقلا حرفيا موازيا للأصل المحاكي[3]، والقارئ يقوم بمحاكاته إذ إنه (يحاكي ما يخلق الشاعر)[4].

إذ إن الشاعر يسعى بقدراته الشعرية إلى إثارة صورة بصرية في ذهن المتلقي، وهي فكرة تعد المدخل الأول أو المقدمة الأولى للعلاقة بين التصوير

(1) ينظر: قضايا النقد الأدبي، بدوي طبانة، ص 195.

(2) ينظر: النظرية النقدية عند العرب، ص 22.

(3) بحث، الجاحظ رائد الجمالية العربية، د. علي أبو ملحم، مجلة الفكر العربي، عدد (46)، 1987م، ص 274.

(4) مواقف في الأدب والنقد، عبد الجبار المطلبي، دار الحرية للطباعة والنشر، بغداد، 1980، ص 150.

والتقديم الحسي للمعنى، وبذا ربط الجاحظ بين الشاعر والمتلقي وهـي إشـارة لافتـة ومهمـة في منظـور التقويم الشعري للنص، فضلا عن قصدية القول التي تعد الأساس الأول في بناء النص الشعري وتمييـزه وإن كانت هذه النظرية قد تحدث عنها أرسطو ومن قبله أفلاطون وعـدا الشـعر محاكـاة للطبيعـة مـع تبـاين بينهما[1].

النص الشعري عند الجاحظ محكوم بما يثيره في مخيلة المتلقي من قبول أو رفض أو إثـارة، فالشـاعر يرسم ويحاكي ويصور، والمتلقي يعيد رسم الصورة من جديد بما تثيره صورة الشاعر في ذاته القارئـة، وعليـه فمفهوم الشعر يقوم على أسـاس نسـخ الطبيعـة (بمـا فيهـا) وتمثيلهـا وصـياغتها -نسـخها بـالعين البـاصرة- وإرسالها للمتلقي الذي يعيد رسمها بما فيها، فالقارئ الجيد هو الذي (يحسن بنـاء الصـور اللفظيـة ليعيـد بناء الصورة التي وصفها الشاعر ويتمكن أن يراها بعين ذهنه)[2] فهي:

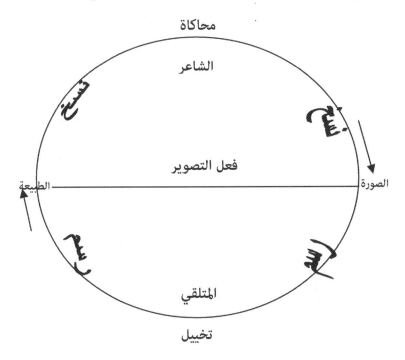

(1) ينظر: عن اللغة والأدب والنقد، ص 271.

(2) النقد المنهجي عند الجاحظ، داود سلوم، راجعه د. عبد الرزاق محي الدين، مطبعة المعارف، بغداد، 1960م، ص 37.

المعاني للشعر بمنزلة المادة الموضوعة، والشعر فيها كالصورة، فضلا عن أن لكل صناعة مما لا بد فيها من شيء موضوع يقبل تأثير الصور فيها، مثل: الخشب للنجارة، والفضة للصياغة، والمعاني هي (إعادة إنتاج لها عبر صياغات مختلفة في تزيينها، وعليه فإن وسائل التخييل البيانية معيارها الجمالي هو محاكاة الواقع وتمثله بأحسن الطرق للتأثير على المتلقي، وتتجلى براعة الشاعر في الصياغة الفنية ومقدار رصيده من الأصالة والجودة، وهكذا يولد الكيفي والنوعي في العمل الفني والشعري)[1].

فالصناعة عنده: الصياغة أو فن تركيب الكلام وسبكه، ومن هنا جاء تشبيه الشعر بالنسيج، فكما أن الثوب يتألف من خيوط تصطف طولا وعرضا لتشكل لحمته وبنيته، وكذلك القصيدة مكونة من مجموعة أبيات مؤلفة من رصف ألفاظ تشكل الصنيع الفني الرائع[2].

ولا تعني الصناعة التكلف، ذلك أن العرب تنشد (الشعر... بالملكة والفطرة)[3]، وكل شيء للعرب فإنما هو (بديهة[*] وارتجال[**] وكأنه الهام)[4]، فالقول على السجية ولابد من التنويه إلى أن الباعث الأهم في صناعة الشعر هو العاطفة، أو على الأقل تقمص العاطفة، فالشعر (إحساس محض أو يكاد، قائم على الإنفعال والتأثير)[5]. فالعاطفة الجياشة والشعور المتدفق هو ما يجعله شعرا، فأصبح الشعور والعاطفة من الأسس الرصينة التي يرتكز عليها الشعر ويعرف بها،

(1) مستقبل الشعر، ص 99.

(2) ينظر: بحث: الجاحظ رائد الجمالية العربية، د. علي أبو ملحم، ص 234.

(3) الشعرية العربية، أدونيس، دار الأدب، بيروت، 1984م، ص 15.

(4) البيان والتبيين، 3/ 18.

(*) البديهة: (أنْ يفكر الشاعر يسيرا ويكتب سريعا إنْ حضرت آلته) العمدة 1/ 192.

(**) الارتجال: (السهولة والانصباب) م.ن. 1/ 196.

(5) تاريخ النقد الأدبي عند العرب في العصر الجاهلي إلى القرن الرابع الهجري، طه أحمد إبراهيم، طبعة منقحة، دار الحكمة، دمشق، 1972م، ص 29.

فالجاحظ عندما ربط بين الشعر من جهة، وبين الصنعة (الصياغة) كان مدركا للتشابه بين الصناعات المختلفة من جهة والشعر من جهة آخرى؛ لأن كليهما يحتاج إلى الإتقان والمهارة وحسن الصياغة وجودتها ومن ثم التأثير في المتلقي.

للشعر أثر يسلب به قلوب الناس وعقولهم، حتى إنهم يعدون كلام الشعراء سحرا لما له من تأثير في النفوس، ولكي يصل القول إلى هذه الغاية وإلى قمة التأثير، على الشاعر أن يتمكن من أدواته وأن يضبط أركان الشعر التي بينها الجاحظ بقوله: (وإنما الشأن في إقامة الوزن، وتخير اللفظ، وسهولة المخرج، وكثرة الماء وفي صحة الطبع وجودة السبك)[1].

فالأفكار والمعاني يتخيلها الناس عامتهم، ولكن التميز كما يراه الجاحظ يكون بالقدرة والتمكن من صياغتها، ونسجها، وتصويرها بشكل أخاذ، قادر على سلب عقول الناس وقلوبهم حتى يتعلق بالقول ويتأثر به. ولكي تتحرر هذه الأفكار والمعاني من صدور قائليها، وتقذف من الألسن بشكل يصل إلى غاية الجودة، يجب أن تشرب برداء (الوزن) والموسيقى الذي يمثل أداة الغناء والطرب والتأثير، فلا شعر بغيره ولكنه لا يمثل كل شيء؛ لأن الكلام قد يزين به ولكنه لا يعد شعرا ولكي يتمم الشيء لا بد من أن يسبك بشكل دقيق ينم عن مهارة وإتقان، وأن يصاغ العمل بشكل يجعله وحدة متكاملة في بناء عضوي واحد، ومتصف بالجودة التي ترتفع به عن الرداءة، فضلا عن تمكن القول من الأحاسيس والعواطف التي تمثل غاية ما تجيش به النفوس، على أن لا يبتعد الشاعر عن طبع صادق مع نفسه أولا ومع إبداعه ثانيا، من غير افتعال للمواقف والأحداث، ولكي يتم كل ذلك يجب العناية بالألفاظ، والأصوات؛ لأنهما أساس المعنى وأصله، وباختيار الألفاظ ومناسبتها للمعنى، واختيار الأصوات المناسبة للفظ وبعدها عن التكلف والتنافر -تهيأ للنص الشعري القدرة على التدفق بيسر وسهولة- فلا شعر من غير هذه الأركان، ولا شأن أو تأثير له ما لم يتمكن الشاعر منها بحسب ما يراه الجاحظ.

([1]) كتاب الحيوان: 3/ 67.

يشير الجاحظ في سياق كلامه هذا المعبر عن مفهومه للشعر، إلى خصيصة تتعلق بأقصى درجات الشعرية في الكلام وهي ما اصطلح عليها بـ (كثرة الماء) وفي هذه العبارة حضور لصفة الشعرية التي شبهها الجاحظ بـ (الماء) تشبيها عميق الوعي والدلالة في القصيدة، إذ من شأنه أن يسهم في تحقيق مرونتها التعبيرية وحراكها الأسلوبي، على النحو الذي تبتعد فيه عن الجفاف واليباس وضعف الانزياح، بحيث تقترب من اللغة النثرية. فـ (الماء) هو الطاقة الإبداعية الخلاقة التي تحفظ حياة الشعر، وتوافر له حاضنة رطبة تضاعف جمالية الأداء التعبيري فيه، وتخصبه بحيوية وشفافية وانسيابية وتدفق ونضارة، تعمل كلها متضافرة على تعزيز قوة الشعرية في الكلام الشعري.

وكلما كان ماء الشعر في القصيدة كثيرا -لكثرة المناسبة الموافقة للحال الشعرية- انعكس هذا إيجابيا على الارتفاع بقيمة شعريتها - تعبيرا وأسلوبا وتشكيلا وجمالا.

المبحث الثاني

بين الشعر والنثر: حدود التجنيس

النثر قسيم الشعر في الفنون الكتابية، والنثر لغة العرب وكلامهم، وأجمع كثير من النقاد على الأسبقية التاريخية للنثر، إذ يرون أن النثر -إبداعيا- أصل للشعر[1].

ولا فرق بين المنثور الجيد والمنظوم الحسن، لذلك فأبو هلال العسكري (ت 395هـ) يرى (أن المنظوم مثل المنثور في سهولة مطلعه، وجودة مقطعه وحسن رصفه وتأليفه، وكمال صوغه وتركيبه)[2]، فالكلام يحسن بسلاسته وسهولته ونصاعته، وتخير لفظه، وإصابة معناه، وجودة مطلعه، ولين مقاطعه، واستقراء تقاسيمه، وتعادل أطرافه، وتشبيه إعجازه بهواديه ومآ خيره لمباديه[3]، ولم نجد إشارات صريحة للتفريق بين الشعر والنثر، وما ورد عن الجاحظ كلام قليل فضلا عما ذكرناه في تحديده للنثر، إذ نقل عن سهل بن هارون ت(215هـ) ما يؤكد صعوبة اجتماع اللسان البليغ والشعر الجيد في إنسان واحد، (واللسان البليغ والشعر الجيد لا يكادان يجتمعان في واحد، وأعسر من ذلك أن تجتمع بلاغة الشعر، وبلاغة القلم)[4]، فهو ينكر اجتماع النثر والشعر معا أو في آن واحد في إنسان، إلا أن ذلك لا يمنع أن يكون الخطيب شاعرا أو الشاعر خطيبا أو بليغا، إذ قيل عن البعيث: (لئن كان مغلبا في الشعر لقد كان غلب في الخطب)[5] وكان أبو الأسود

---

(1) ينظر: القضايا النقدية في النثر الصوفي حتى السابع الهجري، مصدر سابق، (بحث منشور في الانترنت).

(2) كتاب الصناعتين الكتابة والشعر، أبو هلال العسكري، تحقيق: مفيد قمحة، دار الكتب العلمية، بيروت، لبنان، ط2، 1989 م.

(3) ينظر: م.ن.: 72، 73.

(4) البيان والتبيين: 1/ 167.

(5) م. ن: 4/ 53.

الدولي واسمه ظالم بن عمرو بن جندل بن سفيان (ت 68هـ) (خطيبا عالما، وكان قد جمع شدة العقل وصواب الرأي وجودة اللسان وقول الشعر والظرف)[1]، ولا يتعارض القولان، لأنه قصد بالبليغ حصر القول بما هو بليغ وحسب، وأن الإسفاف، أي غياب فنية القول، قد يضيق المسافة بين الحيزين، وإطلاقه لا يعارض اجتماعهما في إنسان معين.

ولم يخرج تفريقهم عن حيز الشكل، في حين يذهب ابن أبي عون (ت 322هـ) إلى أن نثر الشعر يؤدي إلى تشويهه، إذ يذكر أبياتا للطائي تجمع في رأيه، إلى حسن التشبيه والاستعارة براعة المعنى، مؤكدا أن حسنها يتأتى من اتصال نظمها ورصفها، ولو فككنا أبيات التشبيه... لقلت الفائدة وضاقت المتعة منه[2].

ونصل من ذلك إلى آليتي (الاتصال والانتظام) اللتين لا يمكن أن تنقضا بالنثر من دون إصابة الشعر في جوهر كيانه، وأول من فرق بينهما على نحو دقيق الإمام الفارابي (ت 339هـ) إذ جعل المحاكاة إيهام بالمشابهة بين صورتين محسوستين أو بين فعلين ما في قوام جوهر الشعر، ورأى الوزن أصغر ما في هذا القوام والطريق عنده أنه لم يخرج القول الذي يتضمن محاكاة وليس فيه وزن بإيقاع من مجال الشعر إلى مجال النثر، بل وجد له مجالا وسطا بين الأمرين، هو عده قولا شعريا يمكن إذا وزن وقسم أجزاء يصبح شعرا. وهذا القول متأثر بالفكر الأرسطي الذي يذهب إلى أن الشاعر يكون شاعرا بفضل المحاكاة لا الوزن[3]، وهو يهمل القافية؛ لأنها عنده مما يكمل الشعر وليست جوهره[4].

---

(1) م. ن.: 1/ 219.

(2) نظريات الشعر عند العرب (الجاهلية والعصور الاسلامية)، مصطفى الجوزو، دار الطليعة للطباعة والنشر، بيروت، ص 213.

(3) م.ن:، ص 214.

(4) م.ن: ص 214

في حين ذهب قسم آخر من النقاد[1] إلى التقريب بين الشعر والنثر، وأول من أشار إلى ذلك ابن طباطبا العلوي (ت 322هـ) الذي رأى أن الأشعار المحكمة المتقنة الأنيقة الألفاظ، الحكيمة المعاني العجيبة التأليف، إذا نقضت وجعلت نثرا لم تبطل نثرا ما لم تبطل جودتها. ولم تفقد جزالتها، لكن الأشعار المموهة المزخرفة العذبة التي تروق الأسماع والأفهام إذا مرت صفحا، وحصلت وانتقدت معانيها وزيفت ألفاظها، وحجت حلاوتها لم يصلح نقضها لبناء مستأنف منه[2]. وهو ما يراه العسكري (ت 395هـ) الذي يشير إلى ذلك في قوله بـ (حل المنظوم ونظم المحلول)[3].

نجد أن كلا الاتجاهين سليم وصحيح، فمن اعتمد الشكل والبناء جعل الشعر يختلف كليا عن النثر لاختلاف شكل نظمهما، ومن نظر إلى جوهر القول ومضمونه اعتمد بلاغة كل منهما فإن حسن نظمهما قورب بينهما.

ومن الإشارات البديعة التي أشار إليها الجاحظ، التي عدت من أسس نظرية الشعر أنه جعل الشعر من الأدب المقصور في حين جعل النثر من الأدب المبسوط[4]، إذن الشعر مقصور نفعه على أهله ولا يمكن ترجمته خلافا للنثر الذي يتسع للأمم كلها، ويمكن أن يفهمه عامة الناس كما أنه يترجم من دون إخلال فيه. واتخذ التفريق بينهما اتجاهين تمثل أحدهما في الأفضلية والآخر في الأسبقية.

1- أفضلية أحدهما على الآخر:

اختلف النقاد في أفضلية أحدهما على الآخر، فمنهم من جعل الشعر أفضل من النثر ومنهم من فضل النثر، في حين قيدها الجاحظ بالحاجة فنقل تفضيل العرب للشعر مرة، ومرة أخرى للنثر تبعا لحاجتهم، وأكثر اهتمام العرب بالشعر؛ لأنه

---

(1) ابن طباطبا (ت322هـ)، قدامة بن جعفر (ت 337هـ)، أبو هلال العسكري (ت 395هـ).

(2) نظريات الشعر عند العرب، ص 222.

(3) م.ن.، ص 223.

(4) كتاب الحيوان 1/ 56.

سجل مآثرهم ولأجله فضلوه على النثر. قال أبو عمرو بن العلاء (ت 154هـ):

(كان الشاعر في الجاهلية يقدم على الخطيب لفرط حاجتهم إلى الشعر الذي يقيد عليهم مآثرهم ويفخم شأنهم، ويهول على عدوهم ومن غزاهم، ويهيب من فرسانهم ويخوف من كثرة عددهم، ويهابهم شاعر غيرهم فيراقب شاعرهم)[1]. وكل ذلك مرهون بمحافظة الشاعر على صدقه، ورفعته، وعلو شأنه، وعظمة أمره، وسلامة أخلاقه فضلا عن قلة الشعر والشعراء، وإلا فالتفضيل والتقديم للخطيب، لذا (لما كثر الشعر والشعراء واتخذوا الشعر مكسبة ورحلوا إلى السوقة وتسرعوا إلى أعراض الناس صار الخطيب عندهم فوق الشاعر، ولذلك قال الأول: الشعر أدنى مروءة السرى وأسرى مروءة الدنى)[2]. فما إن تكسب الشاعر بشعره ليلبس الممدوح ما ليس فيه وينزله منازل العظماء حتى جرد الشعر من غرضه وغايته الشريفة، فراح الشاعر يعرض بالناس وبأنسابهم ويقلل من شأنهم ومنازلهم ودخل منازل لم تكن له (رحلوا إلى السوقة)، مما أضعف من منزلة الشعر والشعراء حتى أصبح الخطيب أعلى شأنا وأعظم منزلة ففضل النثر على الشعر، قال الجاحظ: (وكان الشاعر أرفع قدرا من الخطيب، وهم إليه أحوج لرده مآثرهم عليهم وتذكيرهم بأيامهم، فلما كثر الشعراء وكثر الشعر صار الخطيب أعظم قدرا من الشاعر)[3] فالكثرة مقياس لضعف منزلة الشعر ورفع شأن النثر، والمتأمل يجد أن القول بأن العرب مالت إلى الشعر من دون النثر لقدرة الشعر على تسجيل المآثر ضعيف؛ لأن الجاحظ يجعل الكتب أكثر قدرة على تسجيل المآثر فيها (فقد صح أن الكتب أبلغ في تقييد المآثر من البنيان والشعر)[4]، وإنما الأمر يعود إلى أن العرب أمة أمية لا تعرف القراءة والكتابة فكان الشعر أكثر استيعابا لتسجيل الأحداث

---

(1) البيان والتبيين: 1/ 166 - 167.

(2) م. ن: 1/ 166.

(3) البيان والتبيين: 4/ 52.

(4) كتاب الحيوان: 1/ 53.

والآثار؛ لأنه أسهل وأيسر في الحفظ، وأوجز في القول، وأقل في الضياع (والعرب أوعى لما تسمع، وأحفظ لما تأتي، ولها الأشعار التي تقيد عليها مآثرها وتخلد لها محاسنها، وجرت من ذلك في إسلامها على مثل عاداتها في جاهليتها، فبنت بذلك لبني مروان شرفا كبيرا ومجدا كبيرا، وتدبيرا لا يحصى)[1]. وفي السياق ذاته كانوا (أميين لا يكتبون، ومطبوعين لا يتكلفون وكان الكلام الجيد عندهم أظهر وأكثر، وهم عليه أقدر، وله أقهر، وكل واحد في نفسه أنطق، ومكانه في البيان أرفع، وخطباؤهم للكلام أوجد، والكلام عليهم أسهل وهو عليهم أيسر من أن يفتقروا إلى تحفظ، ويحتاجوا إلى تدارس وليس هم كمن حفظ علم غيره، واحتذى على كلام من كان قبل، فلم يحفظوا إلا ما علق بقلوبهم، والتحم بصدورهم واتصل بعقولهم من غير تكلف ولا قصد ولا تحفظ ولا طلب)[2].

يضاف إلى ذلك أن الشعر أكثر اتساعا ووصولا إلى أوعية المتلقين من النثر (ولكن أريد الغائب والحاضر والراهن والغابر فالحفظ إليه أسرع، والأذن لسماعه أنشط وهو أحق بالتقيد وبقلة التفلت، وما تكلمت به العرب من جيد المنثور أكثر مما تكلمت به من جيد الموزون)[3].

فالشعر يحفظ ويسمع وهو قليل الضياع والتفلت، وإن أصابه أحيانا التغيير والتبديل، لذا فهم يسعون إلى كتابته. قال ذو الرمة لعيسى بن عمر (أكتب شعري فالكتاب أحب إلي من الحفظ؛ لأن الأعرابي ينسى الكلمة وقد سهر في طلبها ليلته فيضع موضعها كلمة في وزنها ثم ينشدها الناس، والكتاب لا ينسى ولا يبدل كلاما بكلام)[4].

(1) البيان والتبيين: 3/ 226.

(2) م. ن.: 3/ 18.

(3) م. ن: 1/ 196.

(4) كتاب الحيوان: 1/ 33.

فالشعر حين يقرأ مكتوبا غيره حين يقرأ محفوظا، فللكتابة فضل في حفظ النص من التبديل لحظة النسيان.

والجاحظ يراعي طبيعة القول والحاجة إليه في مفاضلته، لذا تراه يفضل النثر عندما يكون الأمر مخصوصا بالترجمة أو الفائدة منه؛ لأن الشعر مقصور على أهله في حين يتسع النثر (فكيف تكون هذه الكتب أنفع لأهلها من الشعر المقفى؟... ونفعه مقصور على أهله وهو يعد من الأدب المقصور وليس بالمبسوط... وكل شيء في العالم من الصناعات والإرفاق والآلات فهي موجودات في هذه الكتب دون الأشعار، وها هنا كتب هي بيننا وبينكم، مثال كتاب إقليدس ومثل كتاب جالينوس ومثل المجسطى مما تولاه الحجاج وكتب كثيرة لا تحصى فيها بلاغ للناس)[1].

وعليه فلا يمكن أن يكون أحدهما أفضل من الآخر فكل مقصور على زمنه ومكانه، ولولا أهمية النثر وفضله ما نزل القرآن بأسلوب نثري وإن كان أرقى واجل، والعرب أمة الشعر، ولما أعجز هذه الأمة وكفى النثر فخرا أن ينزل القرآن بأسلوبه، بالإضافة إلى أن القرآن نفى عن نبيه قول الشعر وتعاطيه: (وَمَا عَلَّمْنَٰهُ ٱلشِّعْرَ وَمَا يَنۢبَغِى لَهُۥٓ ۚ ﴿٦٩﴾)يس: ٦٩.

وعد الجاحظ الشعر والنثر من المطبوع لا المتكلف إلا أن الأول يقوله المتكلم على سجيته، في حين أن النثر مرجعه الاختيار و(إذا لم تتعاط قرض الشعر الموزون، ولم تتكلف اختيار الكلام المنثور، لم يعبك بترك ذلك أحد، فإن أنت تكلفتهما ولم تكن حاذقا مطبوعا، ولا محكما لشأنك بصيرا بما عليك ومالك. عابك من أنت أقل عيبا منه، ورأى من هو دونك أنه فوقك)[2].

فمن لم يعط موهبة الشعر، ولم يطبع على القول (فن النثر)، فعليه ألا يتكلفهما، وإلا فالعيب بائن واضح وعدم القول خير من قول معيب، ولا سيما أن

([1]) م. ن: 1/ 56.

(2) البيان والتبيين: 1/ 100.

القول محكوم على البداهة والارتجال: (وكل شيء للعرب فإنما هو بديهة وارتجال)[1].

وربما كان مفهوم البداهة والارتجال هنا يفسر على نحو ما حساسية التوجه المعين نحو صياغة الكلام، فطبيعة التشكل النوعي لفن الشعر أو فن النثر عند العربي متأسسة في شخصيته بفعل ثقافة شفاهية راسخة، كونت لها على مر الزمن وبفعل تراكم الخبرة قواعد ونظم وآليات وتقنيات قابلة للاستخدام والإنتاج، بمعنى أن البداهة والارتجال وما يبدو من عفوية في إنتاج فن الشعر، وفن النثر، إنما يستند إلى قاعدة متينة تنظم حركة إنتاج الكلام الأدبي الفني ضمن ضوابط وقوانين.

2- أسبقية أحدهما على الآخر:

أغلب الإشارات التي وردت ترجح أسبقية النثر على الشعر في القدم، حتى إنهم يجعلونه الأساس الأول لانبثاق الشعر وأنه أصل له[2]، ذلك أننا لا يمكن أن نتجاهل حقيقة علمية أثبتتها الحفريات التي أجرتها البعثات العلمية إذ استخرجت من باطن الأرض العربية نثرا قديما جدا بلهجات عربية وسامية قديمة[3].

والجاحظ أول من بحث فيها بقوله: (وأما الشعر فحديث الميلاد، صغير السن أول من نهج سبيله وسهل الطريق إليه امرؤ القيس بن حجر ومهلهل بن ربيعة، وكتب أرسطاطاليس، ومعلمه أفلاطون ثم بطليموس وديمقراطس، وفلان وفلان قبل بدء الشعر بالدهور قبل الدهور والأحقاب قبل الأحقاب)[4].

---

(1) م. ن: 3/ 18.

(2) القضايا النقدية في النثر الصوفي: بحث منشور في الانترنت.

(3) الشعرية العراقية (الإنزياح النظري)، جريدة الصباح، قراءة العقل الشعري أنموذجا، خالد البابلي، بحث منشور في الانترنت.

(4) القضايا النقدية في النثر الصوفي. (بحث منشور الانترنت). وللمزيد ينظر: أولية الشعر (ص 21 - 24) من الرسالة.

فالنثر برأي الجاحظ أقدم بحكم أن الشعر حديث الميلاد، إذ ظهر وعرف على يد امرئ القيس ومهلهل بن ربيعة في حين إن النثر قديم، مستدلا على ذلك بما وجد من كتب أرسطو وأفلاطون وديمقراطس والسؤال الذي يقف أمام استدلالات الجاحظ، هو إذا كان هذا الكلام يصدق على الكلام العربي، فهل يصدق ذلك على مؤلفات اليونان؟! وبصيغة أخرى ألم يظهر الشعر عندهم أو أنهم لم يقولوه بجانب النثر الذي عرفوه؟ وبخاصة أن شعرهم هو قريب بنظمه وشكله من المنثور، وكيف تأتى للجاحظ معرفة ذلك وهو لم يطلع على ما كتبوه إذا ما علمنا أن الشعر اليوناني لم يترجم إلى العربية في عصر ـ الجاحظ؟، وليس لدينا دليل على أن الجاحظ كان يعرف اليونانية ليطلع عليه، وربما جاء قوله محكوما بنظريته التي لا تعترف لغير العرب بالشعر.

فضلا عن أن كتب أرسطو تشير إلى كثير من الشعر لهوميروس وغيره[1]، وبذلك فإن الإشارة إلى أن أسبقية النثر تصلح في الشعر العربي أكثر من غيره لأسباب عديدة أهمها:

1- إن الشعر محكوم بالوزن والقافية فضلا عن الموسيقى والنظم (أسس بناء القصيدة عمود الشعر)، في حين النثر مجرد منهما، والانتقال مما جرد من هذه الخصائص إلى الملتزم مما يقبله العقل فضلا عن إشارات القدم والأصالة للنثر على الشعر.

2- وجود الحقائق العلمية التي أثبتتها الحفريات وتشير إلى قدم النثر على الشعر وبذلك فما ذهب إليه الجاحظ -مع الاعتراضات حول بعض استدلالاته- أقرب إلى المنطق.

------

[1] النثر الفني في الدراسات النقدية عند العرب، نهاية القرن الخامس الهجري، رشيد حمودي رزوقي، رسالة ماجستير، جامعة بغداد، كلية التربية، 1983م، ص 5.

المبحث الثالث

أولية[*] الشعر وعمره

على الرغم من كثرة الدراسات والبحوث التي قام بها الباحثون من عرب ومستشرقين في محاولة لوضع نظرية تقترب من الحقيقة نوعا ما حول البداية الأولى لنشأة الشعر العربي، فإنها لم تسفر عن نتيجة يطمئن إليها الباحث، ويركن إليها الدارس المعني بهذا الموضوع.

وكثيرا ما يتساءل بعض المهتمين بالشعر العربي ونشأته وتطوره عن الكيفية التي ولد بها هذا الشعر؟ وكيف نشأ؟ وما المراحل والخطوات التي مر بها وقطعها حتى استقام على تلك الطريقة الفنية المكتملة شكلا ومضمونا، التي وجدناها في شعر أوس بن حجر، والمهلهل، وامرئ القيس، والنابغة الذبياني، وزهير، وأضرابهم من شعراء الرعيل الأول في العصر الجاهلي؟.

ليس من اليسير أن نضع أيدينا على أوليات الشعر العربي قبل أن يصل إلينا في صورته الحالية؛ لأن مرحلة الطفولة التي عاشها هذا الشعر ما زال يكتنفها الغموض، ويلفها ضباب كثيف، وهي حقبة أهملها التاريخ المدون من ضمن ما أهمله من تأريخ العرب القديم ولأسباب أهمها: (ندرة الكتابة، وشيوع الأمية، والاعتماد على الذاكرة، أو الحافظة في تلقي الأدب والأخبار).

ولا جرم أن هناك محاولات وإرهاصات أولية لنظم الشعر قبل أن يصل إلينا في صورته الحالية المكتملة وزنا وقافية وشكلا ومضمونا، غير أن هذه المحاولات والإرهاصات ضاعت وسقطت من يد الزمن من ضمن ما ضاع من تراث العرب وأخبارهم قبل عصر التدوين والكتابة، قال أبو عمرو بن العلاء (ت 154هـ):

(ما انتهى إليكم مما قالت العرب إلا أقله، ولو جاءكم وافرا لجاءكم علم وشعر كثير)[1]. وإن بقيت أشعار يرددها بعض المؤرخين قد يلحقها الشك أحيانا ولكنها تشير إلى قدم الشعر وتطوره، فشعر مضاض بن عمرو بن الحارث الجرهمي الذي كان ملكا على جرهم[2] كثير. ولا سيما الأشعار التي قالها في تشوقه لمكة:

كأن لم يكن بين الحجون إلى الصفا ... أنيس، ولم يسمر بمكة سامر

ولم يتربع واسطا مجنونه ... إلى المنحنى من ذي الأراكة حاضر

بلى، نحن كنا أهلها فأزالنا ... صروف الليالي والجدود العواثر

فإن تمل الدنيا علينا بكلها ... وتصبح حال بعدنا وتشاجر

فكنا ولاة البيت من بعد نابت ... نطوف بهذا البيت والخير ظاهر

فإذا ماعلمنا (أن قصيدة مضاض هذه قبل البعثة بما يقرب من (700 سنة) وهي من الجودة بحيث جاءت في قمة النضج مما يدلل على أن عمر الشعر العربي قبل البعثة بأمد طويل، أما قول المستشرقين بأن الشعر العربي بدأ قبل الرسالة بزمن

(*) الأولية: (الأصل والنشأة والطفولة) دراسات في الأدب العربي قبل الأسلام، د. نوري حمودي القيسي- وآخرون، وزارة التعليم العالي، العراق، بغداد، ط2، 2000م، ص41، والأصل الجذر الذي قام عليه هذا البناء المتكامل (نفسه ص41)، النشأة (التطور الذي مر به الشعر في رحلته الطويلة قبل أن يبلغ عصره الذهبي، نفسه ص41 الطفولة مرادف للنشأة (نفسه ص41).

(1) طبقات الشعراء، محمد بن سلام الجمحي (ت 231هـ) مع تمهيد للألماني جوزيف هل، دراسة طه أحمد إبراهيم، دار الكتب العلمية، بيروت، لبنان، ط2، 1988م، ص 34؛ وينظر: المزهر في علوم اللغة وآدابها، للسيوطي (ت911هـ)، ضبطه فؤاد علي منصور، منشورات محمد علي بيضون، دار الكتب العلمية، بيروت، لبنان، ط1، 1998م، م2 /2/ 400.

(2) مختصر معالم مكة التاريخية (2)، مجلة ميقات الحج، العدد الرابع، 1416هـ ص 1-9. عبر الانترنت.

قصير نسبيا فهو من تخميناتهم الكثيرة وأما تشكيكهم في كل ذي زمن بعيد كشعر مضاض، فإنا لو اتخذنا التشكيك معيارا ومذهبا لألغينا جل تراثنا)[1].

وما التشكيك في رواية الشعر إلا لأجل رفضه وعدم قبوله مع أن العرب أهل رواية للشعر، فالشعر سجل مآثرهم بل ديوان علمهم ومنتهى حكمهم به يأخذون وإليه يصيرون[2]. وإن القصيدة أو البيت الواحد إذا بلغ الرقي اشتهر فتناقلته الألسن وحفظته العقول حتى أصبح ضياعه شيئا من المستحيل فهذه قصيدة (عمرو بن كلثوم) حفظها الصغير والكبير من بني تغلب؛ لأنها سجل لمفاخرهم.

يضاف إلى ذلك أن الرواية لم تقتصر على المشافهة بل إن الكتابة اتضحت ملامحها من زمن بعيد قبل البعثة النبوية بل قبل العصر الجاهلي[3]. ولكن لم تلق الاهتمام الذي حظيت به الرواية الشفوية، ونحن لا نقول بأن الضياع والتبديل والتغيير في المنقول الشعري لم يحدث ولكن لا يمكن أن نجعل من الشعر المكتمل الناضج معيارا ومقياسا لأولية الشعر العربي، فالفكر الصحيح لا يأخذ ولا يقبل بالصورة المكتملة الناضجة في لحظة ما لم يكن لها بدايات؛ لأن كل شيء خاضع للتطور وكل شيء محكوم بالزمن، والنضج في الأشياء مرحلة متطورة جدا.

والشعر كالكائن الحي يولد وينمو ويبلغ ويشيب بل يصل إلى الشيخوخة ويهرم ويموت، فكيف لنا أن نجعل ولادة الشعر ممثلة بالشعر الجاهلي الذي بلغ القمة والذروة في النضج؟ بل يمكن أن نصل إلى حقيقة أكيدة مبنية على أن أي قول يعتمد الشعر الجاهلي أساسا لأولية الشعر تعد نتائجه واهية ومخطئة.

ومما يقوي رؤيتنا أن صورة الشعر الجاهلي ولا سيما قصائد المعلقات جاءت متطابقة عند أغلب الشعراء وتماثلت لغتها وبنيتها: (الوقوف على الأطلال، ذكر

---

(1) م.ن، ص 2.

(2) ينظر: طبقات الشعراء، ابن سلام، ص 34. وللمزيد ينظر: كتاب الصناعتين ص 156.

(3) بحث: الرواية المكتوبة للشعر الجاهلي قبل الإسلام، أ.د. عبد اللطيف الطائي، مجلة جامعة تكريت، مجلد (13)، عدد (6)، 2006م، ص 158.

الدابة، ذكر الحبيبة، ذكر الراحلة...) فالتدرج هو الحقيقة التي يمكن أن يتصورها العقل ويتخيلها، وعليه فلا بد أن نتصور مراحل سابقة لهذا النضج.

ومع أن هذا الأمر في غاية الصعوبة لقلة المصادر التاريخية وندرة الآثار، إذ لم يصل إلينا لا عن طريق الآثار والحفريات ولا نقوش الحجارة والجدران، ولا المدونات ولا الكتب الوثنية الجاهلية أو الإسلامية، وإنما يعتمد الباحث على (افتراضات منطقية أو استدلالات واستنتاجات عقلية استنباطية وليست مادية وثائقية)[1].

ومع تعدد النظريات والفرضيات في أصل الشعر الجاهلي -بما يحمله من تكامل ونضج- فإن أقواها قبولا ورواجا هي تلك التي تعزو الأولية الشعرية إلى وظيفة دينية، إذ كان الشعر محض ترديدات وترانيم بدائية يقصد بها السحر وتخاطب المجهول الذي شغل النفس الانسانية وامتلك مشاعرها فكان توجهه إليه غامضا مشوبا بالرهبة، ثم تحول إلى شعور مليء بالتقديس، فتحول الشعر إلى أناشيد دينية في المعابد والهياكل وبيوت الآلهة. وتمثيليات تنشد في المناسبات الاحتفالية والمواسم التي تتصل بعباداتهم وأعمالهم وأسواقهم وحصادهم...[2].

فالشعر قد مر بهذه المراحل، ومن ذلك مرحلة الاضطراب التي تمثل الغيبوبة العقلية للشعر، إذ كان الشعر ذا صلة بالتنبؤ بالغيب فقد كانت مهمة الشعر كهنوتية ولغته غامضة كطلاسم الكهان وأحاجي السحرة قبل أن يصبح فنا ناضجا مستكملا لمقومات الإبداع والجمال[3].

وقد أدرك الجاحظ بعقليته المتوقدة كل هذه الأشياء فحدد عمر الشعر وأوليته من جانبه الشكلي والفني، وانطلقت رؤى الجاحظ من فهم واضح لماهية الشعر،

---

(1) دراسات في الأدب العربي قبل الاسلام، ص 45.

(2) ينظر: تاريخ الأدب العربي، بروكلمان، 1/ 44. وللمزيد ينظر: المفصل في تاريخ العرب قبل الاسلام، د. جواد علي، مكتبة جديد، ط1، 2006م، 316- 317.

(3) ينظر: العصر الجاهلي، شوقي ضيف، الناشر ذوي القربى، ط 1، 1426 هـ 183.

فجاءت آراؤه منطلقة باتجاهين: أولهما حدد فيه فنية الشعر، فمثله بشعر امرئ القيس والمهلهل وغيره من الشعراء، أما الاتجاه الآخر فمثل المراحل الأولى لقول الشعر التي امتدت إلى ما لا نهاية، فهي أبعد من أن تدرك، وبذلك استطاع أن يميز بين أولية الشعر العربي، وبين الشعر الجاهلي الذي مثلته الصورة المتكاملة لبناء القصيدة. فبعد أن كان الشعر أبياتا (يقولها الرجل في حادثة)[1] (قصدت القصائد وطول الشعر في عهد عبد المطلب وهاشم بن عبد مناف)[2]. ولم تخرج أقوال العلماء والنقاد القدماء عن هذا التصور، إذ ربطوا بين فن الشعر من جهة وشعراء الطبقة الأولى من جهة أخرى، قال الأصمعي: (طريق الشعر هو طريق شعر الفحول مثل امرئ القيس وزهير والنابغة)[3].

فالجاحظ أدرك أن الشعر بدأ بسيطا ثم تكامل وزنا وقافية، وهذا يجعلنا نعتقد بأنه قد مرت حقب طويلة قبل أن يستقر للشعر الجاهلي سماته وخصائصه، إلا أن تلك الحقبة المتقدمة لم تمدنا بما يقوي هذا الرأي وهو ما رآه الجاحظ، فأكثر ما وجد يمتد إلى قرنين من الزمن قبل ظهور الإسلام. قال الجاحظ: (وأما الشعر فحديث الميلاد، صغير السن، أول من نهج سبيله، وسهل الطريق إليه، امرؤ القيس بن حجر، ومهلهل بن ربيعة، وكتب أرسطاليس، ومعلمه أفلاطون، ثم بطليموس وديمقراطس وفلان وفلان قبل بدء الشعر بالدهور قبل الدهور والأحقاب قبل الأحقاب ويدل على حداثة الشعر، قول أمرئ القيس بن حجر: [من المنسرح]

إن بني عوف ابتنوا حسنا ... ضيعه الدخللون[*] إذ غدروا
أدوا إلى جارهم خفارته ... ولم يضع بالمغيب من نصروا
لا حميري وفى ولا عدس ... ولا اسست عير يحكها الثغر
لكن عوير وفى بذمته ... لاقصر عابه ولا عور

([1]) طبقات الشعراء: ابن سلام، 35.

(2) م. ن.، 35.

([3]) الموشح، 85.

فانظر، كم كان عمر زرارة! وكم كان بين موت زرارة ومولد النبي عليه الصلاة والسلام؟! فاذا استظهرنا الشعر، وجدنا له - إلى أن جاء الله بالإسلام خمسين ومائة عام، وإذا استظهرنا بغاية الاستظهار فمائتي عام)[1].

ففي هذا النص كثير من الأمور ساقها الجاحظ على النحو الذي تحتاج فيه إلى تأمل ورؤية، ولفهم صحيح يجب الربط بين أجزاء النص، ومناسبته، والتأمل في لغته لئلا يؤدي إلى سوء الفهم وتقويل الجاحظ شيئا لم يقصده، فحديث الجاحظ جاء في معرض المقارنة بين تراث الأمم، فقارن بين الفرس أو العجم وبين العرب (وذهبت العجم على أن تقيد مآثرها بالبنيان)[2]. ثم (إن العرب أحبت أن تشارك العجم في البنيان وتنفرد بالشعر)[3] والشعر أبقى في تخليد الأمم؛ لأن الحصون والقلاع معرضة للتهديم، (لأن من شأن الملوك أن يطمسوا على آثار من قبلهم، وأن يميتوا ذكر أعدائهم، فقد هدموا بذلك السبب [أكثر] المدن وأكثر الحصون)[4]. وأدرك الجاحظ أن الشعر وإن كان سجلا خالدا إلا أن كتب الحكماء (أبقى ذكرا وأرفع قدرا وأكثر ردا، لأن الحكمة أنفع لمن ورثها)[5]، فكان حقا على الجاحظ أن يبين علة ذلك فجاء النص شاملا وموضحا ومقارنا، فالشعر (حديث الميلاد، صغير السن) وقصده هو الشعر الجاهلي الذي تكامل بنيانه، وأصبح ديوان علمهم، ومنتهى حكمهم، وسجل مآثرهم والمحدد بما وصل إلينا من شعر هذه الحقبة، وتبدأ بزمن نشوب حرب البسوس بين قبيلتي بكر وتغلب إذ هي أقدم الأشعار[6] المخلدة للمآثر

(*) الدخلل: الذي يداخل الرجل في أمره ويصاحبه عليه (لسان العرب: مادة دخلل).

([1]) كتاب الحيوان: 1/ 52 - 53.

([2]) كتاب الحيوان: 1/ 51.

(3) م. ن: 1/ 51

(4) م. ن: 1/ 52.

(5) م. ن: 1/ 52

(6) ينظر: دراسات في الأدب الجاهلي، عبد العزيز نبوي، مؤسسة المختار للنشر والتوزيع، ط 3، 2000م، ص 16.

فهو (حديث الميلاد) والحداثة ها هنا؛ معناها أنه قريب من زمن القائل إذ لا يفصل بينه وبين هذه الحقبة إلا قرن ونصف أو قرنين على أبعد تقدير، ولدفع الشك أكد دلالة الجملة بالمرادف (صغير السن) وإن كنا نرى مقصدا آخر في دلالة قوله هذا، إذ إن الضياع غالب فيه فهو لا يبقى ولا يخلد؛ لأنه مرهون بالمشافهة، إذ كان (الشعر علم قوم لم يكن لهم علم أصح منه فجاء الإسلام فتشاغلت عنه العرب وتشاغلوا بالجهاد، وغزوا فارس والروم ولهيت عن الشعر وروايته، فلما كثر الإسلام وجاءت الفتوح واطمأنت العرب بالأمصار راجعوا رواية الشعر فلم يئلوا إلى ديوان مدون ولا كتاب مكتوب)[1]، وهو ما دفع الشعراء إلى كتابة شعرهم (قال ذو الرمة لعيسى بن عمر: اكتب شعري فالكتاب أحب إلي من الحفظ؛ لأن الأعرابي ينسى الكلمة وقد سهر في طلبها ليلته، فيضع موضعها كلمة في وزنها، ثم ينشدها الناس، والكتاب لا ينسى ولا يبدل كلاما بكلام)[2]، فالحداثة (بميلاده) لا تعني نفي القدم عنه أبدا، وإنما الأمر مرهون بوجوده ووصوله، لذا جاء قوله: (صغير السن) دلالة على عمره وبقائه، ولكي لا يكون الأمر ضبابيا حدد الجاحظ (الشاعرية) المقصودة بما حدده في أول القول: فحداثة الشعر مقيدة بأسلوب القول.

فـ (أول من نهج سبيله، وسهل الطريق إليه: امرؤ القيس بن حجر، ومهلهل بن ربيعة)، وهذا لا يعني نفي الشعر عن الآخرين وإنما هو من قبيل الإشارة ببعضهم أو لشهرتهم، والمتتبع لأقوال القدماء يجدهم أكثر ما يقصرون قول الشعر وأوليته في العصر الجاهلي على مهلهل: (أقدم الشعر الذي بدأ بمهلهل بن ربيعة وأنه هو الذي قصد القصائد)[3]، ومما يدلل على ذلك قول لبيد بن ربيعة[4]:

([1]) طبقات الشعراء، ابن سلام، (34-35) في الهامش (يتِلوا بدل يئلوا).

(2) كتاب الحيوان: 1/ 33 سنتناول ذلك في نظريته للتلقي (ص 158) من الأطروحة.

([3]) نقائض جرير والفرزدق بيفان، أعاد طبعه بالأوفست قاسم محمد رجب، مكتبة المثنى، بغداد، ص 905.

([4]) م. ن: 200-201، وديوان لبيد بن ربيعة، اعتنى به حمد وطماس دار المعرفة، بيروت، لبنان، ط1، 2004م: تاريخ الأدب العربي قبل الاسلام، ص 57.

والناطقون الأولون أراهم سلكوا

سبيل مرقش ومهلهـــل

وسبب ذلك أن الشعر كان كما يرى النقاد سهلا ساذجا لا يتجاوز البيت والبيتين، حتى جاء المهلهـل فكان (أول من كانت له كلمة تبلغ ثلاثين بيتا من الشعر)[1]؛ ولأن شعره يتميز بالسهولة والليونـة والبـديع حتى صارت كلماته من دارج اللهجات العامية، فهو لا يحفل بالصنعة التركيبية البلاغية، وعلة ذلك الأنوثـة في طبيعة شخصية الشاعر النفسية والسلوكية، فقد أحال بعض معنى لقب المهلهل إلى عدم تنقيح الشاعر شعره، فيقال: (هلهل فلان شعره إذا لم ينقحه وأرسله كما حضره، ولذلك سمي الشاعر مهلهلا)[2]، فالشاعر مرتجل معتمد على البديهة كما في إشارة الجاحظ ضمنا - وإن كان القول بـ (أول) لا تعني الجزم بأقدميته وأوليته؛ لأن هذا المنحى نحاه بعض المتقدمين كقولهم: فتح الشعر بـأمير وخـتم بـأمير، أي: فتح بـامرئ القيس وختم بأبي فراس، وما زال الشعر حيا يغنى على الرغم من القرون التي مرت، وكانوا يجادلون في من هو أشعر الناس، ولكنهم يقصدون أشعر الناس في زمانهم، (وزعم أبو عمر بن العلاء أن الشعر فتح بـامرئ القيس، وختم بذي الرمة)[3]، فإذا كان الأمر كذلك فكيف نوجه اعتراف امرئ القيس بأسبقية ابن خذام[4]؟ الذي يقال إنه أول من بكى الديار[5]: [من الكامل]

---

(1) دراسات نقدية في الأدب العربي، محمود الجادر، جامعة بغداد، 1990م، ص 7.

(2) لسان العرب: مادة هلهل.

(3) البيان والتبين: 4/ 52.

(4) جمهرة أشعار العرب في الجاهلية والإسلام، أبو زيد محمد بن أبي الخطاب القرشي،   دار نهضة مصر للطبـع والنشر، القاهرة، (د.ت)، ص 65.

(5) كتاب الحيوان: 2/ 325.

عوجا على الطلل القديم لعلنا نبكي الديار كما بكى ابن خذام

وقول عنترة[1]:

هل غادر الشعراء من متدم أم هل عرفت الدار بعد توهم؟

إلا إذا كان القصد التكامل في بنية الأنموذج والصورة والشكل الممثلة بما ورثناه من أقدم النصوص الشعرية العربية في العصر الجاهلي، التي (أجمع العلماء على أن أنموذجاتها البكر اكتملت فنيا على يد المهلهل ثم ابن اخته امرئ القيس)[2].

ولو كان مقصد الجاحظ بلفظ (أول) الدلالة على أن الشعر العربي مبدؤه بالمهلهل لما جاء بالقول (نهج سبيله وسهل الطريق إليه) فنهج[3] الشيء اتباع طريقه وسبيله، وتسهيل الأمر يدلل على وعورة أو صعوبة كانت فيه، وإلا كيف يمكن أن نعلل قولهم: (ولم يكن لأوائل العرب من الشعر إلا الأبيات يقولها الرجل في حادثة وإنما قصدت القصائد وطول الشعر على عهد عبد المطلب)[4]، فالأبيات يقولها الرجل وهي من الشعر فضلا عما تناقل من شعر مضاض بن عمرو الجرهمي، ومضاض قبل الهجرة بسبعمائة سنة تقريبا، ذلك أن خزاعة وليت البيت بعد جرهم خمسمئة سنة، وبين قصي وبين الرسول ﷺ بمئتي سنة كل هذا بالتقريب، في حين تشير المصادر إلى أن مهلهل عاش نحوا من (570م) أي قبل الهجرة بخمسين سنة[5]. كما أن القول بأولية الشعر يجب أن تحمل بطياتها كل ما تتسم به أول كل شيء من البدائية وقلة الفن والسذاجة بالنسبة لما جاء بعده، وهذا لا يتفق وموقف الجاحظ نفسه من شعر امرئ القيس فهو (شاعر الشعراء من

---

(1) شرح ديوان عنترة، دار الكتب العلمية، بيروت، لبنان، ط1، 1985م.

(2) دراسات نقدية في الأدب العربي، ص 7.

(3) لسان العرب، مادة (نهج).

(4) طبقات الشعراء، ص 35.

(5) مختصر معجم معالم مكة التاريخية، ص 2. (بحث منشور في الانترنت).

الأولين والآخرين)[1]. وهذا كله يتفق مع القول بأن الجاحظ قصد أولية الشعر الجاهلي بصورته المتكاملة الناضجة، ومما يدلل أيضا على ذلك تقديمه امرئ القيس على مهلهل وإن كان العطف بـ (الواو) التي تفيد مطلق الجمع، ولكن القصدية الدلالية تعطي صورة للمقصود إذ لم تقصد القصائد وتكتمل بصورتها النهائية إلا على يد الفحول من الشعراء وأصحاب المعلقات وأولهم امرؤ القيس.

والجاحظ لا يترك الأمر على علته بل يعلل وإن فهم تعليله أحيانا بالقصور - إلا أن المتأمل يتضح له الأمر بقوله: (ويدل على حداثة الشعر قول امرئ القيس بن حجر... [من المنسرح]:

لا حميري وفى ولا عدس ولا أست عير يحكها الثغر[2]

إذ قال: (فانظر، كم كان عمر زرارة! وكم كان بين موت زرارة ومولد النبي عليه الصلاة والسلام؟ فاذا استظهرنا الشعر وجدنا له - إلى أن جاء الله بالإسلام خمسين ومئة عام، وإذا استظهرنا بغاية الاستظهار فمئتا عام)[3].

والأمر الذي يلفت النظر في نص الجاحظ قوله: (عمر زرارة) ولم يرد لفظه في الشعر الوارد ولكن الغموض يزول إذا فهمنا العلاقة بين (عدس) المذكور وبين زرارة، إذ إن (عدس) والد (زرارة)[4]، وزرارة قريب العهد من مولد الرسول ﷺ؛ إذ إنه مات يوم أوراه الثاني[5]، وكان ذلك من أيام عمرو بن هند اللخمي، الذي ولد

([1]) رسائل الجاحظ، شرحه أمهنا، دار الحداثة، بناية حلمي عويدات، ط1، 1988م، 2/ 77.

([2]) كتاب الحيوان: 1/52- 53.

(3) كتاب الحيوان 1/ 53.

(4) مجمع الأمثال أبو الفضل أحمد الميداني، تحقيق: أبو الفضل إبراهيم، دار الجبل، بيروت، لبنان، ط2، 1987م؛ الكامل، ابن الاثير (ت 630هـ)، إعداد إبراهيم شمس الدين، دار الكتب العلمية، بيروت، لبنان، 2002م: 1/ 438، 445، 465، 3/ 513؛ العمدة: 2/ 216.

(5) معجم البلدان، ياقوت الحموي، قدم له محمد بن عبد الرحمن المرعشلي، دار إحياء التراث العربي، مؤسسة التاريخ العربي، بيروت، لبنان (د.ت): 1/ 218 (أوراة).

الرسول ﷺ في أيامه، فنخلص مما تقدم إلى أن أقدم شعر عربي في عصر ما قبل الإسلام لا يبعد عهده عن الإسلام كثيرا.

وقوله: (فاذا استظهرنا الشعر) مقصور على قول امرئ القيس لا على مطلق قول الشعر، فضلا عن أنه محدد بالحداثة، فالسهولة واللين والبعد عن التكلف كل ذلك محدد بعمر الشعر هذا الذي لا يتجاوز (مئة وخمسين عاما أو مئتين)، وهذا يتطابق تماما مع بداية المرحلة الثانية من عمر الشعر العربي: (شعر ما قبل الإسلام) الذي عرف بنضجه وتكامله ووضوحه وبنائه وموسيقاه.

أما قوله: (وكتب أرسطاطاليس...) فهو استطراد من الجاحظ غرضه الموازنة والمقابلة بين الشعر الذي أصبح سجلا لمآثر العرب، وبين الكتب التي هي أيضا تقيد المآثر بعد أن قابل بين الشعر والبنيان وربما يحتاج النص إلى لفظ (وأما) ليزول غموضه، ولكي لا يؤخذ القول على باب العطف، كما أن آخر القول ربما يحتاج إلى لفظ (موجودة) (قبل بدء الشعر بالدهور...)[1] ذلك أن الجاحظ في ختام قوله استنتج أن (الكتب أبلغ في تقييد المآثر من البنيان والشعر)[2] فضلا عما يثيره النص من علاقة بين الشعر والنثر وأيهما أسبق إذ حدد الجاحظ أسبقية النثر بقوله: (وكتب أرسطاطاليس... قبل بدء الشعر بالدهور قبل الدهور، والأحقاب قبل الأحقاب)[3].

والدهر هو: الأمد الممدود، وقيل الدهر: ألف سنة[4]. والحقب: العام إذا احتبس مطره، والحقبة من الدهر: مدة لا وقت لها، والأحقاب الدهور[5]. وجاء بالتكرار للدلالة على قدم النثر - ممثلة بكتب أرسطاطاليس عن الشعر، ومما يلفت مقابلته

---

(1) كتاب الحيوان: 1/ 52.

(2) م. ن: 1/ 53.

(3) م.ن: 1/ 52.

(4) لسان العرب، مادة (دهر).

(5) م.ن.، مادة (حقب).

بين الشعر العربي، وبين كتب اليونان هو إدراك الجاحظ أن هناك أسلوبا آخر لتقييد المآثر متبعا عند غير العرب، فبعد أن ذكر أسلوب الفرس في تسجيل مآثرها (البنيان)، ذكر أسلوب العرب (الشعر) وأسلوب اليونان (الكتب) ثم فاضل بينها.

وبذلك يكون عمر الشعر وولادته محددا بوصول الأمة إلى مكانة رفيعة واستقرار يؤهلها لتسجيل مآثرها، فالشعر عنده في ولادة مستمرة كما أنه في ضياع مستمر (قصير السن) يحيا بولادته ويموت بضياعه، فهو يمر بمراحل ولادة متجددة مستمرة؛ لأنه لا يسجل وحفظه مرهون برجاله ورواته، والجاحظ عندما حدد عمره قيده بما هو متوافر موجود من ميراث العرب، وسجلهم مقيد بامرئ القيس وبأقرانه من شعراء الفحول، وأما ما سبق فلا شك أنه ولد في حقبة زمنية ما، ومات في لحظة أخرى، وما بقي سوى أبيات قليلة وشهود يسيرة لا يمكن أن نعدها مصورا حقيقيا لولادة الشعر العربي، الذي يمكن الاطمئنان إليه (وقد قيل الشعر قبل الإسلام في مقدار من الدهر أطول مما بيننا اليوم وبين أول الإسلام، وأولئكم عندكم أشعر ممن كان بعدهم)[1]. فإذا ما علمنا أن ولادة الجاحظ (150هـ) على أرجح الأقوال، وأول الإسلام محدد ببعثة الرسول محمد ﷺ أي: قبل الهجرة ببعض سنين[1] للهجرة فيكون التقدير أطول من (150هـ) سنة بقليل كما أشار إليه الجاحظ.

وفي هذا القول يظهر أن مقصد الجاحظ يتجه نحو شعر بعينه لا كما ذهب بعض الباحثين[2] أو جلهم إلى أنه تحديد لعمر الشعر العربي.

فالقول جاء في سياق حديث الجاحظ عن المحتجين (بالشعر لرجم الشياطين قبل الإسلام)[3]، وهي ظاهرة ارتبطت بالإسلام إذ قال تعالى: (ولقد زينا السماء الدنيا

---

(1) كتاب الحيوان: 6/ 460. (الجاحظ مجرد راوية إذ لم يعلق على النص). ينظر: النقد المنهجي عند الجاحظ، داود سلوم، راجعه د. عبد الرزاق محي الدين، مطبعة المعارف، بغداد، 1960، ص 9.

(2) مثلا داود سلوم، النقد المنهجي عند الجاحظ، ص 8.

(3) كتاب الحيوان: 6/ 457.

بمصابيح وجعلناها رجوما للشياطين وأعتدنا لهم عذاب السعير (5)) الملك: ٥. فكيف تأتى لهؤلاء الشعراء أن يصفوا ذلك؟ ففي قول الأفوه الأودي[1]: [من الرمل]

كشهاب القذف يرميكم به فارس في كفه للحرب نار

قال الجاحظ: (وأما ما رويتم من شعر الأفوه الأودي فلعمري إنه لجاهلي، وما وجدنا أحدا من الرواة يشك في أن القصيدة مصنوعة، وبعد فمن أين علم الأفوه أن الشهب التي يراها إنما هي قذف ورجم وهو جاهلي، ولم يدع هذا أحد قط إلا المسلمون؟ فهذا دليل آخر على أن القصيدة مصنوعة)[2] ثم قال: (وزعمتم أنكم وجدتم ذكر الشهب في كتب القدماء من الفلاسفة وأنه في الآثار العلوية لأرسطاطاليس، حين ذكر القول في الشهب... فإنا نوجدكم من كذب التراجمة وزياداتهم ومن فساد الكتاب، من جهة تأويل الكلام، ومن جهة جهل المترجم بنقل لغة إلى لغة)[3] فهذه الظاهرة ردها الجاحظ، وبين بطلانها، وأغلب ما ورد من شعر مصنوع ومنتحل وحدد عمر هذا الشعر وبعده عن عصر الرسالة المحمدية زيادة في إنكاره ودحضه، وتأكيدا على مجانبته الصدق فهو من المصنوع والموضوع والمنتحل وقوله: (وقد قيل الشعر) يقصد به الشعر المحتج به في وصف النجوم والشهب، ولكي لا يكون قوله وسؤاله من أين علم الأفوه...؟ بعيدا عن الإدراك والتصور ربط بين عمره وزمن أول الإسلام الذي أبان هذه الحقيقة من خلال السياق القرآني، وبذلك يمكننا أن ندرك حقيقة هذا النص ومقاصده من خلال الربط بين نصوص الجاحظ بعضها مع بعض من غير أن نقول الجاحظ أشياء لم يقلها.

---

(1) م.ن.: 6/ 459.

(2) كتاب الحيوان: 6/ 462.

(3) م. ن: 6/ 462.

المبحث الرابع

الشعر والسحر: العلاقة والماهية

يمثل الشعر في حياة الجاهلي رمزا للنبوغ والعبقرية فهو المقدم والمفضل لسمو موهبته وعلو كعبه في الميدان الاجتماعي والثقافي العربي، إذ كان ينظر إليه بنوع من الإجلال وكثير من الإعجاب ولا سيما بعد تداول الناس خبر اتصاله بقوى خارقة يستمد منها سحر الكلام، ويبدو أن اندفاع العرب في هذا القول هو اندهاشهم وانجذابهم للشاعر وعجزهم عن تفسير إبداعه من جهة وإعجابهم من جهة اخرى.

ولما عجز العقل البشري العربي في مرحلته الشفاهية البدوية عن التفكير المميز وتقصي الأسرار والتفسير، بفعل التأثيرات الخارقة للطبيعة، فإنه أرجع مسائل التفوق والإبداع والاختراع إلى علل غيبية باطنة غريبة وغير طبيعية قيل إنها ذات تأثير في التلقي، والغيبي هو ضد الحاضر وسابق له في الوجود[1].

ولأسباب يصعب تفسيرها على المدرك والمتصور تفسيرا منطقيا ونهائيا لم ينسب شعراء العرب ومتذوقهم ونقادهم، فعل الإبداع إلى الآلهة التي كانت حاضرة في كل ما يفعلون أو ينوون، بل ردوا ذلك إلى قوى مبهمة تتحكم في الاشياء وهي غير منظورة لا (جن وشياطين)، وإلى ينابيع سحرية وغيبية وأنشؤوا لذلك قصصا وأحاديث متوهمة، لم تكن إلا دليلا على سذاجة التفكير وهشاشة المعتقد لافتقادها إلى التعليل المقنع والتأويل الجاد المقبول.

إن الرجوع إلى عالم الجن والشياطين والسحر، كان اعتقادا عميقا أسهم في تثبيته الشاعر والسامع معا -قد يكون السامع ناقدا مفترضا أو من عامة الناس- ذلك أن البراعة في القول لا يتعاطاها إلا الفحول المخيرون[2]، وعلى الرغم من أن الإبداع عملية معقدة وغير متجانسة، إلا أن الذي يعنينا في هذا أن هذه الأخبار

---

(1) خطاب الطبع والصنعة رؤية نقدية في المنهج والاصول، د. مصطفى درواش (بحث منشور في الانترنت).

(2) م. ن.

شكلت إحدى محاولات العرب في فهم بواعث الإبداع، فاستعصاء الترجمة الأدبية وعدم التمكن من السيطرة عليها دفع بعضهم إلى تفسيرها بطريق الخرافة، وإن هناك سمة مشتركة بين عزيمة الشعر وعزيمة السحر، فكلاهما يحققان تعبئة نفسية كبرى وتركيزا ذهنيا حادا وعاليا، ويعتقد أن القدرة على التحكم في الظواهر والأشياء والذوات يحتاج إلى تمثل للأوامر الصارمة حين تحركها رغبة عارمة في أن يكون الشيء بحسب ما تريد أن يكون، شرط امتلاك الوسائل عند من يدعي القدرة، وأهم هذه الوسائل امتلاك أسلوب يقود في جماليته إلى الفتنة.

والنقطة التي يلتقيان عندها هي فتنة اللغة الخالصة، إذ تظهر أهمية اللغة في الحضور الكثيف للملفوظ، وفي هذا الإطار نجد أن البلاغة ليست زخرفا وتألقا بيانيا مجردا، وإنما هي احتياج تعبيري وضرورة تشكيلية، لأنها تجسد قوة النفاذ الحسي الكامن في اللفظ، وهذا ما يفسر اعتماد السحر على اللغة أكثر من اعتماده على الحركة.

إن هناك تصورات عدة لمصدر الفن، فربما يكون إلهاما أو طبعا ودربة أو عملا وهو انسجام موجود بين الكون والطبيعة، إن هذه التصورات مجتمعة تصلح لأن تكون مصدرا للتكوين الفني، لا أن تكون متفرقة، وذلك لأن مسألة الإبداع لا تقتصر على شيء من دون آخر.

من هنا، تصبح مسألة الإبداع الفني إشكالية فكرية وثقافية وجمالية نوعية، لأنها خاضعة لتحولات الفرد الفكرية، وتقلباته النفسية، وتصوراته الجمالية لتلك التحولات التي تشتبك في علاقات وقتية وبيئية، الأمر الذي يجعلها قابلة للتغير يوما عن يوم، فتتنوع الرؤى تبعا لهذا التعدد والتغير.

رد الجاحظ هذا التصور الخرافي لظاهرة الإبداع إلى سببين: نفسي ـ اجتماعي، وتربوي ثقافي، وذلك حين ربط بين حالة التوحش وقلة العمران وبين الفكر البشري، فمن منظوره يرى (أن أصل هذا الأمر وابتداؤه، أن القوم لما نزلوا بلاد الوحش، عملت فيهم الوحشة ومن انفرد وطال مقامه في البلاد والخلاء، والبعد من

الأنس - استوحش وخاصة مع قلة الأشغال والمذاكرين. والوحدة لا تقطع أيامهم إلا بالمنى أو بـالتفكير. والفكر ربما كان من أسباب الوسوسة، وقد ابتلى بذلك غير حاسب كأبي يس، ومثنى ولد القنافر)[1].

فتعليل الجاحظ لما يتخيله الأعراب من عزيف الجن، وتغول الغيلان، يعود، إلى الابتعاد عن العمران، وكثرة الانفراد بالنفس، لأن الوحشة يتولد عنها الوهم، فإذا (استوحش الإنسان تمثل لـه الشيء الصغير في صورة الكبير وارتاب وتفرق ذهنه وانتقضت أخلاطه فرأى ما لايرى، وسمع ما لا يسمع، وتوهم على الشيء اليسير الحقير، أنه عظيم جليل، ثم جعلوا ما تصور لهم من ذلك شعرا تناشدوه وأحاديث توارثوها)[2].

ويتأكد الجانب الوهمي بتلك الأخبار التي أوردوها، وكلها تخدم أدب العجائب، أو أدب الوهم عند العرب، كما يتبين من سياقها العام فإطارها العام هو الخروج للسفر أو للبحث عـن جمل تـاه في الفيافي ومن شأن هذا المنطلق أن يهيء للإطار المكاني، وهو يتصف دائما بخلوه مـن النـاس والعمـران كالصحراء والجبال والكهوف والجزر النائية، أما الإطار الزماني وهو الليل غالبا فمن شأنه أن يخدم الجانب الوهمـي في هذه الأخبار وتتضافر هـذه العنـاصر مكانيـة وزمانيـة - لتوحد في ذهن القارئ الوهم وتدخله عالـم العجائب والغرائب.

أما السبب التربوي والثقافي لهذا التناول الخرافي فيعود إلى تلك الأشعار التـي تناشدوها والأحاديث التي توارثوها، والروايات التي رووها على ألسنة الجن، كل ذلك أثر في العقول (ونشأ عليه الناشئ، وربي به الطفل، فصار أحدهم حين يتوسط الفيافي، وتشتمل عليه الغيظان في الليالي الحنادس فعنـد أول وحشـة وفزعة، وعند صياح بوم ومجاوبة صدى، وقد راى كل باطل، وتوهم كـل زور، وربمـا كـان في أصل الخلـق والطبيعة كذابا نفاجا، وصاحب تشنيع وتهويل، فيقول في ذلك من

(1) كتاب الحيوان: 6/ 445 - 446.

(2) م. ن.: 6/ 446.

الشعر على حسب هذه الصفة، فعند ذلك يقول: رأيت الغيلان، وكلمت السعلاة ثم يتجاوز ذلك إلى أن يقول قتلتها، ثم يتجاوز ذلك إلى أن يقول: تزوجتها)[1].

إن المتقبل لهذه الأخبار في نظر الجاحظ إما أعرابي عاش ظروف الوحشة والخلوة، وإما عامي (لم يأخذ نفسه قط بتمييز ما يستوجب التكذيب والتصديق، أو الشك، ولم يسلك سبيل التوقف والتثبت في هذه الأجناس قط)[2]. إن الراوية (كلما كان الأعرابي أكذب في شعره كان أطرف عنده، وصارت روايته أغلب ومضاحيك حديثه أكثر، فلذلك صار بعضهم يدعي رؤية الغول، أو قتلها أو مرافقتها أو تزويجها وآخر يزعم أنه رافق في مفازة نمرا، فكان يطاعمه ويؤاكله)[3].

إن العجز عن إدراك حالة الإبداع الشعري لدى الشاعر من قبل المتلقي من جهة، وعجز تفسير الشاعر لساعات قوله من جهة أخرى جعل العرب والشعراء يؤمنون بظاهرة استدعاء الشياطين من قبل الشاعر، ومن ثم جعل وسيلة في استدعاء الغائب لتزداد القريحة انفجارا وعطاء. متناسين بذلك معنى الشعر والشعور في كلمة الشاعر التي تدلل على الفطنة والإحساس والوعي بإزاء ما يقول ويفعل، وكذلك جعلهم يتناسون الحالة النفسية التي يمر بها الشاعر والضغوط التي يتعرض لها مما يجعله عاجزا عن قول الشعر في ساعات دون أخرى، وبطبيعة العربي البدائية والعجز عن إدراك الحالة النفسية جعلهم ينسبون ذلك إلى الشياطين، فالجاحظ ينقل لنا حوارا بين شاعرين، أحدهما يذعن في قوله لشيطانه والآخر يرجح عقله ونظره، فيما تلقاه من شيطانه (وقال بعض الشعراء لرجل: أنا أقول في كل ساعة قصيدة، وأنت تقرضها في كل شهر فلم ذلك؟ قال لأني لا أقبل من

---

(1) كتاب الحيوان: 6/ 446.

(2) م.ن.: 6/ 447.

(3) م.ن: 6/ 447.

شيطاني مثل الذي تقبل من شيطانك)[1]. فالجهد المبذول وانفتاح القريحة هو الذي يفرق بين الشاعرين.

وعلى ما يبدو أنهم كانوا يعتقدون أن الشياطين كانت ترافق فحول الشعراء أكثر من غيرهم وأما قوله:

وبنت عمرو وخالها مسحل الخيـ ر وخـــالي همـــيم صـــاحب عمـــرو

فإنهم يزعمون أن مع كل فحل من الشعراء شيطانا يقول ذلك الفحل على لسانه الشعر، فزعم البهراني أن هذه الجنية بنت عمرو صاحب المخبل. وأن خالها مسحل شيطان الأعشى. وذكرا أن خاله هميم وهوهمام. وهمام هو الفرزدق. وكان غالب بن صعصعة إذا دعا الفرزدق قال: ياهميم.

وأما قوله: (صاحب عمرو)، فكذلك أيضا يقال إن اسم شيطان الفرزدق عمرو. وقد ذكر الأعشى- مسحلا حين هجاه جهنام فقال: [من الطويل]

دعـوت خلـيلي مسـحلا ودعـوا لـه جهنـام جـدعا للهجـين المـذمم

وذكره الأعشى - يلتحم أكثر بالجن فيتخذه أخا له - فقال: [من الطويل]

حبـاني أخـي الجنـي نفسي فـداؤه بـأفيح جيـاش العشـيات مـرجم[2]

وإن من الشعراء من يفاخر نظراءه بعظم شأنه وجلال منزلته ونضجه كقول الراجز: [من الرجز]

إنـي وإن كنـت حديـث السـن وكـان فـي العـين نبـو عنـي

فإن شيطاني كبير الجن

وقال أبو النجم: [من الرجز]

إني وكـل شاعـر مـن البشـر شيطـانه أنثـى وشـيطاني ذكـر

---

(1) البيان والتبيين: 1/ 143.

(2) م.ن.: 6/ 433.

وهذا كله منهم على وجه المثل)[1] لا صحة له ولا يمكن للعقل البشري أن يتقبل فكرة وجود الشياطين التي تلهم الشعراء، إلا في نظر القدماء الجاهليين وذلك لكثرة الخرافات والأساطير والسحر والسحرة في مجتمعهم. حتى أن بعض الشعراء لا ينقاد إلى فكرة الإلهام الشيطاني بل يكاد يتجاسر عليها أو ينحل منها، لإدراكه بعظمة القول عنده واستغنائه عن الملهم الجني أو الشيطان، فهذا بشار الأعمى يقول: [من الطويل]

دعـاني شـنقناق إلى خلـف بكـرة   فقلـت: اتـركني فالتـفرد أحـمـد

يقول: أحمد في الشعر أن لا يكون لي عليه معين)[2].

ومن الشعراء من يرى عكس ذلك فيجعل للجن عزيفا (قال حسان بـن ثابـت في معنـى قوله (و الله لأضربنه حتى أنزع من رأسه شيطانه)، فقال: [من المتقارب]

وداويـــة سبسـب سمـلق   مـن البيـد تعـزف جنـانها
قطعـت بعيرانـة كالفنيـــق   يمـرح فـي الآل شيطانهـا

فجمع في هذا البيت تثبيت عزيف الجن، وأن المراح والنشاط والخيلاء والغرب هو شيطانها)[3].

ومنهم من يتمادى فينسب إلى الجن أشعارا قالوا وقالت الجن: [من الرجز]

وقبـر حـرب بمكـان قفـر   وليـس قـرب قبر حـرب قبـر

قالوا: ومن الدليل على ذلك، وعلى أن هذين البيتين من أشعار الجن أن احدا لا يستطيع ان ينشدهما ثلاث مرات متصلة لا يتتعتع فيها. وهو يستطيع أن ينشد أثقل شعر في الأرض وأشقه عشر مرات ولا يتتعتع[4].

---

[1] م. ن.: 1/ 198.
(2) كتاب الحيوان: 6/ 434.
(3) كتاب الحيوان: 6/ 411.
(4) كتاب الحيوان.: 6/ 423 - 424.

إذ نسبوا هذه الأشعار إلى الجن متناسين أن (من ألفاظ العرب، ألفاظ تتنافر وإن كان مجموعة في بيت شعر لم يستطع المنشد إنشادها إلا ببعض الاستكراه... ولما رأى من لا علم له أن أحدا لا يستطيع أن ينشد هذا البيت ثلاث مرات في نسق واحد فلا يتتعتع ولا يتلجلج، وقيل لهم إن ذلك إنما اعتراه وإن كان من أشعار الجن، صدقوا بذلك)[1].

ومن الشعراء من يجعل الشعراء كلاب الجن إذ يقول عمرو بن كلثوم: [من الوافر]

وقد هرت كلاب الجن منا وشذ بنا قتادة من يلينا

فإنهم يزعمون أن كلاب الجن هم الشعراء[2]. وأيضا هم الذين ينبحون دونهم ويحمون أعراضهم[3].

إذن محصلة القول، إن اندهاش العرب بالشعر أولا، وعجزها عن تفسير إبداعه وعوامله ثانيا، جعلتهم ينسبونه لقوى خارقة أو يشبهونه بالسحر.

وهو ما نص عليه القرآن (وقالوا مهما تأتنا به من آية لتسحرنا بها فما نحن لك بمؤمنين (132))الأعراف: ١٣٢، وقد اقترن الشعر بمفهوم الجنون (ويقولون أئنا لتاركوا آلهتنا لشاعر مجنون (36))الصافات: ٣٦ وهكذا يلاحظ أن العرب أول تهمة وجهتها إلى الرسول صلى الله عليه وسلم عند بداية نزول القرآن، هي الشعر مقترنا بمفهوم الجنون والسحر.

ويبدو أن لبعض الناس كالكهان مثلا دورا مهما في تركيز هذه المفاهيم لدى الناس، قال تعالى: (وكذلك جعلنا لكل نبي عدوا شياطين الإنس والجن يوحي بعضهم إلى بعض زخرف القول غرورا (112)) الأنعام: ١١٢

(1) البيان والتبيين: 1/ 53-54.

(2) كتاب الحيوان: 6/ 435- 436.

(3) م.ن.: 1/ 234.

(الشياطين ليوحون إلى أوليائهم ليجادلوكم وإن أطعتموهم إنكم لمشركون(121) الأنعام: ١٢١.

إن هذا الارتباط الوثيق بين الشعراء وشياطينهم تكاد تكون قصصا أسطورية واحدة، ركبت بشكل أو بآخر على كل شاعر بما يناسب لحمته ونسج شعره، وهذه القصص أريد بها تضخيم شأن بعض الشعراء لدواع عصبية أو عاطفية وأنها نسجت حول هؤلاء الشعراء بقصد الحط من قدرهم الشعري بعدهم مجرد ناقلين لشعر الشعراء من الشياطين وإن الأمر يرتبط بالشعر والسحر والكهانة في المعتقد الجاهلي، وهذه الأسباب مقرونة بغيرها هي من الدواعي لدى الجاهلين لربط الشعر بالسحر.

ويتضح أن الجاحظ في إطار تشكيل نظريته في الشعر تعامل مع ثنائية (الشعر والسحر) تعاملا بحثيا عميقا، كشف عن رؤيته النقدية النافذة في مجال استخدام آليات عرض الظاهرة، وتركيزها في منطقة نظر ورصد كاملة الرؤية وتقديم ما تيسر من آراء متعددة ومتنوعة بشأنها، مشفوعة بالنصوص والأقوال ونقل القصص والحكايات التي تتضمن الظاهرة، ومن ثم إخضاعها لعقله المنطقي الجدلي وهو يتعامل مع الآراء والأفكار تعاملا رحبا، لا يقبل قبولا حاسما ولا يرفض رفضا حاسما بل يبقي باب الرأي والفكرة والاستنتاج مفتوحا لمزيد من التحليل والتفسير والتأويل، على النحو الذي يقدم مساحة عمل تصلح للنشؤ النظري بما تنفتح عليه من إمكانية نمو وتطور، وصولا إلى التكامل والصيرورة.

المبحث الخامس

وظيفة الشعر

الوظيفة من كل شيء في المنظور اللغوي: ما يقدر لـه في كـل يـوم مـن رزق أو طعـام أو علـف أو شراب[1] وقد استخدم الجاحظ هذا المصطلح بالمعنى نفسه[2].

أما الوظيفة في الدرس النقدي الأدبي الحديث فهي اتجـاه يـربط بـين بنيـة الأثـر الفنـي ووظيفتـه، جمالية كانت أم أخلاقية، فالوظيفة إذن تحديد لمهمة ما يتبناها اصطلاح معـين، وهـي في الشـعر تعنـي الإطار الفكري الذي يغلف مضمون الشعر الذي من أجله يبدع الشعراء[3].

تمتد جذور وظيفة الشعر من حيث المفهوم والمصطلح إلى عمق الثقافة والحضارة، وتختلـف هـذه الوظيفة بحسب العصور والثقافات، فمنذ عرف الأدب ارتبط بمفهومه سؤال -قديم حـديث- عـن الرسالة التي يؤديها والوظيفة التي من أجلها خلق، فإذا ما ثبت أنه أدب عديم الجدوى -عقيم- لا طائل منه عند ذلك يمكن النظر إليه والحكم عليه بأنه (نشـاط متـدن، لا يعـدو أن يكـون ضربـا مـن المهـارة اللفظيـة والتنميق الكلامي، اللذين لا طائل من ورائهما)[4].

تتعدد وظائف الشعر عند الجاحظ بحسب رؤيته النظرية للشعر مـن جهـة، واسـتنادا إلى طبيعـة المعيار الوظيفي من جهة أخرى. ويمكن تحديدها على النحو الآتي:

---

(1) لسان العرب، مادة (وظف).

(2) كتاب الحيوان: 2/ 315.

(3) وظيفة الشعر في الخطاب البلاغي، فاضل عبود التميمي ووسن عبد المنعم الزبيدي،   بيت الشعر العراقي، (بحث منشور في الانترنت).

(4) وظيفة الشعر في النقد العربي القديم، د. وليد ابراهيم قصاب، مجلة التراث العربي،   مجلة فصلية تصدر عن اتحاد الكتاب العرب - دمشق، العدد (102) السنة السادسة والعشرون،   نيسان 2006 ربيـع الثـاني، (بحث منشور في الانترنت).

الوظيفة الأولى: تقييد المآثر للعرب وتخليد محاسنهم، وعد الشاعر مؤرخا للفضائل والأمجاد، وبناء يشيد أعظم القلاع والحصون من خلال شعره فـ (العرب أوعى لما تسمع وأحفظ لما تأتي، ولها الأشعار التي تقيد عليها مآثرها، وتخلد لها محاسنها، وجرت من ذلك في إسلامها على مثل عاداتها في جاهليتها، فبنت بذلك لبني مروان شرفا كثيرا ومجدا كبيرا وتدبيرا لا يحصى)[1].

فالعرب يفخرون بالشعر لأنه:

1- لا يفنى - حاضر في الذاكرة والذهن والحلم العربي ومكتسب لمجد البقاء.

2- يخلد المآثر والأخبار - أي وظيفته - تاريخية وحضارية وإعلامية.

وهو ما يسوغ اهتمام الجاحظ وعنايته به إلى هذا الحد ونلمح هذا في قوله (أما العرب فيفخرون بأنهم أهل الدولة وأقدم الشعوب إسلاما. وهم أقدر الناس على نظم الشعر الموزون المقفى الذي لا يفنى ويخلد المآثر والأخبار وأحفظهم للأنساب، وأخطبهم على منبر بلسان أمضى من السنان وأرهف من السيف)[2] - (كانت العرب في جاهليتها تحتال في تخليدها، بأن تعتمد في ذلك على الشعر الموزون والكلام المقفى، وكان ذلك هو ديوانها، وعلى أن الشعر يفيد فضيلة البيان على الشاعر الراغب والمادح، وفضيلة المأثرة، على السيد المرغوب إليه والممدوح به)[3]. وهذا هو الفارق بين العرب والعجم في تخليد المآثر، فالعرب تخلد مآثرها بما سبق أما العجم فقد ذهبت (على أن تقيد مآثرها بالبنيان)[4].

(1) البيان والتبيين: 3/ 226.

(2) رسائل الجاحظ، الرسائل السياسية قدم لها: علي أبو ملحم، دار مكتبة الهلال، بيروت، ط1، 1987، ص 46.

(3) كتاب الحيوان: 1/ 51.

(4) م. ن: 1/ 51.

وكذلك (فإنك متى أخذت بيد الشعوبي فأدخلته بلاد الأعراب الخلص، ومعدن الفصاحة التامة، ووقفته على شاعر مفلق، أو خطيب مصقع، علم أن الذي قلت هو الحق، وأبصر الشاهد عيانا. فهذا فرق ما بيننا وبينهم)[1].

فالشاعر إذن صوت القبيلة الذي يدون تاريخ القبيلة، ويتغنى بانتصاراتها إذ (كان الشعر في الجاهلية -حقا- ديوان علمهم ومنتهى حكمهم به يأخذون وإليه يصيرون، وقال ابن عوف عن ابن سيرين قال: قال عمر بن الخطاب كان الشعر علم قوم لم يكن لهم علم أصح منه)[2].

2- فضلا عن وقوة تأثيره في شخصية الشاعر الاجتماعية، بسبب الحضور الاستثنائي للشعر في الفعالية الثقافية والإعلامية والسياسية في المجتمع العربي القديم، فـ (من الشعراء من يغلب شيء قاله في شعره، على اسمه وكنيته، فيسمى به بشر كثير فمنهم البعيث هذا - وإنما قيل له البعيث لقوله: [من الطويل]

تبعث مني ما تبعث بعد ما أمرت حبالي كل مرتها شزرا-[3]

ومنهم عوف بن حصن بن حذيفة بن بدر، غلب عليه عويف القوافي لقوله: [من الطويل]

سأكذب من قد كان يزعم أنني إذا قلت شعرا لا أجيد القوافيا

فسمي عويف القوافي لذلك، ومنهم يزيد بن ضرار التغلبي غلب على اسمه المزرد، لقوله: [من الطويل]

فقلت تزردها عبيد فإنني لدرد الموالي في السنين مزرد

(1) البيان والتبين، 3/ 19.

(2) طبقات الشعراء، ص 34.

(3) البيان والتبين: 1/ 249.

فسمي المزرد. ومنهم عمرو بن سعد بن مالك، غلب عليه مرقش، وذلك لقوله: [من الكامل]

الـــدار قفر والرسـوم كـــما   رقـــش فـــي ظهــر الأديـــم قلـــم

فسمي مرقشا. ومنهم شأس بن نهار العبدي، غلب عليه الممزق لقوله: [من الطويل]

فـإن كنـت مـأكـولا فكـن خـير آكـل   وإلا فـأدركني ولمـا أمـــزق

فسمي الممزق. ومنهم جرير بن عبد المسيح الضبعي، غلب عليه المتلمس لقوله: [من الطويل]

فهـذا أوان العـرض حـي ذبابـه   زنـــابيره والأزرق والمـــتلمس

ومنهم. عمرو بن رياح السلمي، أبو خنساء، ابنة عمرو وغلب الشريد على اسمه لقوله: [من الوافر]

تـولى إخـــوتي وبقيـت فـردا   وحيـــدا في ديـارهم شريـــد

فسمي الشريد وهذا كثير (1).

تتحدد هذه الوظيفة بإسهام الشعر في إعادة تعريف تسمية الشاعر، وإلحاق صفة معينة به من شعره تتحول إلى لقب لا يعرف إلا به، على النحو الذي يمكن النظر إلى هذه العلاقة بوصفها علاقة إنتاج، تقود إلى التعريف بالشاعر من خلال صفة شعرية استثنائية توافر عليها شعره.

3- استخدام الشعر في تفسير عادات العرب وتقاليدهم (في الحرب)، أي الكشف عن وظيفة شعرية قد تصحح منظورا تاريخيا خاطئا في تفسير قضية اجتماعية محددة، إذ (كنتم لا تقاتلون بالليل ولا تعرفون البيات ولا الكمين ولا الميمنة ولا الميسرة، ولا القلب ولا الجناح ولا الساقة ولا الطليعة ولا النفاضة ولا الدراجة، ولا تعرفون من آلة الحرب الرتيلة ولا

---

(1) البيان والتبيين: 1/ 249-251.

العرادة، ولا المجانيق، ولا الدبابات، ولا الخنادق، ولا الحسك، ولا تعرفون الأقبية ولا السراويلات، ولا تعليق السيوف ولا الطبول ولا البنود، ولا التجافيف، ولا الجواشن، ولا الخوذ ولا السواعد ولا الأجراس ولا الوهق ولا الرمي بالبنجكان، والزرق بالنفط والنيران. وليس لكم في الحرب صاحب علة إليه المنحاز ويتذكره المنهزم وقتالكم إما سلة وإما مزاحفة، والمزاحفة على مواعد متقدمة والسلة مسارقة وفي طريق الاستلاب والخلسة.

قالوا: والدليل على أنكم لم تكونوا تقاتلون قول العامري: [من البسيط]

يا شدة ما شددنا غير كاذبة ... على سخينة لولا الليل والحرم

ويدلك على ذلك أيضا قول عبد الحارث بن ضرار: [من الوافر]

يا شدة ما شددنا غير كاذبة ... على سخينة لولا الليل والحرم
وعمرو إذ أتانا مستميتا ... كسونا رأسه عضبا صقيلا
فلولا الليل ما آبوا بشخص ... يخبر أهلهم عنهم قليلا

وقال أمية بن الأسكر: [من الوافر]

ألم تر أن ثعلبة بن سعد ... غضاب، حبذا غضب الموالي
تركت مصرفا لما التقينا ... صريعا تحت أطراف العوالي
ولولا الليل لم يفلت ضرار ... ولا رأس الحمار أبو جفال[1]

---

(1) البيان والتبيين: 3/ 11-12.

إن الجاحظ ناقد علمي يبحث عن الدليل على القول: (قلنا: ليس فيما ذكرتم من هذه الأشعار دليل على أن العرب لا تقاتل بالليل. وقد يقاتل بالليل والنهار من تحول دون ماله المدن وهول الليل. وربما تحاجز الفريقان وإن كل واحد منهم يرى البيات، ويرى أن يقاتل إذا بيتوه. وهذا كثير والدليل على أنهم كانوا يقاتلون بالليل قول سعد بن مالك في قتل كعب بن مزيقيا الملك الغساني: [من الوافر]

وليلة تبغ وخميس كعب ... أتونا، بعد ما نمنا، دبيبا
فلم نهدد لبأسهم ولكن ... ركبنا حد كوكبهم ركوبا
بضرب يفلق الهامات منه ... وطعن يفصل الحلق الصليبا

وقال بشر بن أبي خازم: [من المتقارب]

فأما تميم تميم بن مر ... فألفاهم القوم روبى نياما

يقول: شربوا الرائب من اللبن فسكروا منه وهو اللبن الذي قد أدرك ليمخض)[1]. إذن (قتل ذؤاب الأسدي عتيبة بن الحارث بن شهاب إلا في وسط الليل الأعظم، حين تبعوهم فلحقوهم. وكانوا إذا أجمعوا للحرب دخنوا بالنهار وأوقدوا بالليل. قال عمرو بن كلثوم، وذكر وقعة لهم: [من الوافر]

ونحن غداة أوقد في خزاز ... رفدنا فوق رفد الرافدينا

وقال خمخام السدوسي: [من الوافر]

وإنا بالصليب ببطن فج ... جميعا واضعين به لظانا
ندخن بالنهار ليبصرونا ... ولا نخفى على أحد أتانا[2]

---

(1) م.ن: 3/ 12.

(2) م.ن: 3/ 14.

ولا تقتصر هذه الوظيفة على ذكر الحرب بل تتعدى إلى تسجيل كل ما يتعلق بها، ولا سيما آلات الحرب والسيوف والدروع، والافتخار بها فقد كانوا يفخرون بطول القناة، ولا يعرفون الطعن بالمطارد، (وإنما كان جل قتالهم بالعصي، ولذلك فخر الأعشى على سائر العرب فقال: [مجزوء الكامل]

لسـنا نقاتـل بالعصـي ولا نرامـي بالحجـارة
إلاعلالـة أوبـدا هـة قـارح نهـد الجـزاره

وقال آخر: [من الطويل]

فـإن تمنعـوا منـا السـلاح فعنـدنا سـلاح لنـا لايشـترى بالدراهـم
جنـادل أمـلاء الأ كـف كأنهـا رؤوس رجـال حلقـت بالمواسـم

وقال جندل الطهوي: [من الرجز]

حتـى اذا دارت رحـى لا تجـري صـاحت عصيـ مـن قنـا وسـدر

وقال آخر: [من الطويل]

دعـا ابـن مطيـع للبيـاع فجئتـه إلى بيعـة قلبـي لهـا غـير ألـف
فنـاولني خشـناء لمـا لمستهـا بكفـي ليسـت مـن أكـف الخلائـف
مـن الشـثنات الكـزم أنكـرت مسـها وليسـت مـن البـيض الرقـاق اللطـائف
معـاودة حمـل الهـراوى لقومهـا فـرورا إذا مـا كـان يـوم التسايـف

وقال آخر: [من البسيط]

مـا للفـرزدق مـن عـز يلـوذ بـه إلا بنـي العـم في أيـديهم الخشـب

قالوا: وإنما كانت رماحكم من مران، وأسنتكم من قرون البقر، وكنتم تركبون الخيل في الحرب أعراء. فإن كان الفرس ذا سرج فسرجه رحالة من أدم، ولم يكن ذا ركاب، والركاب من أجود الات الطاعن برمحه، والضارب بسيفه، وربما قام فيهما أو اعتمد عليهما وكان فارسهم يطعن بالقناة الصماء، وقد علمنا أن الجوفاء أخف محملا، وأشد طعنة. ويفخرون بطول القناة ولا يعرفون الطعن بالمطارد وإنما

القنا الطوال للرجالة. والقصار للفرسان والمطارد لصيد الوحش، ويفخرون بطول الرمح وقصر السيف، فلو كان المفتخر بقصر السيف الراجل دون الفارس لكان الفارس يفخر بطول السيف... الخ)[1].

إن الوظيفة هنا تنفتح على فضاء يستوعب مهنة الحرب بكل تفاصيلها وإجراءاتها وخصائصها، إذ يمكن إدراك معجم هذه المهنة ومعرفة آلياتها وتقاناتها وأنواعها وسبل عملها عبر الشعر. فالشعر ينحو في إطاره الوظيفي هذا نحوا تاريخيا واجتماعيا وحضاريا في رسم خارطة الثقافة الحربية، من خلال الصناعة والاستخدام والتجربة والخبرة.

4- وظيفة الشعر اقتناص العجيب والغريب وتحويله إلى مألوف من خلال (إشاعته) لأن العجب والغرابة يتحققان في عدم إلفه وشيوعه، وحين يشيع ويعرفه الناس تكف آلياتهما عن إنتاج العجب والغرابة فـ (أما قول الشاعر الهذلي في مسيلمة الكذاب في احتياله، وتمويهه وتشبيه ما يحتال به من أعلام الأنبياء بقوله: [من الطويل]

ببيضة قارور وراية شادن   وتوصيل مقصوص من الطير جادف

قال: هذا شعر أنشدناه أبو الزرقاء، سهم الخثعمي، هذا منذ أكثر من أربعين سنة، والبيت من قصيدة كان قد أنشدنيها فلم أحفظ منها إلا هذا البيت... فقلت لسهم: يكون مثل هذا الأمر العجيب، فلا يقول فيه شاعر ولا يشيع به خبر؟ قال: أو كلما كان في الأرض عجب أو شيء غريب، فقد وجب أن يشيع ذكره ويقال فيه الشعر ويجعل زمانه تاريخا)[2]. فالجاحظ يقف موقف المتعجب من أن بعض الأحداث التاريخية عجيبة وغريبة الوقع والتأثير في العقل في مسألة تصديقها وقبولها أو رفضها، والأغرب من ذلك أنه لا يوجد شعر في تلك الحقبة الزمنية قد سجل هذه المواقف النادرة إلا شعر نادر، رمته بين أيدي الجاحظ الأقدار. (فهل رأيت شاعرا

_____

[1] البيان والتبيين: 3/ 9-10.

[2] كتاب الحيوان: 4/ 439-442.

في ذلك الزمان مع كثرة الشعراء فيه ومع افتخارهم الذي كان منهم في يوم جلولى، ويوم ذي قار، وفي وقائع المثنى بن حارثة وسعد بن أبي وقاص، فهل سمعت في ذلك بشعر صحيح ظريف المخرج كما سمعته في جميع مفاخرهم مما لا يداني هذا المفخر؟)[1].

إن هذه الوظيفة تقودنا إلى شيء مهم تنبه إليه الجاحظ، وهي مسألة ربط شعر القبائل وظهوره فيها وحضوره بظاهرة اقتناص العجيب والغريب من الحوادث من جهة، وارتباطه بالحظوظ والغرائز والبلاد والأعراق من جهة أخرى، وما ذاك إلا لنباهة الشاعر وسرعة بديهته في اقتناص الغريب، وهذا ما جعل (بني حنيفة مع كثرة عددهم وشدة بأسهم وكثرة وقائعهم وحسد العرب لهم على دارهم وتخومهم وسط أعدائهم، حتى كأنهم وحدهم يعدلون بكرا كلها، ومع ذلك لم نر قبيلة قط أقل شعرا منهم وفي إخوتهم (عجل) قصيد ورجز وشعراء ورجازون، وليس ذلك لمكان الخصب وأنهم أهل مدر وأكالوا تمر لأن الأوس والخزرج كذلك وهم في الشعر كما قد علمت وكذلك عبد القيس النازلة قرى البحرين فقد تعرف أن طعامهم أطيب من طعام أهل اليمامة وثقيف أهل دار ناهيك بها خصبا وطيبا، وهم وإن كان شعرهم أقل فإن ذلك القليل يدل على طبع في الشعر عجيب وليس ذلك من قبل رداءة الغذاء ولا من قلة الخصب الشاغل والغنى عن الناس، وإنما ذلك عن قدر ما قسم الله لهم من الحظوظ والغرائز والبلاد والأعراق مكانها.

وبنو الحارث بن كعب قبيل شريف يجرون مجاري ملوك اليمن ومجاري سادات أعراب أهل نجد، ولم يكن لهم في الجاهلية كبير حظ في الشعر ولهم في الإسلام شعراء مفلقون، وبنو بدر كانوا مفحمين، وكان ما أطلق الله به ألسنة العرب خيرا لهم من تصيير الشعر في أنفسهم)[2]. إن الجاحظ تحدث عن قضية قلة الشعر وكثرته في قبائل دون أخرى، ويبدو أن سبب هذه الكثرة والقلة يتحكم فيه عامل

---

(1) م.ن: 4/ 443.

(2) كتاب الحيوان: 4/ 444-445.

رئيس قد أشار إليه بقوله (وإنما ذلك عن قدر ما قسم الله لهم من الحظوظ والغرائز والبلاد والأعراق).

فللحظ سلطان على نباهة القبيلة فـ (ربما سعدت بالحظ، وربما حظيت بالجد، وإنما ذلك على قدر الاتفاق، وإنما هو كالمعافى والمبتلى، وإنما ذلك كما قال زهير: [من الطويل]

وجدت المنايا خبط عشواء من تصب تمته ومن تخطئ يعمر فيهرم)[1]

فيكون حظ الشعراء وانتباهم وسرعتهم في اقتناص العجيب والغريب من المواقف وتقييدها شعرا، وربما لم يكن هناك حدث غريب أو عجيب دعا إلى تسجيله الشاعر، أو أن هناك الكثير من المواقف الغريبة العجيبة قد سجلت، لكن حظ القبيلة أو حظ الشاعر حال دون سيرورتها (فكم من بيت شعر قد سار، وأجود منه مقيم في بطون الدفاتر، لا تزيده الأيام إلا خمولا، كما لا تزيد الذي دونه إلا شهرة ورفعة، وكم من مثل قد طار به الحظ حتى عرفته الإماء. ورواه الصبيان والنساء)[2].

فسلطان الحظ كما أثر على نباهة القبيلة فإنه أثر أيضا في الآثار الأدبية عند أبناء القبيلة، فما حظ الشعر إلا من حظ صاحبه (كما تحظى بعض الأشعار وبعض الأمثال، وبعض الألفاظ دون غيرها، ودون ما يجري مجراها أو يكون أرفع منها)[3].

وبعد فهل يوجد أكثر من هذا الأمر دليلا وتعليلا على قلة الشعر وكثرته في قبائل دون أخرى، وارتباطه بمسألة اقتناص الغريب والعجيب وأثره في نباهة القبيلة؟، فلربما كان هذا هو التعليل الذي يبحث عنه د. طه حسين: (وقد انتبه الجاحظ إلى شيء مهم جدا، انتبه إليه بعض الأدباء في العصر الحديث أيضا

---

(1) م.ن: 2/ 305.

(2) م.ن: 2/ 306.

(3) م.ن: 2/ 305.

كالدكتور طه حسين، هو أن بعض القبائل غير المضرية كانت قليلة الشعر كربيعة أو معدومته كالقبائل اليمانية في زمن الجاهلية، والجاحظ ذكر ذلك ذكرا عابرا وعجز عن تعليل هذه الظاهرة، لماذا حدثت أولا؟ كما لم يستفد من تطبيقها في كثرة الأشعار المنسوبة إلى شعراء اليمن كما هو ظاهر ثانيا)[1]. إذن فضاء التلقي هو الفضاء الذي يمنح الأشياء دلالاتها بقدر ظهورها وحضورها فيه، فلم نر الجاحظ هنا عاجزا عن التعليل والربط، وإنما الشأن في قراءة النص ومتابعته من البداية وستجد النتيجة كما توصلنا إليها، ولا علاقة لهذا الموضوع بالسرقات، وإن ذكرنا هذه المسألة في باب السرقات فإنها تكون على أضعف الاحتمالات الواردة لتعليل كلامه إن كان فهمنا للنص فهما مخطئا قال الشاعر: [من الوافر]

(وما لب اللبيب بغير حظ ... بأغنى في المعيشة من فتيل
رأيت الحظ يستر كل عيب ... وهيهات الحظوظ من العقول)[2]

5- وظيفة التكسب، وهي وظيفة محدودة عند عدد من الشعراء نسبة للتكسب من الشعر وهو أمر معروف وموجود، لكن أن يصبح الشعر حلبة سباق من أجل المال، ويكون غاية مادية لا وسيلة للتعبير عن العصر، فعندئذ يتم تشويه الهدف عندما يصبح المال قضية الشاعر ويحصل انحراف في زاوية الرؤية الشعرية، وتنتهي كرامة الخطاب الشعري الذي هو بالأساس خطاب جمالي راق، يعبر فيه الشاعر عن انشغالاته وانشغالات عصره على نحو فريد واستثنائي، ينطوي فيه على قيمة تعبيرية ودلالية وثقافية وحضارية وجمالية. إذ: (كان الشاعر في الجاهلية يقدم على الخطيب، لفرط حاجتهم إلى الشعر الذي يقيد عليهم مآثرهم ويفخم شأنهم، ويهول على عدوهم، ومن غزاهم، ويهيب من فرسانهم ويخوف من كثرة عددهم، ويهابهم شاعر غيرهم، فيراقب شاعرهم. فلما كثر الشعر والشعراء،

(1) النقد المنهجي عند الجاحظ: ص 28.

(2) كتاب الحيوان: 3/ 41.

واتخذوا الشعر مكسبة ورحلوا إلى السوقة وتسرعوا إلى أعراض الناس، صار الخطيب عندهم فوق الشاعر، ولذلك قال الأول: الشعر أدنى مروءة السري، وأسرى مروءة الدنيء. قال: ولقد وضع قول الشعر من قدر النابغة الذبياني، ولو كان في الدهر الأول ما زاده ذلك إلا رفعة)[1]. استأثر هذا الموضوع الشعري بما يرتبط به من مصالح باهتمام بعض الشعراء، (وقد اشتهر في هذا اللون النابغة الذبياني بمدائحه للنعمان بن المنذر، وحسان بن ثابت بمدائحه للغساسنة، والأعشى- الكبير الذي طاف بالأرجاء متكسبا لا يقف فنه على أحد بعينه، فهو القائل:

وقـد طفـت للمـال آفاقـه	عمـان فحمـص فأورشلـم
أتيـت النجـاشي في أرضـه	وأرض النبيـط وأرض العجـم
فنجـران فالسـرو مـن حميـر	فـأي مـرام لـه مـن إرم)[2]

وقد ارتبط غرض المديح من الشعر بالجوائز والعطايا، وهذا الارتباط لا يقلل من قيمة الشعر ولكنه يقلل من قيمة الشاعر في نظر الجاحظ، سواء كان ذلك بصورة علنية صريحة أم ضمنية ويبدو أن فن المديح من أشهر الفنون التي ينال الشعراء عليها الجوائز (فأما ثناء المادحين لك في وجهك، فإنما تلك أسواق أقاموها للأرباح، وساهلوك في المبايعة، ولم يكن في الثناء عليهم كلفة لكساد أقاويلهم عند الناس، أولئك الصادون عن طرق المكارم والمثبطون عن ابتناء المعالي)[3].

إن الجاحظ يريد من الشاعر المادح أن يكون مديحه قاصدا به الصدق في القول، والواقعية وهما مقياسان مهمان عند الجاحظ وهما من المقاييس الأخلاقية التي اعتمدها الجاحظ في بيان (قدر الشاعر وقيمته ومنزلته). ويريد من الممدوح أن لا يقبل المدح إلا من أهل المروءات كما أن أخلاقية القول وصدقها عند الجاحظ

---

[1] البيان والتبيين: 1/ 166-167.

[2] دراسات في الأدب الجاهلي: ص 141.

[3] رسائل الجاحظ، عبد امهنا: 1/ 96.

يجب أن تكون مأثورة عند الشاعر من جهة وعند الممدوح من جهة أخرى. فـ (أن نشر ـ محاسنك لا يليق بك، ولا يقبل منك، إلا إذا كان القول لها على ألسن أهل المروءات، وذوي الصدق والوفاء، ومن ينجع قوله في القلوب ممن يستنام إلى قوله، ويصدق خبره، وممن إن قال صدق أو مدح اقتصد يثني بقدر البلاء، فإن إشراف الثناء على قدر النعمة يولد في القلوب التكذيب، ويدل على طلب المزايد)[1]. فـ (أنفع المدائح للمادح وأجداها على الممدوح وأبقاها أثرا وأحسنها ذكرا: أن يكون المديح صدقا، وللظاهر من حال الممدوح موافقا، وبه لائقا، حتى لا يكون من المعبر عنه الواصف له إلا الإشارة إليه والتنبيه عليه)[2].

إن المكانة المرموقة للشاعر تحتم عليه أن تكون علاقته مع سادات القبائل خارج نطاق الربح والخسارة، ولا أن يجعل مديحه على قدر العطاء، والأوصاف على قدر النوال، فيتحول بذلك من وظيفة الهداية والإرشاد إلى وظيفة التكسب، فقد كان (من خير صناعات العرب الأبيات يقدمها الرجل بين يدي حاجته، يستنزل بها الكريم، ويستعطف بها اللئيم، وقال شعبة: كان سماك بن حرب إذا كانت له إلى الوالي حاجة قال فيه أبياتا ثم يسأله حاجته)[3]. على نحو يشبه المقايضة التي يستبدل فيها الشيء بما يكافئه ويساويه (ومن تكسب بشعره والتمس به صلات الأشراف والقادة، وجوائز الملوك والسادة في قصائد السماطين، وبالطوال التي تنشد يوم الحفل، لم يجد بدا من صنيع زهير والحطيئة وأشباههما، فإذا قالوا في غير ذلك أخذوا عفو الكلام وتركوا المجهود، ولم نرهم مع ذلك يستعملون مثل تدبيرهم في طوال القصائد في صنعة طوال الخطب، بل كان الكلام البائت عندهم كالمقتضب، اقتدارا عليه، وثقة بحسن عادة الله عندهم فيه)[4].

---

(1) م. ن: 1/ 96.

(2) م. ن: 1/ 36.

(3) البيان والتبيين: 2/ 209.

(4) البيان والتبيين: 2/ 8.

والجاحظ في بيان هذه الوظيفة يقرر أثر التكسب على منزلة الشاعر الاجتماعية إذ تحط من قيمته، فمعيار الجاحظ معيار اجتماعي صرف، وهو بهذا لا يتعارض مع معاييره الفنية فقيمة الشعر ومنزلته لا علاقة لها بمنزلة الشاعر، ذلك أن التكسب يرتبط بقيمة الشاعر ورتبته وقدره، في حين الشعر معياره الجودة والتأثير والإثارة، إذ قد يكون الشاعر متكسبا عن قصد أو عن غير قصد، إذا ما نزل الشاعر مادحا فأعطى العطاء بقدر ما تثيره القصيدة إعجابا لدى الممدوح، فيصبح الشعر هو الساعي لصاحبه سعيا ذاتيا، ذلك أن العطايا جاءت مقابلة الأثر الجمالي البحت الذي يحدثه شعر له لم يقله لغاية تكسبيه ظاهرة فيكون المال في هذا الحال ثوابا لقيمة الشعر الذاتية، فيكون المعيار الفني قد طغى على المعيار الاجتماعي فـ (الشعر بقدر ما هو ممتع فينبغي أن يكون مفيدا فالشعر حين يوحي، يعلم رابطا بين الإمتاع الجمالي والتعليم الأخلاقي، على أن المنحى التعليمي في الشعر عرضي أما الإيحاء الجمالي أو الإمتاع الفني فجزء رئيس في بنيته)[1].

فالجمال وما يثيره لدى الممدوح من حالة إنعاش ذاتية هو المقياس الذي يميز به الشعر من غيره، وقيمة العطاء تكون على قدر ما يثيره الشعر في المتلقي (الممدوح)، وهو ما يعطي للشعر وظيفة ذوقية جمالية، فضلا عن الوظيفة التكسبية المقصودة من طرف الشاعر، ولولا اجتماعهما (الوظيفة التكسبية + الوظيفة الجمالية معا لما تحققت غاية الشاعر (التكسب) وغاية الممدوح (المدح + الإعجاب بالشعر). فقد قيل في هذا السياق: (ودخل إسحاق بن إبراهيم الموصلي على الرشيد فقال: مالك؟ قال:

سوامي سوام المكثرين تجملا	ومالي كما قد تعلمين قليل
وآمرة بالبخل قلت لها أقصري	فذلك شيء ما إليه سبيل
وكيف أخاف الفقر وأحرم الغنى	ورأي أمير المؤمنين جميل

(1) مقومات عمود الشعر الاسلوبية في النظرية والتطبيق، د. رحمن غركان، منشورات اتحاد العرب، دمشق، 2004م، ص 168.

أرى النـــاس خـــلان الجـــواد ولا أرى   بخـــيلا لـــه في العـــالمين خليـــل

فقال الرشيد: هذا و الـلـه الشعر الذي صحت معانيه وقويت أركانه ومبانيه، ولذ على أفواه القائلين وأسماع السامعين، يا غلام احمل إليه خمسين ألف درهم، قال إسحاق يا أمير المؤمنين كيف أقبل صلتك وقد مدحت شعري بأكثر مما مدحتك به؟ قال الأصمعي: فعلمت أنه أصيد للدراهم مني)[1]. فالذي أثار رد الفعل المالي هنا ليس امتداح المتلقي ولا خوفه لسان الشاعر وإنما هو الانفعال الجمالي الصرف، وهو ما يؤكد إن الدافع المالي ليس الرغبة في المزيد أو الرهبة والوعيد وإنما هو المثير الشعري الناجم عن أخص وظائف الشعر وأكثرها تجاوزا للظرفيات، وهو الشجو والطرب قال اليزيدي (افتصد المأمون فأهدت إليه رباح أترجة عنبر عليه مكتوب بماء الذهب:

تعـــالج مـــن هويـــت بفصـــد عـــرق   فأضـــحى الســـقم في خلـــع الخضـــوع
وجـــاءت تحفـــة الأحبـــاب تسعـــى   بـــورد فـــائض فـــيض الدمـــوع

فقال المأمون لليزيدي: ويحك ما نقول فيمن كتب هذين البيتين؟ قال: يكافأ بالدنيا وما استدق منها، فأمر لها بمال كثير ووصلني ببعضه)[2].

يمكن أن نستشف من مقولة الجاحظ هذه أن الشعر كان يرعى بالمال ولو من غير سؤال الشعراء ذلك، وهذا ما سنوضحه في وظيفة الشعر الآتية:

6- الوظيفة النفسية المزاجية بإدخال السرور على نفس الممدوح وهذه الوظيفة ترتبط ارتباطا مباشرا بالوظيفة السابقة من ناحية النفع المادي في بعض الأحيان، وقلنا في بعض الأحيان لأن الشعر قد يدخل السرور على الناس والترويح عن همومهم وإن كانوا غير ممدوحين وليسوا هم المقصودين بالشعر، وهذا جانب نفسي في وظيفة الشعر، وإلا لما سمي الشاعر شاعرا

([1]) المحاسن والأضداد، الجاحظ، دار مكتبة العرفان، مطبعة الساحل الجنوبي، بيروت، (د. ت)، ص 10.

(2) المحاسن والأضداد ص 290.

إلا لأنه يشعر بما يقول ويحس بشعور مع الآخر. ويبدو أن السرور الذي يدخل قلب الممدوح هو الدافع الأساس للمادح بالإبداع الشعري، حتى وإن كان الجفاء بين المادح والممدوح قائما لأي سبب، فهذا جرير قد دخل إلى الخليفة عبد الملك بن مروان وقد أوفده إليه الحجاج بن يوسف فأراد أن يمدح الخليفة فأبى أن يأذن له؛ لأنه مادح الحجاج وشاعره، فألح جرير وأبى الخليفة إلى أن أنشد يقول:

أتصحو أم فؤادك غير صاح؟

فقال: ذاك فؤادك!

ثم أنشده حتى بلغ البيت الذي سره، وهو قوله:

ألستم خير من ركب المطايا   وأندى العالمين بطون راح

فاستوى جالسا، وكان متكئا، فقال: بلى نحن كذلك، أعد! فأعاد فأسفر لون الخليفة وذهب ما كان في قلبه[1].

وعلى هذا أيضا ما جاء على لسان كثير عزة إذ دخل على عبد العزيز بن مروان فمدحه بمديح استجاده، فقال له: سلني حوائجك، فبلغ شعره ما بلغ حتى كان من عبد العزيز بن مروان فعله[2].

إذن يمكن القول إن هناك علاقة بين المال والشعر، بغض النظر عن مستوى هذا التجاذب أو التفاعل طرديا كان أم عكسيا، مرتبطة بلحظة سرور بين القائل والمتلقي.

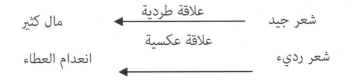

شعر جيد ← (علاقة طردية) ← مال كثير

شعر رديء ← (علاقة عكسية) ← انعدام العطاء

---

(1) ينظر: كتاب التاج في أخلاق الملوك للجاحظ، تحقيق الأستاذ أحمد زكي باشا، المطبعة الأميرية بالقاهرة، ط1، 1914م، ص 133-134.

(2) ينظر: البيان والتبيين: 2/ 158.

وفي هذا المستوى من التجاذب والتفاعل بين المال والشعر تصبح قصيدة المدح خاصة، تحقق نقطة التقاء بين حالتي (عطاء متفان ومتبادل) بين المادح والممدوح لتسجيل حالة سبق في العطاء والكرم، فالأول يجود بشاعريته وبلاغته وبيانه، والثاني يجود بماله، وكلاهما مسرور بما يقول أولا وبما يسمع ثانيا.

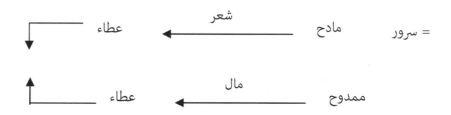

7- وظيفة التدليل: لإثبات بعض الحقائق، فمن ذلك ما قاله (صاحب الكلب: قال أعرابي وأكل ذيب شاة له تسمى وردة وكنيتها أم الورد: [من البسيط]

أودى بوردة أم الورد ذو عسل ... من الذئاب إذا ما راح أو بكرا
لولا ابنها وسليلات لها غرر ... ما انفكت العين تذري دمعها دررا
كأنما الذئب إذ يعدو على غنمي ... في الصبح طالب وتر كان فأتأرا
اعتامها اعتامه شثن براثنه ... من الضواري اللواتي تقصم القصرا

قال: في هذا دليل أن الذئب إنما يعدو عليها مع الصبح عند فتور الكلب عن النباح، لأنه بات ليلته كلها دائبا يقظان يحرس، فلما جاء الصبح جاء وقت نوم الكلاب وما يعتريها من النعاس)[1].

وفي السياق نفسه أيضا:

(قالوا: وقالت الجن: [من الرجز]

وقبر حرب بمكان قفر ... وليس قرب قبر حرب قبر

([1]) كتاب الحيوان: 2/ 395-396.

قالوا: ومن الدليل على ذلك، وعلى أن هذين البيتين من أشعار الجن أن أحدا لا يستطيع أن ينشدهما ثلاث مرات متصلة، لا يتتعتع فيها، وهو يستطيع أن ينشد أثقل شعر في الأرض وأشقه عشر مرات ولا يتتعتع)[1] ومما أورده في هذا السياق أيضا قول (صاحب الكلب: قد علمنا أنكم تتبعتم على الكلب كل شيء هجي به وجعلتم ذلك دليلا على سقوط قدره وعلى لؤم طبعه، وقد رأينا الشعراء قد هجوا الأصناف كلها، فلم يفلت منهم إنسان ولا سبع، ولا بهيمة ولا طائر ولا همج ولا حشرة، ولا رفيع من الناس ولا وضيع)[2].

ومن الأشعار الأخرى التي أوردها الجاحظ على أنها أدلة قوله (والدليل على أنهم كانوا يقاتلون بالليل قول سعيد بن مالك في قتل كعب بن مزيقيا الملك الغساني: [من الوافر]

وليلة ثبع وخميس كعب   أتونا، بعد مانمنا، دبيبا
فلم نهدد لبأسهم ولكن   ركبنا حد كوكبهم ركوبا
بضرب يفلق الهامات منه   وطعن يفصل الحلق الصليبا)[3]

وكذلك (يثبت أكل الأوعال للحيات الشعر المشهور، الذي في أيدي أصحابنا وهو: [من الرمل]

عل زيدا أن يلاقي مرة   في التماس بعض حيات الجبل
غاير العينين مفطوح القفا   ليس من حيات حجر والقلل...
طرد الأروى فما تقربه   ونفى الحيات عن بيض الحجل

وإنما ذكر الأروى من بين جميع ما يسكن الجبال من أصناف الوحش، لأن الأروى من بينها تأكل الحيات للعداوة التي بينها وبين الحيات)[4].

(1) كتاب الحيوان: 6/ 423-424.

(2) م.ن: 1/ 235.

(3) البيان والتبيين: 3/ 12.

(4) كتاب الحيوان: 3/ 241-242.

8- وظيفة الشعر في تخليد الأشخاص والظواهر، فـ (العامة تحكم أن حاتما أجود العرب، ولو قدمته على هرم الجواد لما اعترضته عليهم، ولكن الذي يحدث به عن حاتم لا يبلغ مقدار ما رووه عن كعب بن مامة؛ لأن كعبا بذل نفسه في أعطية الكرم وبذل المجهود فساوى حاتما من هذا الوجه، وباينه ببذل المهجة.

ونحن نقول: إن الأشعار الصحيحة بها المقدار الذي يوجب اليقين بأن كعبا كان كما وصفوا. فلو لم يكن الأمر في هذا إلى الجدود والحظوظ والاتفاقات، وإلى علل باطنة تجري الأمور عليها، وفي الغوص عليها وفي معرفتها بأعيانها عسر، لما جرت الأمور على هذه المجاري. ولو كان الأمر فيها مفوضا إلى تقدير الرأي، لكان ينبغي لغالب بن صعصعة أن يكون من المشهورين بالجود، دون هرم وحاتم)[1].

أشار الجاحظ هنا إلى أن الشعر يخلد الأشخاص كما يخلد المآثر وأيام العرب، وكذلك يخلد بعض الظواهر المهمة، فمن ذلك ما مدح به بشار خطبة واصل بن عطاء الشهيرة التي نزع منها الراء، إذ (كان بشار كثير المدح لواصل بن عطاء قبل أن يدين بشار بالرجعة، ويكفر جميع الأمة. وكان قد قال في تفضيله على خالد بن صفوان وشبيب بن شيبة، والفضل بن عيسى ويوم خطبوا عند عبد الله بن عمر بن عبد العزيز والي العراق: [من البسيط]

أبا حذيفة قد أوتيت معجبة ... في خطبة بدهت من غير تقدير
وإن قولا يروق الخالدين معا ... لمسكت مخرس عن كل تحبير

لأنه كان مع ارتجاله الخطبة التي نزع منها الراء، كانت مع ذلك أطول من خطبهم، وقال بشار: [من البسيط]

تكلفوا القول والأقوام قد حفلوا ... وحبروا خطبا ناهيك من خطب
فقام مرتجلا تغلي بداهته ... كمرجل القين لما حف باللهب

(1) كتاب الحيوان: 2/ 307-308. وللمزيد ينظر: كتاب الصناعتين، ص 156.

وجانب الراء لم يشعر بها أحد		قبل التصفح والإغراق في الطلب

وقال في كلمة له يعني تلك الخطبة: [من الطويل]

فهذا بديه لا كتحبير قائل		إذا ما أراد القول زوره شهرا[1]

وما تخليد الأشخاص في الشعر إلا لمكانتهم عند الناس عامة وعند الشعراء خاصة، فقد (ذكر الشاعر زيد بن جندب الإيادي، الخطيب الأزرقي في مرثيته لأبي دؤاد بن حريز الإيادي، حيث ذكره بالخطابة وضرب المثل بخطباء إياد، فقال: [من الطويل]

كقس إياد أو لقيط بن معبد		وعذرة والمنطيق زيد بن جندب

وزيد بن جندب هو الذي قال في الاختلاف الذي وقع بين الأزارقة: [من البسيط]

قال للمحلين قد قرت عيونكم		بفرقة القوم والبغضاء والهرب

كنا أناسا على دين ففرقنا		طول الجدال وخلط الجد باللعب

ما كان أغنى رجالا ضل سعيهم		عن الجدال وأغناهم عن الخطب

إني لأهونكم في الأرض مضطربا		مالي سوى فرسي والرمح من نشب

وأما عذرة المذكور في البيت الأول فهو عذرة بن حجيرة الخطيب الايادي، ويدل على قدره فيهم، وعلى قدره في اللسن وفي الخطب، قول شاعرهم:

وأي فتى صبر على الأين والظما		إذا اعتصروا للوح ماء فظاظها

إذا ضرجوها ساعة بدمائها		وحل عن الكوماء عند شظاظها

فإنك ضحاك إلى كل صاحب		وأنطق من قس غداة عكاظها

إذا شغب المولى مشاغب معشر		فعذرة فيها أخذ بكظاظها

---

(1) البيان والتبيين: 1/ 24-25.

فلم يضرب هذا الشاعر الإيادي المثل لهذا الخطيب الإيادي، وإلا برجل من خطباء إياد، وهو قس بن ساعدة، ولم يضرب صاحب مرثية أبي دؤاد بن حريز الإيادي المثل إلا بخطباء إياد فقط، ولم يفتقر إلى غيرهم حيث قال في عذرة بن حجيرة: [من الطويل]

كقـس إيـاد أو لقـيط بـن معبـد	وعـذرة والمنطيـق زيـد بـن جنـدب

وأول هذه المرثية قوله: [من الطويل]

نعـى ابـن حريـز جاهـل بمصابه	فعـم نـزارا بالبكـا والتحـوب
نعـاه لنـا كالليـث يحمـي عرينـه	وكالبـدر يعشـي ضوؤه كـل كوكـب
وأصبـر مـن عـود وأهـدى إذا سـرى	مـن النجـم في داج مـن الليـل غيهـب
وأذرب مـن حـد السـنان لسانـه	وأمضـى مـن السـيف الحسـام المشطب
كقـس إيـاد أو لقـيط بـن معبـد	وعـذرة والمنطيـق زيـد بـن جنـدب

في كلمة له طويلة وإياهم عنى الشاعر بقوله: [من الطويل]

يرمـون بالخطـب الطـوال وتـارة	وحـي الملاحـظ خيفـة الرقبـاء[1]

9- الوظيفة الدينية والعقائدية: فبعد أن كان الشاعر خلال المرحلة الجاهلية مخصوصا بالرعاية والجزاء والتشريف، مقابل رفعه لمقام عشيرته وقبيلته، فمع مجيء الإسلام أصبح الشاعر هو الراعي وهو الحامي لمصالح الدعوة الإسلامية، فكان عليه التصدي لخصوم الدعوة والإشادة بالقيم الدينية الجديدة، فـ (قد كان لرسول الله ﷺ شعراء ينافحون عنه وعن أصحابه بأمره، وكان ثابت بن قيس بن الشماس الأنصاري خطيب رسول الله ﷺ، لا يدفع ذلك أحد)[2].

(1) البيان والتبيين: 1/ 38-39.
(2) م.ن: 1/ 139.

ومن شعراء الإسلام النابغة الجعدي وكعب بن مالك وحسان بن ثابت الذي قال له الرسول ﷺ: (هيج الغطاريف على بني عبد مناف، و الله لشعرك أشد عليهم من وقع السهام في غبش الظلام)[1].

وإن هذا القول ليدلل على أن الشعر لم يتراجع في الإسلام، بل كان ذا وظيفة خلقية فضلا عن الوظيفة الدينية (الأساس)، ولا غرابة في ذلك لأن الرسول ﷺ قد قال عنه: (إن من الشعر لحكمة)، وقال عمر بن الخطاب ﵁: (الشعر كلام فحسنه حسن، وقبيحه قبيح)[2]، فالوظيفة الخلقية تحث على الفضيلة وتقبح الرذيلة، وتعلم العفو عند الإمكان، ونفي المسألة عند الحاجة إذ كان (عبد الملك بن مروان إذا أنشد:

إني وإن كان ابن عمي كاشحا ... لمراجم من دونه وورائه
ومعيره نصري وإن كان امرأ ... متزحزحا في أرضه وسمائه
وإن اكتسى ثوبا نفيسا لم أقل ... ياليت أن علي حسن ردائه
وإذا تخرق في غناه وفرته ... وإذا تصعلك كنت من قرنائه

قال: هذا و الله من شعر الأشراف. نفى عن نفسه الحسد واللؤم والانتقام عند الإمكان والمسألة عن الحاجة)[3].

قال: (وحدثني نوح بن أحمد عن أبيه عن ابن عباس قال: جاء النابغة الجعدي إلى رسول الله ﷺ، فقال: هل معك من الشعر ما عفا الله عنه؟ قال: نعم.

قال: أنشدني منه فأنشده:

وإنا لقوم ما نعود خيلنا ... إذا ما التقينا أن تحيد وتنفرا
وتنكر يوم الروع ألوان خيلنا ... من الطعن حتى تحسب الجون أشقرا
وليس بمعروف لنا أن نردها ... صحاحا ولا مستنكرا أن تعقرا

(1) البيان والتبيين: 1/ 186.

(2) رسائل الجاحظ عبد امهنا: 2/ 106.

(3) م.ن: 1/ 252.

بلغنا السماء مجدنا وسناؤنا وإنا لنبغي فوق ذلك مظهرا

فقال له رسول الله ﷺ: إلى أين يا أبا ليلى؟ فقال: إلى الجنة. فقال رسول الله ﷺ: (إلى الجنة إن شاء الله).

ثم رجع في قصيدته فقال:

ولا خير في جهل إذا لم يكن له حليم إذا ما أورد الأمر أصدرا

ولا خير في حلم إذا لم تكن له بوادر تحمي صفوه أن يكدرا

فقال رسول الله ﷺ: (لأفض الله فاك!). قال: فأتت عليه عشرون ومئة سنة، كلما سقطت له سن أثغرت أخرى مكانها لدعوة رسول ﷺ)[1] لا شك في أن هذه الوظيفة تدخل في الإطار الايديولوجي الذي يدفع الشعر ليكون مدافعا عن الأفكار والقيم والمثل التي جاء بها الإسلام، على النحو الذي يتحول فيه إلى سلاح بياني إعلامي عميق التأثير في مجتمع يتأثر بالبلاغة والبيان.

10- الوظيفة النفسية الثقافية: تحدث النقاد العرب كثيرا عن تأثير الشعر وامتداد سلطانه، فهو نفاذ في عمق النفس، عميق الولوج إليها، يتسرب في طواياها انسرابا عجيبا فيحدث فيه من التأثير ما يشبه السحر، لأنه فن ممتع لذيذ يمتلك قيما جمالية متميزة، تمكنه من عرض الأشياء عرضا شائقا باهرا. وقد ربط النقاد التأثير النفسي للشعر بالأعراض الخلقية المتمثلة في إثارته للمشاعر النبيلة الشريفة، فيحمل النفس على الطرب للفضيلة، والانقباض من الرذيلة ثم يتعدى الأمر هذا الانفصال النفسي إلى سلوك عملي، ومواقف فعلية، يحمل فيها المتلقي على النقيض مما كان عليه من دنايا وانحطاط، فيسخو بعد شح، ويشجع بعد جبن ويستبشر بعد انقباض[2].

(1) رسائل الجاحظ، عبد إمهنا: 1/ 252.

(2) وظيفة الشعر في النقد العربي القديم، (بحث منشور في الانترنت).

وفضلا عما ذكرناه من الوظيفة النفسية، فللشعر قوة حضور في المجتمع وتأثيره في صياغة مواقفه، فهو (سلطة) قد تكون أقوى من جميع السلطات المتعارف عليها عندهم، وقد ذكر الجاحظ (بعض ما جاء في فضل الشعر والخوف منه، ومن اللسان البليغ والمداراة له، وما أشبه ذلك)[1].

وفي هذا الصدد (قال أبو عبيدة: كان الرجل من بني نمير إذا قيل له: ممن الرجل؟ قال نميري كما ترى فما هو الا ان قال جرير: [من الوافر]

فغض الطرف انك من نمير فلا كعبا بلغت ولا كلابا

حتى صار الرجل من بني نمير إذا قيل له: ممن الرجل؟ قال: من بني عامر، قال: فعند ذلك قال الشاعر يهجو قوما آخرين: [من الوافر]

وسوف يزيدكم ضعة هجائي كما وضع الهجاء من بني نمير

فلما هجاهم أبو الرديني العكلي فتوعدوه بالقتل قال أبو الرديني: [من الوافر]

توعدني لتقتلني نمير متى قتلت نمير من هجاها

فشد عليه رجل منهم فقتله)[2]. ويبدو أن قبيلة نمير لها من سخط الهجاء ما لم تلقه قبيلة من العرب فما (علمت في العرب قبيلة لقيت من جميع ما هجيت به مالقيت نمير من بيت جرير)[3].

ومع ما للهجاء من أثر نفسي جعل القبائل التي هجيت محطمة الفؤاد لا تقوى على مواجهة الناس والظهور بينهم من جديد، إلا أن هذا لا يقلل من قيمة تلك القبائل فـ (في نمير شرف كثير. وهل أهلك عنزة وجرما وعكلا، وسلول وغنيا إلا الهجاء؟)[4]. إذ سلب مفاخرهم وآثارهم واستسقط فحطم شرفهم وأنزل منازلهم حتى أصبح الرجل منهم حيي أن ينسب إلى قبيلته بل أنه يراوغ في نسبه ويبتعد ويوغل

---

(1) البيان والتبيين: 4/ 21.

(2) كتاب الحيوان: 4/ 22.

(3) م. ن: 4/ 22.

(4) البيان والتبيين: 4/ 23.

في النسب فـ (هذه قبائل فيها فضل كثير وبعض النقص، فمحق ذلك الفضل كله هجاء الشعراء. وهل فضح الحبطات، مع شرف حسكة بن عتاب، وعباد بن الحصين وولده إلا قول الشاعر: [من الوافر]

رأيــت الحمــر مــن شر المطايــا   كــما الحبطــات شر بنــي تمــيم

وهل أهلك ظليم البراجم إلا قول الشاعر: [من الوافر]

إن أبانـــا فقحـــة لـــدارم   كـــما الظلـــيم فقحـــة الـــبراجم...)[1]

فإن كان هذا حال من يهجى فإن حال من يمدح هو الفخر بالذات أو القوم أو العشيرة وكله منبعه شعر أثار في النفس السرور والغبطة ومما يقوي ذلك قول أبي عبيدة: (كان الرجل من بني أنف الناقة إذا قيل له: ممن الرجل، قال: من بني قريع، فما هو إلا أن قال الحطيئة: [من البسيط]

قــوم هــم الأنــف والأذنــاب غــيرهم   ومــن يســاوي بــأنف الناقــة الــذنبا

وصار الرجل منهم إذا قيل له: ممن أنت؟ قال: من بني أنف الناقة)[2].

فالشعر سمة تهب لأصحابها سجلا تفتخر ويفتخر به أصحابها فقد عرف عن (عكل شعر وفصاحة، وخيل معروفة الأنساب، وفرسان في الجاهلية والإسلام. وزعم يونس أن عكلا أحسن العرب وجوها في غب حرب، وقال بعض فتاك بني تميم: [من الطويل]

خلــيلي الفتــى العكــلي لم أر مثلــه   تحلــب كفــاه نــدى شــائع القــدر

كــأن ســهيلا حــين أوقــد نــاره   بعليــاء، لا يخفــى عــلى أحــد يســرى

ولم أكتب هذا الشعر ليكون شاهدا على مقدار حظهم في الشرف، ولكن لنضمه إلى قول جران العود: [من الطويل]

أراقــب لمحــا مــن ســهيل كأنــه   إذا مــا بــدا آخــر الليــل يطــرف)[3]

---

(1) كتاب الحيوان: 4/ 23.

(2) م.ن: 4/ 23-24.

(3) البيان والتبيين: 4/ 25.

وللشعر قدر عندهم ويدل على ذلك (بكاء سيد بني مازن، مخارق بن شهاب حين أتاه محرز بن المكعبر العنبري الشاعر فقال: إن بني يربوع قد أغاروا على إبلي فاسع لي فيها؟ فقال فكيف وأنت جار وردان بن مخرمة؟ فلما ولى عنه محرز محزونا بكى مخارق حتى بل لحيته، فقالت له ابنته: ما يبكيك؟ قال: كيف لا أبكي وقد استغاثني شاعر من شعراء العرب فلم أغثه؟ و الله لئن هجاني ليفضحني قوله. ولئن كف عني ليقتلني شكره، ثم نهض فصاح في بني مازن، فردت عليه إبله. وذكر وردان الذي كان أخفره، فقال: [من الطويل]

أقول وقد بزت بتعشار بزة ... لوردان جد الان فهيا أو العب
فعض الذي أبقى المواسي من أمه ... خفير رآها لم يشمر ويغضب
إذا نزلت وسط الرباب وحولها ... إذا حصنت ألفا سنان محرب
حميت خزاعيا وأفناء مزن ... ووردان يحمي عن عدي بن جندب
ستعرفها ولدان ضبة كلها ... بأعيانها مردودة لم تغيب)[1]

وقال أيضا (وفد رجل من بني مازن على النعمان بن المنذر، فقال له النعمان: كيف مخارق بن شهاب فيكم؟ قال: سيد كريم، وحسبك من رجل يمدح تيسه ويهجو ابن عمه! وذهب إلى قوله: [من الطويل]

ترى ضيفها فيها يبيت بغبطة ... وجار ابن قيس جائع يتحوب)[2]

إن الشاعر وشعره يمثلان قيمة مركزية في منظور العربي، واستشهاد الجاحظ بهذا تأكيد لمنظوره في أن الشعر سلطة تقوم على نظرية كاملة في (التكوين) و(التأثير) و(الحكم).

فـ (قال: ومن قدر الشعر وموقعه في النفع والضر، أن ليلى بنت النضر بن الحارث بن كلدة، لما عرضت للنبي ﷺ وهو يطوف بالبيت واستوقفته وجذبت

(1) م.ن: 4/ 26.

(2) م.ن: 4/ 26.

رداءه حتى انكشف منكبه، وأنشدته شعرها بعد مقتل أبيها، وقال رسول الله ﷺ: (لو كنت سمعت شعرها هذا ما قتلته!) والشعر: [من الطويل]

ياراكبا إن الأثيل مظنة ... من صبح خامسة وأنت موفق
أبلغ بها ميتا بأن قصيدة ... ما إن تزال بها الركائب تخفق
فليسمعن النضر إن ناديته ... إن كان يسمع ميت لا ينطق
ظلت سيوف بني أبيه تنوشه ... لله أرحام هناك تشقق
قسرا يقاد إلى المنية متعبا ... رسف المقيد وهو عان موثق
أمحمد ها أنت ضنء نجيبة ... في قومها والفحل فحل معرق
ما كان ضرك لو مننت وربما ... من الفتى وهو المغيظ المحنق
فالنضر أقرب من تركت قرابة ... وأحقهم إن كان عتق يعتق)[1]

إن مسألة الخوف من الهجاء هي حالة نفسية، إذ بلغ من (خوفهم من الهجاء ومن شدة السب عليهم أن يبقى ذكر ذلك في الأعقاب، ويسب به الأحياء والأموات أنهم إذا أسروا الشاعر أخذوا عليه المواثيق، وربما شدوا لسانه بنسعة، كما صنعوا بعبد يغوث بن وقاص الحارثي حين أسرته بنو تميم يوم الكلاب وهو الذي يقول: [من الطويل]

أقول وقد شدوا لساني بنسعة ... أمعشر تيم أطلقوا من لسانيا
وتضحك مني شيخة عبشمية ... كأن لم تر قبلي أسيرا يمانيا
كأني لم أركب جوادا ولم أقل ... لخيلي كري كرة عن رجاليا
فيا راكبا إما عرضت فبلغن ... نداماي من نجران أن لا تلاقيا
أبا كرب والأيهمين كليهما ... وقيسا بأعلى حضرموت اليمانيا

وكان سألهم أن يطلقوا لسانه لينوح على نفسه، ففعلوا فكان ينوح بهذه الأبيات، فلما أنشد قومه هذا الشعر قال قيس: لبيك وإن كنت أخرتني)[2].

(1) البيان والتبيين: 4/ 27.

(2) م.ن: 4/ 27-28.

نلاحظ هنا في هذه الأبيات الحالة النفسية للشاعر فقد كانت تفريجا عن كربه وهمومه وحالته النفسية بحيث ساعدته أبياته على البكاء على نفسه وكذلك بينت الأثر النفسي- للمتلقي (المقصود بهذه الأبيات) بحيث أنها ساعدت على إثارة الهمة لدى ممدوحه (قيس) فهب لنجدته، وما ذلك كله إلا للأثر النفسي الذي تركته أبيات الشعر عند الشاعر وعند المتلقي.

ونتلمس في وظيفة الشعر النفسية جانبا آخر يتعلق بها وهو (حساسية الشعر)، من خلال ما أورده الجاحظ من مقولات حول هذا الموضوع، إذ يقول (وقيل لعبيد الله بن عتبة بن مسعود: كيف تقول الشعر مع الفقه والنسك؟ فقال: (لا بد للمصدور من أن ينفث).

وقال معاوية لصحار العبدي: ما هذا الكلام الذي يظهر منكم؟ قال: شيء تجيش به صدورنا فتقذفه على ألسنتنا. وقال ابن حرب: من أحسن شيئا أظهره. وفي المثل من أحب شيئا أكثر من ذكره)[1].

هذه المقولات التي يوردها الجاحظ في هذا السياق تكشف عن رؤيته الداخلية لحساسية الشعر، فهو يمثل هنا الحياة الداخلية للإنسان، وهي حياة قد لا تتفق تماما مع المظهر الخارجي، لكنها تعكس ضرورة تأملية ترتكز على:

1- البوح (لا بد للمصدور من أن ينفث) والنفث هنا يساعد على الترويح مما في الصدر من ثقل يحس به الإنسان المتعب الذي أثقلته هموم الحياة.

2- التجربة النفسية والوجدانية (شيء تجيش به صدورنا فتقذفه على ألسنتنا)، وربما كانت هذه من أهم سبل التقليل من الضغط النفسي المتمثلة بإخراج ما في الصدور من ثقل، عن طريق قول الشعر.

3- القدرة على صياغتها شعرا (من أحسن شيئا أظهره) أي الحسن والإظهار في مهارة الصياغة وجمال التشكيل.

---

(1) م.ن: 4/ 28.

4- التوافق مع التجربة المماهاة مع مقتضياتها (محبة الشيء مع الاستمرار في ذكره).

(قال وتزوج شيخ من الأعراب جارية من رهطه، وطمع أن تلد له غلاما فولدت له جارية، فهجرها وهجر منزلها، وصار يأوي إلى غير بيتها، فمر بخبائها بعد حول وإذا هي ترقص بنيتها منه وهي تقول: [من الرجز]

ما لأبي حمزة لا يأتينا ... يظل في البيت الذي يلينا

غضبان أن لانلد البنينا ... تالله ما ذلك في أيدينا

وإنما نأخذ ما أعطينا

فلما سمع الأبيات مر الشيخ نحوهما حضرا حتى ولج عليهما الخباء وقبل بنيتها، وقال: ظلمتكما ورب الكعبة)[1].

إن الشعر في هذه الأبيات قد حقق غاية خلقية ربطت بالأثر النفسي، تمثلت في سرعة استجابة الشيخ للوم زوجته له في الشعر، فكانت مشاعر الشيخ نبيلة وكامنة ساعد الشعر على إظهارها وتوظيفها نفسيا ودفعها إلى الوجهة الصحيحة التي كان يجب أن يتوجه إليها.

الاستجابة النفسية للشعر قد لا تكون حبا فقط كما مر في قصة الشيخ مع زوجته، بل قد تتحول إلى استجابة كره وذلك بحسب الموقف المؤثر في الشاعر، فإن كان الظرف في صالحه مدح وإن كان بعكسه هجا وذم، فقد (مر جرير يوما بالمربد، فوقف عليه الراعي وابنه جندل، فقال له ابنه جندل إنه قد طال وقوفك على هذا الكلب الكليبي، فإلى متى؟ وضرب بغلته فمضى الراعي وابنه جندل، فقال جرير و الله لأثقلن رواحلك! فلما أمسى أخذ في هجائه فلم يأته ما يريد، فلما كان مع الصبح انفتح له القول، فقال: [من الوافر]

فغض الطرف إنك من نمير ... فلا كعبا بلغت ولا كلابا

ولو جعلت فقاح بني نمير ... على خبث الحديد إذن لذابا)[2]

---

(1) البيان والتبيين: 4/ 29.

(2) كتاب الحيوان: 1/ 169.

وبعد (فيجب على العاقل بعد أن يعرف ميسم الشعر ومضرته، أن يتقي لسان أخس الشعراء وأجلهم شعرا بشطر ما له، بل بما أمكن من ذلك. فأما العربي او المولى الرواية فلو خرج من جميع ملكه لما عنفته. والذي لا يكترث لوقع نبال الشعر، كما قال الباخرزي: [من المنسرح]

مالي أرى الناس يأخذون ويعطـ ... ـن ويستمتعون بالنشب

وأنت مثل الحمار أبهم لا ... تشكو جراحات ألسن العرب

ولأمر ما قال حذيفة لأخيه، والرماح شوارع في صدره: (إياك والكلام المأثور).

وهذا مذهب فرعت فيه العرب جميع الأمم. وهو مذهب جامع لأسباب الخير)[1].

إن الوظيفة النفسية للشعر تعد من الوظائف المركزية للخطاب الشعري، لكونها ترتبط ارتباطا وثيقا بالجانب العاطفي والانفعالي والوجداني الذي يؤسس للشعر، وقد وعى الجاحظ هذه الوظيفة وعيا دقيقا وركز فيها عند مقارباته للظواهر والنصوص والحالات الشعرية كثيرا مستنتجا عمق الحساسية النفسية في الخطاب الشعري العربي عموما.

11- وظيفة الشعر خلق المتعة واللذة: (كان لعبد الله بن جعفر الطيار جوار يتغنين وغلام يقال له بديع يتغنى فعابه بذلك الحكم بن مروان، فقال: وما علي أن آخذ الجيد من أشعار العرب وألقيه إلى الجواري فيترنمن به وينشدنه بحلوقهن ونغماتهن... وكان عمر بن عبد العزيز ﵁ قبل أن تناله الخلافة يتغنى فمما يعرف من غنائه:

ألما صاحبي نزر سعادا ... لقرب مزارها ودعا البعادا

(1) م.ن: 5/ 158-159.

وله:

عـــــاود القـــــلب ســـــعادا　　　　فقـــــلى الطـــــرف الســـــهادا

ولا نرى بالغناء بأسا إذ كان أصله شعرا مكسوا نغما فما كان منه صدقا فحسن، وما كان منه كذبا فقبيح، وقد قال النبي ﷺ: (إن من الشعر لحكمة) وقال عمر بن الخطاب ﷺ: (الشعر كلام فحسنه حسن وقبيحه قبيح).

ولا نرى وزن الشعر أزال الكلام عن جهته، فقد يوجد ولا يضره ذلك، ولا يزيد على منزلته من الحكمة، فإذا وجب أن الكلام غير محرم، فإن وزنه وتقفيته لا يوجبان تحريمه لعلة من العلل، وإن الترجيع له أيضا لا يخرجه إلى حرام، وإن وزن الشعر وكتاب العروض من كتاب الموسيقى وهو من كتاب حد النفوس (لا تحده)[1] الألسن بحد مقنع، وقد يعرف بالهاجس كما يعرف بالإحصاء والوزن، فلا وجه لتحريمه، ولا أصل لذلك في كتاب الله تعالى، ولا سنة نبيه عليه الصلاة والسلام)[2].

يقترح هذا القول مجموعة من الأسس والعلاقات التي ينهض عليها النظام الشعري وهي:

1- علاقة الشعر بالموسيقى.
2- علاقة الشعر بالكلام.
3- إذا كان الكلام حلالا فالشعر في سياسته حلال أيضا.
4- إذا كان الشعر في هذا السياق حلالا وهو يقوم على الموسيقى، فأحرى بالغناء الذي يقوم عليه أن يكون حلالا أيضا.

---

(1) ورد في (رسائل الجاحظ، عبد أمهنا: 2/ 106). تحده: وهو الأقرب والأصوب في وضوح القصد في حين ورد في آثار الجاحظ لا تجزه: ص 79- 80.

(2) آثار الجاحظ، من التراث العربي، عمر ابو النظر، 1969م، ص79-80. وينظر: رسائل الجاحظ، عبد امهنا: 2/ 106. وينظر: رسائل الجاحظ، الرسائل الكلامية، كشاف اثار الجاحظ، دار مكتبة الهلال، بيروت، ط 1، 1987 م، كتاب القيان، ص 72.

وقال أيضا: (فأما الغناء المطرب في الشعر الغزل فإنما ذلك من حقوق النساء، وإنما ينبغي أن تغنى بأشعار الغزل والتشبيب والعشق والصبابة بالنساء اللواتي فيهم نطقت تلك الأشعار، وبهن تشبب الرجال ومن أجلهن تكلفوا القول في التشبيب)[1].

جعل الجاحظ الغناء المطرب من حق النساء، واشترط أن يكون شعر الغزل فقط هو الذي يغنى ولم يجعل أي غرض آخر كالمديح والفخر وما ذلك إلا لأن الأشعار خصصت لتلك النساء وبهن تشبب الرجال.

ينطوي كلام الجاحظ هنا على خاصية جمالية نوعية تحدد فضاء المتعة واللذة فيه، فالغزل موضوعه المرأة والحب، وهو مدار المتعة واللذة، ولا يبلغ هذا المدار أوج إنتاجه وقمة صنعته إلا حين يتردد شعر الغزل غناء على ألسنة النساء، إذ يتجسد ويتمثل ويصور بأعلى درجة ممكنة من حساسية بعث المتعة واللذة في نفس المتلقي.

12- وظيفة الشعر الثقافية: الغاية من هذه الوظيفة التعريف بالأشياء الخاصة والعامة المجهولة للناس، التي تقود معرفتها إلى إدراكها وضمها إلى المرجعية الثقافية، فـ (نصرانية النعمان وملوك غسان مشهورة في العرب، معروفة عند أهل النسب، ولولا ذلك لدللت عليها بالأشعار المعروفة والأخبار الصحيحة)[2]. وليس بين الأشعار والأخبار فرق إذا جاءت مجيء الحجج، فـ (كيف يكون اسم الصديق مولدا محدثا، وأكثر من تكلم به ليسوا بذوي نحلة فيتقدروا له، ولا ذوي قرابة فيطلبوا السبق به مع الذي نجده في الأشعار الصحيحة القديمة وليس بين الأشعار والأخبار فرق إذا جاءت مجيء الحجج.

(1) آثار الجاحظ، ص 104.

(2) الرسائل الكلامية، الرد على النصارى، ص 260.

وإنما ذكرنا الأشعار مع الأخبار ليعرفوا ظهور أمره، ووجوه دلائله وقهر أسبابه وليكون آنس للقلوب وأسكن للنفوس وأقطع لشغب الخصم لجحد المنازع. فمما جاء في ذلك من الأشعار في ذلك، قول شريح بن هانئ الحارثي، وكان معمرا وكان شيعيا، وهو يرتجز في بعض حروبه:

أصبحت ذا بث أقاسي الكبرا ... قد عشت بين المشركين أعصرا

ثمت أدركت الرسول المنذرا ... وبعده صديقه وعمرا

ألا ترى أن هذا شريح بن هانئ، سمى أبا بكر صديقا على ما لم يزل يسمى به، وقال العجاج بن رؤبة وهو أعرابي ليس بذي نحلة ولا صاحب خصومة وقد أدرك الجاهلية:

عهد بني ما عفا وما دثر ... وعهد عثمان وعهدا من عمر

وعهد صديق رأى برا فبر ... وعهد إخوان هم كانوا الوزر

وقال الحارث بن هشام بن المغيرة حين بلغه وهو بمكة أن الأنصار قد كانوا اجتمعوا وقالوا لقريش في سقيفة بني ساعدة: منا أمير ومنكم أمير:

قبض النبي وبويع الصديق

في قصيدة طويلة، وهي التي يقول فيها: وأراد أمرا دونه العيوف وإنما أراد المعنى)[1] وكان (الأصمعي يجعل العروس رجلا بعينه، كان بنى على أهله فلم يتعطر له، فسمي بعد لذلك كل بان على أهله بذلك الاسم، ومثل هذا لا يثبت إلا بأن يستفيض في الشعر، ويظهر في الخبر)[2]. ذلك أن الحقائق مهما كان نتاجها فإن ورود الشعر يقويها ويثبتها، فأوجب الجاحظ وجود ما يقرب المعارف في الشعر.

(وقل معنى سمعناه في باب معرفة الحيوان من الفلاسفة، وقرأناه في كتب الأطباء والمتكلمين - إلا ونحن قد وجدناه أو قريبا منه في أشعار العرب

([1]) الرسائل السياسية، ص 213- 214.

([2]) البخلاء، ص 195.

والأعراب، وفي معرفة أهل لغتنا وملتنا. ولولا أن يطول الكتاب لذكرت ذلك أجمع وعلى أني قد تركت تفسير أشعار كثيرة وشواهد عديدة مما لا يعرفه إلا الراوية النحرير من خوف التطويل)[1].

الشعر العربي عند الجاحظ يمثل مرجعية معرفية ذات بعد ثقافي لا تتوقف وظيفته عند حدود التعبير الجمالي، القائم على الادهاش والتصوير وخلق المتعة واللذة. بل يتجاوز ذلك إلى استقراء لأشكال المعرفة ودخول في تفاصيلها.

تنتظم الوظيفة الثقافية في سلسلة الوظائف المتداخلة والمتشابكة التي يحقق الشعر بها رؤيته الاجتماعية المتصلة بحياة المتلقي، إذ ظل الشعر العربي على طول مسيرة الشعرية العربية رافدا مهما وأصيلا من روافد ثقافة الإنسان العربي.

13- وظيفة الشعر الاجتماعية: استخدام الشعر لتحديد قيمة القبائل الاجتماعية، وكان العرب يعولون على ذلك؛ لأن هذا الشعر إذا انتشر يصبح معناه حقيقة من الصعب تغييرها.

فـ (شعراء مضر يحمقون رجال الأزد ويستخفون أحلامهم. قال عمر بن لجأ: [من الرجز]

تصطك ألحيها على دلائها ... تلاطم الأزد على عطائها

وقال بشار: [من الكامل]

وكأن غلي دنانهم في دورهم ... لغط العتيك على خوان زياد

وقال الراجز:

أفرج الظلماء عن سوادي ... أقوى لشول بكرت صواد

كأنما أصواتها بالوادي ... أصوات حج عن عمان غاد

وقال الآخر في نحوه: [من الكامل]

فإذا سمعت هديلهن حسبته ... لغط المقاول في بيوت هداد

([1]) **كتاب الحيوان: 3/ 130.**

وبسبب هذا يدخلون في المعنى قبائل اليمانية. وقال ابن أحمر: [من البسيط]

إخالهــا ســمعت عزفـا فتحسـبه   إهابــة القسـر ليـلا حيـن تنتشر

وقال الكميت: [من المتقارب]

كـأن الغطـامط مـن غليهـا   أراجيـز أسـلم تهجـو غفـارا

فجعل الأراجيز التي شبهها في لفظها والتفافها بصوت غليان القدر لأسلم دون غفار[1].

إذ لا شك في أن الوضع الاجتماعي للقبيلة العربية يدخل في صميم حياة العربي وقلب وجدانه، على النحو الذي يشغل جزءا مهما من وظيفة الشعر بوصفه الأداة الإعلامية الأولى للتعبير عن الشخصية العربية، لذا يمكن قراءة هذا الوضع قراءة كلية وعميقة من خلال الشعر.

[1] البيان والتبيين: 2/ 146-147.

المبحث السادس
ترجمة الشعر

الترجمة[1]: فن صعب على الرغم من ضرورته وحاجته الحضارية والإنسانية الملحة، وأصعب أنواعها الترجمة الأدبية لاتصالها بالجانب التخيلي والمجازي من اللغة على النحو الذي تستحيل فيه الترجمة الحرفية للنصوص، وأصعب أنواع الترجمة الادبية ترجمة الشعر.. والسؤال... لم؟ وقبل الأجابة لا بد من التذكير بأننا نحتاج إلى ترجمان في بعض الأحيان ضمن حدث لغوي واحد؛ أي: على مستوى اللغة الواحدة بسبب التداخل وانقطاع الاتصال بين متكلمي تلك اللغة. فكيف بالحدث المنطوي على لغات عديدة؟! فإن المشكلة تتعاظم وتكبر. وهنا نتساءل عن دقة الترجمة وكفايتها وخاصة في ميدان الشعر إذ تنفتح الدوال على مدلولات شتى، وتخرج اللغة (من شرنقة الاستخدام الاعتيادي وتدخل في دهاليز البديع والمجاز)[2].

إذن ترجمة الشعر بإجماع الكثيرين من المشتغلين في هذا الحقل مهمة محفوفة بالمخاطر وقليلون هم الخائضون غماره بسبب الصعوبات التي تنطوي عليها ترجمة الشعر، التي يكمن بعضها في نوع اللغة المترجم منها اللغة المترجم إليها ونوع الشعر، والبعد التاريخي، وشكل النص وبنيته... الخ.

أما **الصعوبة الأولى** (اللغة) فالمشكلة (الأساسية في ترجمة الشعر؛ بل الترجمة عموما، تتمثل في حقيقة أن اللغات تختلف عن بعضها اختلافات جذرية من حيث

---

(1) الترجمة فن جميل يعني بنقل ألفاظ ومعان وأساليب من لغة إلى أخرى بحيث أن المتكلم باللغة المترجم إليها يتبين النصوص بوضوح ويشعر بها بقوة كما يتبينها ويشعر بها المتكلم باللغة الاصلية (فن الترجمة في ضوء الدراسات المقارنة، صفاء خلوصي، مطبعة اللواء، بغداد، ط2، 1958م، ص 16).

(2) صعوبة ترجمة الشعر بين كبر الطموح وقلة الحيلة، رمضان مهلهل سدخان، مجلة دروب 10 مايو 2006، بحث منشور في الانترنت.

خصائصها البنائية والأسلوبية والدلالية والموسيقية)[1] فـ (اللغات إنما تشتد وتعسر على المتكلم بها؛ على قدر جهله بأماكنها التي وضعت فيها، وعلى قدر كثرة العدد وقلته، وعلى قدر مخارجها وخفتها وسلسها، وثقلها وتعقدها في أنفسها، كفرق ما بين الزنجي والخوزي فإن الرجل يتنخس[2] في بيع الزنج وابتياعهم شهرا واحدا فيتكلم بعامة كلامهم ويبايع الخوز ويجاورهم زمانا فلا يتعلق منهم بطائل، والجملة أن من أعون الأسباب على تعلم اللغة فرط الحاجة إلى ذلك. وعلى قدر الضرورة إليها في المعاملة يكون البلوغ فيها والتقصير عنها)[3].

والصعوبة الثانية: تظهر في نوع الشعر، فالشعر الذي يدخل في باب الفكاهة والظرف أو المجون أسهل انقيادا من التصدي لترجمة الشعر الرصين الجاد، ذلك الشعر الذي يكون للكلمة فيه وقع الحسام، إذ يتحتم على المترجم الحرب على جبهتين: جبهة الشكل وجبهة المضمون[4]. وضمن هذه الصعوبة يندرج عنصر الإبداع بتفاصيله وإشكالياته المتعددة، فالقصائد الأقل حظا في الإبداع تكون أقل صعوبة في النقل من تلك التي تمتلك حظا أوفر في سلم الإبداع الشعري. وهذا مايوافق رؤى الشاعر الفرنسي- (بييرليريز) عندما سئل عن الشعر الأكثر صعوبة في الترجمة قال: (إن الشعر الأكثر بساطة... هو الأكثر شفافية)[5].

والصعوبة الثالثة: المشكلة التاريخية في ترجمة الشعر هي من الأهمية بمكان بحيث تحتم على المترجم الإحاطة بالمهاد التاريخية والبيئة التاريخية التي نمت فيها

([1]) في ترجمة الشعر د. عبد الصاحب مهدي علي، مجلة آداب المستنصرية عدد 15-1987م: ص 703.

([2]) يتنخس: أراد يحترف النحاسة والنخاسة بكسر النون وفتحها: بيع الرقيق والعبيد: 156/5، هامش (2)، كتاب الحيوان.

(3) كتاب الحيوان: 5/ 156.

(4) صعوبات ترجمة الشعر بين كبر الطموح وقلة الحيلة: بحث منشور في الانترنت.

(5) دراسات نقدية معاصرة: ترجمة وتعليق على الحلي، دار الشؤون الثقافية العامة، بغداد، ط1، ط 1986، ص 8.

المفردة، ومن ثم القصيدة بأجمعها. وهذه المشكلة تتشكل في عادات وسلوكيات اجتماعية لأقوام معينين عبر التاريخ، وأسماء أدوات ومدن وملوك وحكام، وتفاصيل دقيقة أخرى من الصعب الوقوف على طبيعتها من دون هذه الإحاطة التاريخية.

الصعوبة الرابعة: هي تلك المتعلقة بالجانب الحضاري [1] الذي عادة ما يكون سيفا مسلطا على المترجم لا يسلم منه ولا يمكن أن يخرج من سطوته من دون جراحات. إذ إن اللغة، هي وليدة الحضارة. فالحضارة الغنية تنتج لغة غنية أيضا، والعكس صحيح (فللعرب أمثال واشتقاقات وأبنية، وموضع كلام يدل عندهم على معانيهم وإرادتهم، ولتلك الألفاظ مواضع أخر، ولها حينئذ دلالات أخر، فمن لم يعرفها جهل تأويل الكتاب والسنة، والشاهد والمثل، فإذا نظر في الكلام وفي ضروب من العلم، وليس هو من أهل هذا الشأن هلك وأهلك)[2].

والعرب من بين الأمم التي حملت على عاتقها نقل تعاليم الدين الحنيف إلى الأمم الأخرى، كما أن كثيرا من الأمم قد اعتنقت الإسلام مما جعل التفاهم ضرورة بل واجبا - فظهرت ثورة في الترجمة لمعرفة لغات الأمم وتعلمها والإفادة من معطياتها (وكذا فعل الداخلون في الإسلام). فبدأوا يهتمون بالترجمة سعيا وراء إتقان اللغة العربية وتعلمها، فكان في ذلك نوع من الثقافة أفاد من ورائه المسلمون، واتسعت بذلك دائرة معارفهم ولم يترك لنا هذا النوع من الثقافة أثرا مكتوبا، وإنما هي مرويات كثيرة، منقولة عن الفارسية واليونانية أو غيرها من اللغات. وشأنها شأن استعانة العسكريين العرب أبان الفتح الأسلامي بغير العرب ممن يعرف لغة أخرى، في جمع المعلومات العسكرية للإفادة منها في الحرب، غير أنهم لم يشجعوا بالضرورة هؤلاء على الترجمة ونقل معارف اللغة التي يجيدونها. وكان من الطبيعي جدا أن يشيع بين رجال الدين عدم ثقة بمن يشتغلون في علوم الاوائل؛

---

(1) صعوبات ترجمة الشعر بين كبر الطموح وقلة الحيلة. (بحث منشور في الانترنت).
(2) كتاب الحيوان: 1/ 102.

وهي العلوم المترجمة من مصادر مختلفة كاليونانية، والسريانية، والهندية، والفارسية، وبالأخص علوم المنطق والفلسفة لأنها تناولت ما يتصل بأركان العقيدة الاسلامية نقاشا ترك لنا تراثا ضاع أكثره[1].

لقد لفتت هذه الظاهرة نظر (الجاحظ) لشيوعها في المجتمع العربي الإسلامي، فسجل هو بدوره أفكارا عن بعض حدودها واشتراطاتها ونوعية مادة الترجمة وشخص المترجم فكانت تأملات الجاحظ في الترجمة بنودا أساسية لنظرية الترجمة عند العرب، فالنظرية في العرف العلمي: إعراب عن مذهب عام يكون مصحوبا بحقائق عن ذلك المذهب، وهذا الأمر ينطبق على أراء الجاحظ في مجال الترجمة فقد أضاف إليها الحقائق التي لمسها فأصبحت جزءا مهما من أركان نظرية الترجمة في عصره، وفي العصور التي تلته[2].

إلا أن ما يهمنا هو موقفه من ترجمة الشعر عامة والشعر العربي خاصة، ويمكن تلمس موقفه من خلال ما ورد في كتبه من نصوص يمكن تحليلها والوقوف على مقاصدها: **المقصد الأول:**

ترجمة الشعر: قال الجاحظ (وفضيلة الشعر مقصورة على العرب، وعلى من تكلم بلسان العرب، والشعر لا يستطاع أن يترجم، ولا يجوز عليه النقل، ومتى حول تقطع نظمه، وبطل وزنه، وذهب حسنه، وسقط موضع التعجب، لا كالكلام المنثور، والكلام المنثور المبتدأ على ذلك أحسن وأوقع من المنثور الذي تحول من موزون الشعر)[3].

يدرك الجاحظ في هذا النص أن التجربة الشعرية تتكون من عدد من المكونات الأولى كالوزن، واللفظة، والفقرة الموزونة القافية والأسلوب والصورة، وهذه كلها

[1] نظرية الجاحظ في الترجمة، د. مصطفى عبد الحميد، مجلة المورد، العدد 4-1978م، ص 43.

(2) م. ن، ص 44.

(3) كتاب الحيوان:1/ 53.

لا يمكن أن تخضع دائما للناقد يدرسها في لغة أخرى[1]؛ ولذلك فإنه يلاحظ على الشعر ما يأتي:

1- إن الشعر لا يترجم من اللغة العربية إلى اللغات الأخرى، وبذلك شاع ما يسمى بـ (لعنة الجاحظ)[2] التي لم يسلم منها حتى كبار المترجمين ممن تصدوا لترجمة الشعر خاصة. وهذا ما يعرف بالترجمة المعاكسة (وهي ترجمة الأعمال المكتوبة بلغتنا العربية إلى اللغة الانكليزية او الفرنسية أو سواهما من لغات الأرض التي لم تعان إجحافا وظلما في النطق والقراءة والتداول كما وقع ذلك الظلم على لغتنا التي تعد من أكثر لغات العالم تنوعا وسلاسة وطلاقة، وبقيت الترجمة المعاكسة نقصا جوهريا في عدم تداول ثقافتنا وعدم إعطائها الحق في العالمية، التي بقيت حكرا على اللغة الانكليزية والفرنسية باعتبار هاتين اللغتين هما من العتبات المركزية العالمية في كل منتوج ادبي)[3].

2- إن من يحاول ترجمة الشعر العربي إلى اللغات الأخرى نقلا أو تحويلا لا يمكنه ذلك، بل يدركه العجز لقول الجاحظ (والشعر لا يستطاع أن يترجم) إذ إن لفظ لا يستطاع دال على السعي والمحاولة من جهة، ومن جهة أخرى يدل على العجز والامتناع، ومما يؤيد ما نذهب إليه قوله تعالى: (فما اسطاعوا أن يظهروه وما استطاعوا له نقبا (97)) الكهف: ٩٧[4]. وقوله (ما لم تسطع عليه صبرا (82))الكهف: ٨٢[5] وقوله تعالى (لا يستطيعون حيلة)النساء: ٩٨[6]. وفي كل

(1) الجاحظ منهج وفكر، د. داود سلوم، دار الشؤون الثقافية العامة، ط1، 1989م: ص 108-109.

(2) صعوبات ترجمة الشعر بين كبر الطموح وقلة الحيلة (بحث منشور في الانترنت).

(3) الترجمة المعاكسة - خضير ميري، جريدة الصباح، الصفحة الرئيسة (بحث منشور في الانترنت).

(4) سورة الكهف (آية 97) الدلالة على المحاولة والعجز.

(5) سورة الكهف (آية 82) الدلالة على المحاولة والعجز.

(6) سورة النساء (آية 98) أي لا قدرة لهم.

ما سبق يتبين نفي القدرة، والاستطاعة وبيان العجز في الفعل وهو ما قصده الجاحظ بقوله (لا يستطاع) وبذا ندرك أن المترجم مهما ملك من آليات فاعلة في ميدان الفعل الترجمي فإنه عاجز لا محالة من إدراك النص المترجم للمترجم إليه..

3- إن الترجمة للنص الشعري (الغربي) يفقد ميزاته او بعضا منها، فإن أدرك المترجم المعنى فقد الألفاظ، وإن أدرك الوزن فقد الموسيقى، وأن أدرك شيئا من ذلك فقد الصورة، والجاحظ قد أشار نصا إلى ما يفقده النص المترجم مما يجعل النص بعيدا عن روحه، فإذا نقل النص بجسده وروحه نقلا حرفيا لم يفهمه أهل اللغة التي نقل إليها، لاختلال الدوال والمدلولات، وان غير النص بما يتفق واللغة المنقولة اليها فقد مايملكه من اللغة الاصلية، وهذا ما يتفق رؤية الجاحظ (ولا يجوز عليه النقل ومتى حول تقطع نظمه وبطل وزنه وذهب حسنه وسقط موضع التعجب فيه)[1] ولا شك في أن المقصود بـ (ذهب حسنه) عند الجاحظ هو فقدان الحلاوة التعبيرية التي تتسم بها كل لغة من اللغات، إذ إن جماليات التعبير تعد من خصوصيات اللغة وأسرارها وذات فضاء خاص يصعب نقله. أما عبارة (سقط موضع التعجب فيه) فإن ثمة أدبية او شعرية نوعية في كل كلام أدبي، تمثل أيضا خصوصية في كل خطاب أدبي ينتمي إلى لغة، وهو ما يثير مجمع التلقي وينتزع منه الاعجاب والتعجب، لفرط أجادته في الأنزياح عن المعنى المعتاد والانفتاح على فضاء عجيب من الدلالات والرؤى على النحو الذي يجعل ترجمة هذه الحساسية اللغوية شبه مستحيل.

4- إن الشعر إن حول إلى كلام منثور فقد أهم ميزة له وهي الوزن الذي يميز الكلام المنثور من المنظوم، فالجاحظ أقر بترجمة الشعر نثرا ولكنه عده أقل

(1) كتاب الحيوان: 1/ 53.

حسنا وجمالا حتى من المنثور المنقول من المنثور المطابق له بقوله (والكلام المنثور المبتدأ على ذلك أحسن وأوقع من المنثور الذي تحول من موزون الشعر)[1]. ومع إقرار الجاحظ بحصوله إلا اننا نتلمس قولا آخر من قوله ذلك، إن الكلام العربي حتى وإن كان نثرا فقد تعجز اللغات أن تجد مقابلا نثريا يتفق ودلالاته وإيماءاته وبيانه، ذلك أن الكلام العربي مبني على التوصيف والتصوير والذوق والاحساس والعاطفة هذا في الشعر والنثر فكيف وكلام الله المعجز الذي أقر كثير من المترجمين بصعوبة إيجاد مقابل مطابق مثلا لقوله تعالى: (هن لباس لكم وأنتم لباس لهن(187)) البقرة: ١٨٧[2]، وقوله تعالى : (وجعل بينكم مودة ورحمة(21)) الروم: ٢١[3] قال الجاحظ (إن اليهود لو أخذوا القرآن فترجموه بالعبرانية لأخرجوه من معانيه، ولحولوه عن وجوهه، فما ظنك بهم إذا ترجموا (فلما آسفونا انتقمنا منهم)[4] فكيف يكون حال النثر المترجم من الشعر؟ ومن هنا يأتي تأكيد الجاحظ تأييدا لرفضه ترجمة الشعر من اللغة العربية الى اللغات الاخرى - الترجمة المعاكسة.

5- الشعر العربي ليس وزنا فقط ودليله أن النقاد فرقوا بين النظم والشعر لذا عد قول ابن مالك[5]:

---

(1) كتاب الحيوان: 1/ 53.

(2) سورة البقرة (آية 187).

(3) سورة الروم (آية 21).

(4) رسالته الرد على النصارى: 29.

(5) شرح ابن عقيل على ألفية ابن مالك، بهاء الدين عبد الله بن عقيل (ت 769هـ)، تحقيق: محي الدين عبد الحميد، دار الفكر، (د. ت): 1/ 10.

كلامنـــا لفـــظ مفيـــد كاســتقم   اســم وفعـل ثـم حـرف الكلـم

نظما لأنه لا يحمل من الشعر سوى الوزن والقافية، أما الشعر فهو الصورة والتصوير والإحساس والمعنى غير المباشر والنسج والذوق والفن والتركيب... إلخ. وهو المقصود بإشارات الجاحظ في الترجمة، وبذلك يمكن القول إن النوع الأول (المنظوم) يمكن ترجمته وإن لم يخل من صعوبات أهمها المحافظة على الوزن، ذلك أن الأمم مختلفة فيه، فـ (العرب تقطع الألحان الموزونة على الأشعار الموزونة فتضع موزونا على موزون، والعجم تمطط الألفاظ فتقبض وتبسط حتى تدخل في وزن اللحن فتضع موزونا على غير موزون)[1] وبهذا يكون النظام الوزني الشعري في كل لغة أساسا لتكوين البنية الإيقاعية لشعرها، بحيث تكون هذه البنية جزءا عضويا مركزيا من النسيج التشكيلي للشعر، وفقدانه بالترجمة يعني سقوط ركن جوهري من أركان البناء الشعري العام.

6- إن الإعجاز في الترجمة بحسب نظر الجاحظ يقع فيما هو عربي منقول إلى غيره، وعليه فالجاحظ لا ينكر ترجمة ما هو غير عربي إلى العربية وإن ضعف أحيانا؛ ذلك أنه يرى أن أفضلية الشعر مقصورة على العرب ونقل ما هو غير عربي إلى العرب يزيده حسنا أو يساويه بلغة العرب، وفي كلا الحالتين فإن المنقول أو المترجم سيكسبه شأنا وقوة، وهذا واضح من قوله (وقد نقلت كتب الهند وترجمت حكم اليونانية، وحولت آداب الفرس، فبعضها ازداد حسنا، وبعضها ما انتقص شيئا)[2].

المقصد الثاني:

صعوبة ترجمة الشعر العربي، قال الجاحظ: (ولو حولت حكمة العرب لبطل ذلك المعجز الـذي هـو الوزن، مع أنهم لو حولوها لم يجدوا في معانيها شيئا لم تذكره العجم في كتبهم التي وضعت لمعاشهم وفطنهم، وحكمهم. وقد نقلت هذه الكتب من

---

[1] البيان والتبيين:1/ 256. وينظر للمزيد: كتاب الصناعتين، ص 156.

[2] كتاب الحيوان:1/ 53.

أمة الى أمة، ومن قرن إلى قرن، ومن لسان إلى لسان، وحتى انتهت إلينا، وكنا آخر من ورثها ونظر فيها. فقد صح أن الكتب أبلغ في تقييد المآثر، من البنيان والشعر)[1].

يبقى الشعر عصيا على الترجمة، وكل ترجمة له مهما امتلك المتصدي لهذه المهمة الإبداعية لمقدراتها وملكاتها فإنه يكتب نصا آخر، ربما يكون قريبا إلى حدود معينة من النص الأصل، سواء من الفكرة التي يبنى عليها أم من الصور التي يكتنزها، والجماليات السطحية التي يظهر بها لكنه لا يصل الى عمق الكون الشعري الذي ينبع من كل لغة بحد ذاتها ومن بيانها وبلاغتها، فهناك روح في كل لغة هي التي تصنع جوهر الشعر في بنيه النص سواء كان (مموسقا أو متمردا)[2] على الوزن التفعيلي كما هو بالنسبة لشعرنا العربي، والروح التي نتحدث عنها هي جملة الخصائص الفنية والبلاغية التي يجعل بها المعمار اللغوي في القصيدة والمضمون الرؤيوي الذي يسكن فيها، ليأوي إليه فهم وإدراك المتلقين، لذلك يؤكد الجاحظ أن الشعر لا يترجم ولا يحول فإن (حول تهافت، ونفعه مقصور على أهله، وهو يعد من الأدب المقصور وليس بالمبسوط؛ ومن المنافع الاصطلاحية وليست بحقيقة بينة)[3].

---

(1) م. ن: 1/ 53.

(2) كلمات ورؤى استعصاء ترجمة الشعر: حسن اللوزي، أدب وثقافة، رقم العدد 241، (بحث منشور في الانترنت).

(3) كتاب الحيوان: 1/ 56.

وعلى الرغم من اختلاف العلماء في توجيه قول الجاحظ والحكم بغموضه[1] فأننا نلحظ أن مقصد الجاحظ بائن إذ لايخرج قول الجاحظ عن أن الشعر مقيد بخصائص تعارف عليها النقاد والعلماء، أهمها: الوزن والقافية فضلا عما ذكره الجاحظ؛ مما يجعل منفعة الشعر مرهونة بأهله، وهذا لا يعني أن فهم الشعر مقصور على أهله، وإنما حصر وقصر المنفعة على أهله باعتباره ديوانهم وفضيلة بيانهم على الشاعر الراغب والمادح، وفضيلة المأثرة، على السيد المرغوب اليه والممدوح به[2]. فإن ترجم فقد قيمته الشعرية المرهونة بشكله، وأن فهم معناه بقصور او زيادة على المعنى الأصلي، وهذا ما أشار إليه الجاحظ بقوله (ولو حولت حكمة العرب لبطل ذلك المعجز الذي هو الوزن، مع انهم لوحولوها لم يجدوا في معانيها شيئا لم تذكره العجم في كتبهم)[3] فاللغة الشعرية في بنية المعمار اللغوي الذي ينسج لها ونمت وان تشكلت فيه، فإذا نقلت واستنسخت الى لغة اخرى بكل

(1) يرى الدكتور إحسان عباس أن هناك غموضا في نص الجاحظ محاولا فك إغلاقه بإيراد معرض ورود الحديث (الذي يتحدث به الجاحظ على لسان اصحاب الكتب المترجمة من اليونانية فيقع فيها الخطأ والفساد ثم يظل الناس يقبلون عليها، ويثير سؤالا على لسان فريق آخر يحاورهم قائلا: فكيف تكون هذه الكتب انفع لاهلها من الشعر المقفى؟ فيرد الفريق الأول بانه رغم النقص تظل تلك الكتب عظيمة الفائدة فالمقارنة تدور بين كتب هذه العلوم وبين الشعر وليس هذا الرأي في الشعر رأيا خاصا بالجاحظ، وإنما هو رأي جاء في معرض الجدل... فالنص الذي بين أيدينا يقوم على المفاضلة بين ما هو محقق النفع (نفعه حقيقية بينة) وبين ما هو (اصطلاحي) المنفعة.. ان نفعه في رأي أولئك القوم مقصور على اهله (أي هم ينكرون أنْ تنقل المنفعة من المنشيء إلى المتلقي) ولذلك فإنه أدب مقصور (في منفعته وفي تعبيره عن حقائق الحياة بطريقة الصور) وليس مبسوطا (كما تبسط العلوم وتتحمل البرهان والتجربة). وما دام الشعر لا يتحمل التجربة والبرهان فإنه إذ حول عن سياقه الإيقاعي أو الصوري (إلى سياق عملي) تهافت. ذلك هو ماأراده في تفسير هذه العبارة) تاريخ النقد الأدبي عند العرب، ص 102-103.

(2) كتاب الحيوان: 1/ 51.

(3) م.ن: 1/ 53.

القدرات الإبداعية المتمكنة فإنها تعود الى بيت الكلام الأول وهو (النثر) أو بالأحرى تنزل من العلو المتميـز والاستثنائي إلى الحالة الاعتيادية.

فمكمن الصعوبة في ترجمة الشعر العربي عند الجـاحظ لا تكمـن في معاني الشعر لأن المعـاني كما يراها معروفة ومطروحة في الطريق يعرفها العربي والعجمي وغيرها، فتحويل الشعر بمعناه جائز (أنهم لـو حولوها لم يجدوا في معانيها شيئا لم تذكره العجم... الخ)[1] ولكن العجز في الترجمة يكمن في طبيعة الشـعر العربي وبنائه ونظمه وموسيقاه ووزنه.

فالإحساس بشعرية الشعر وبجماليته كان السر في رفض ترجمته، ذلك أن الترجمـة الجماليـة للشعر أمر مستحيل، وذلك لفقدان القيمة الجمالية عند ترجمته.

ويبقى النص الشعري هو الحكم في تذليل الصعوبات للمـترجم ولا سـيما النصـوص التي ترتقـي الى مفهوم العالمية، إذ تحتـوي في لغتهـا وفي شـكلها وفي محتواهـا -أي بنيتها الذاتيـة والفنيـة روح العالميـة- والقدرة على الإخصاب في حقول اللغات الأخرى، بذات الرسالة الإبداعية المنتجة والدلالات والمعاني والصور والايحاءات والمشاعر، إنها حالة قابلة للطواف اللغوي وتحمل إمكانية الترجمة والاستنساخ على حـد سواء إلى اللغات الأخرى، واقتحام وجدان القارئ الآخر، كما بالنسبة لقارئ الذات الشعرية في اللغة نفسـها مـن دون خسارات كبيرة في كثافة وعمق التواصل والمعايشة الوجدانية (إن الشعر الحقيقـي هـو شعر عـالمي حتى وإن لم يترجم، وذلك لأن الشعر حقيقي يحمل خصائص وملامح إنسانية مشتركة منها الرؤيا والرؤيـا الجدليه التي تقوم على الدلالة والأسلوب، وإذا ما انتفت هذه الخصائص فإن ذلك يعني أن هذا الشعر أو ذاك هو شعر إنشائي يقوم على التراكيب اللغوية والتلاعب بها، بحيث إنها لو ترجمت لفقدت كـل معنى؛ لأن

([1]) كتاب الحيوان: 1/ 53- 54.

الكنايات والاستعارات تختلف من لغة إلى أخرى وبعض هذه الكنايات لا يمكن أن تترجم)[1].

ومهما يكن فإن أخطر الإشكاليات التي تدفع إلى عجز الترجمة تتمثل أساسا في أنها أبعد ما تكون عن التقاط مكونات أو مقومات التخييل، وحركة الأخيلة التي تتحرك في النص الشعري وتفيض بها الصورة أو حتى العبارة الشعرية. فضلا عن عدم إحاطتها بالخلفيات الانفعالية والثقافية أو الموقف الفني والقيمي الذي يصدر عنه النص، لأن مثل هذا الجوهر لا يوجد مطلقا إلا في النص الذي كتبه الشاعر في لغته الأصلية التي بها يفكر وينفعل ويبوح.

إن مقصد الجاحظ هنا يتجه نحو التركيز في خصوصية الشعر العربي بوصفه أنموذجا للشخصية العربية والفضاء الثقافي العربي، وأنه يتمتع بطريقة نوعية خاصة في التعبير تعد من أسرار اللغة الجوهرية، التي لا يحظى بإدراكها ومعرفتها واستيعاب فقهها سوى ابن اللغة ومبدعها، وإذا ما أغفلت الترجمة هذه الخاصة الجوهرية فإن النص المترجم سيكون حتما نصا آخر تماما.

المقصد الثالث:

قيمة الترجمة: قال الجاحظ (إن الترجمان لا يؤدي أبدا ما قال الحكيم، على خصائص معانية وحقائق مذاهبه ودقائق اختصاراته، وخفيات حدوده، ولا يقدر أن يوفيها حقوقها ويؤدي الأمانة فيها، ويقوم بما يلزم الوكيل ويجب على الجري، وكيف يقدر على أدائها وتسليم معانيها، والأخبار عنها على حقها وصدقها؛ إلا أن يكون في العلم بمعانيها، واستعمال تصاريف ألفاظها، وتأويلات مخارجها، ومثل مؤلف الكتاب وواضعه فمتى كان رحمه الله تعالى ابن البطريق، وابن ناعمة وابن قرة،

([1]) الشعر والعالمية، عبد الوهاب البياتي: بحث منشور في جريدة الفينيق، الأردن- عمان، العدد 5 (بحث منشور في الانترنت).

وابن فهريز، وثيفيل، وابن وهيلي، وابن المقفع، مثل ارسطوطاليس؟ ومتى كان خالد مثل أفلاطون؟)[1].

إن قيمة الترجمة عند الجاحظ هي دون قيمة النص الأصلي فـ (الترجمان لا يؤدي أبدا ما قال الحكيم) وذلك للتباعد الكبير سواء على مستوى اللغة (ما بين لغة الإرسال ولغة الوصول) أم على مستوى الحضارة بكل أمتعتها الفكرية والاجتماعية والعرفية والتاريخية وحتى الجغرافية، إذ لا بد للمترجم من أن يكون على بينة من هذه القضايا، وهي مسألة غاية في الصعوبة، بالاضافة إلى أن عليه أن يكون متمكنا من أدواته اللغوية لتحقيق المتعة التي يحققها النص المترجم في لغته الأصلية.

وإن كانت هذه الصعوبة تشمل ترجمة كل أنواع الإبداع، فإن ترجمة الشعر بالفعل هي الأصعب، ذلك أن الشعر يحتاج إلى ترجمان في لغته الأصلية ما دام يقوم على الصورة والرمز والإيحاء، ودقائق الاختصارات، وغير ذلك مما ذكره الجاحظ في نصه - فكيف به وهو ينتقل إلى لغة أخرى قد تجد صعوبة في تبيان ملامح تلك الصور والرموز والإيحاءات ودقائق الاختصارات المستمدة من بيئة مختلفة تماما؟.

إن الجاحظ (قارئ مدمن لترجمات مختلفة رديئة وحسنة، ولذلك فإن أفكاره تشكلت بصورة فوقية، لأنها انطباعات تأملية في المترجم المعروض أمامه ومن هذا السبيل نشأت نظريته في الترجمة)[2] التي أعطت للجاحظ نظرة شاخصة لطبيعة المترجم وطبيعة المترجم. فالمترجم (لا يقدر أن يوفيها حقوقها ويؤدي الأمانة فيها)[3] ذلك أن الترجمة أبدا لا يمكن أن تكون بريئة من خيانة النص الأصلي أيا كان جنسه، فقط هذه الخيانة قد تصبح وفاء لروح النص عندما نقرؤه بقلوبنا

---

(1) كتاب الحيوان:1/ 75-76.

(2) نظرية الجاحظ في الترجمة، ص 44.

(3) كتاب الحيوان: 1/ 53.

فنضيف إليه منا الشيء الكثير، فترجمة الشعر (مثل المرأة) كما قال الشاعر السوفيتي (يفجيني يفتتشنكو): (إذا لم تكن الترجمة أمينة فإنها تكون جميلة، وإذا لم تكن جميلة.. فإنها تكون أمينة)[1].

حتى أصبح الشك فيما ينقله المترجمون مبدأ عند الجاحظ[2] والحكم عليهم بالكذب (من إفساد معانيه بسوء ترجمته)[3].

وهو ما يشير إلى ضرورة نقل مضمون النص ومعناه بأمانة، مع الإحاطة باستعمال تصاريف الألفاظ وتأويلات المخارج، أي باتقان تركيب جزئيات الشكل اتقانا جيدا.

و(هنالك مسألة أوردها الجاحظ في نظرية الترجمة عنده، تلك هي ذكر المترجمين الذين يمثلون مختلف مذاهب الترجمة ويختلفون في مادة الترجمة وفي طبيعة اللغة التي يترجمون عنها، يذكرهم الجاحظ على التوالي، ابن البطريق، وابن ناعمة، وابن قرة، وابن فهريز، وتيفيل، وابن وهيلي، وابن المقفع، خالد بن يزيد بن معاوية)[4] قارن الجاحظ ابن البطريق، وابن ناعمة، وابن فهريز، وتيفيل، وابن وهيلي وابن المقفع بارسطاطاليس، والظاهر أنه قارنهم به لأنهم مترجموه على اختلاف مواقفهم من فلسفته وعلى الرغم من تباين اتجاهاتهم تم في الترجمة لغة وتناولا. فابن ناعمة وابن البطريق كانا من أنصار الترجمة اللفظية - وهو أن ينظر إلى كل كلمة مفردة من الكلمات اليونانية، وما تدل عليه من المعنى فيأتي الناقل بلفظة مفردة من الكلمات العربية ترادفها في الدلالة على ذلك المعنى فيثبتها وينتقل إلى الأخرى، كذلك حتى يأتي على جملة ما يريد تعريبه. وهذه الطريقة رديئة لوجهين:

(1) دراسات نقدية معاصرة، ص 4.

(2) ينظر كتاب الحيوان: 6/ 328 (الشك في أخبار البحريين والسماكين والمترجمين).

(3) م. ن: 6/ 328.

(4) نظرية الجاحظ في الترجمة، ص 47.

الأول: أنه لا يوجد في الكلمات العربية كلمات تقابل جميع الكلمات اليونانية، ولهذا بقـي في خـلال التعريب كثير من الألفاظ اليونانية على حالها.

الثاني: إن خواص التركيب والنسب الاسنادية لا تطابق نظيرها من لغة أخرى دائما. وأيضا يقع الخلل من جهة استعمال المجازات وهي كثيرة في جميع اللغات[1].

وابن قرة وابن المقفع كانا من أنصار اتجاه ترجمة المضمون -وهو أن يأتي بالجملة فيحصل معناها في ذهنه ويعبر عنها من اللغة الأخرى بجملة تطابقها، سواء سـاوت الألفـاظ أم خالفتها. وهذه الطريـق أجود[2]- لأنهما كانا أديبين يعرضان المادة المترجمة بأسلوب أدبي رفيع، لذلك لم تحتج ترجماتهما إلى إصلاح كما حصل لترجمات ابن البطريق وابن ناعمة من إصلاح.

ولم يقع ذكر هؤلاء المترجمين عند الجاحظ مصادفة، أو من أجـل تجميـعهم مـن غـير هـدف، لكنـه كعادته في التأليف يأتي بالنماذج المشتركة في الصفة للتدليل على اختلاف مواقف هذه النماذج ومنطلقاتها، ولذلك فإنه لم يقصر حديثه على هؤلاء، بل تخطاهم إلى عصور سابقة، فذكر على وجه المقارنة خالدا مـع أفلاطون[3].

يذكر الجاحظ خالدا بأنه يشترك مع أفلاطون في صفة الفلسفة، والمعروف أنه كان متتبعا لما يشغل ذهن الرجل العالم من بحث عن حقيقة ما حوله مـن شـؤون الحيـاة المختلفـة، ولكـن المصـادر العربيـة لم تخصص على وجه الدقة طبيعة بحثه، وما يتعلق باهتمامه العلمي، ولم تورد مـا أضافه خالـد مـن وجهـة نظر جديدة إلى اراء أفلاطون المعروفة، فإن مقارنة الجاحظ إياه تدلل على أنواع من النشاط العقلي، أبداه خالد فجعله متميزا بأفكار معينة دفعت الجاحظ إلى إشراكه في هذه المقارنة، مع أن الجاحظ لم يخصص على وجه الدقة ماذا كان يشارك خالد

---

(1) فن الترجمة في ضوء الدراسات المقارنة، ص 13-14.

(2) نظرية الجاحظ في الترجمة: ص 48.

(3) نظرية الجاحظ في الترجمة، ص 49.

أفلاطون؟ وعليه فإن أسماء المترجمين الذين اختارهم الجاحظ تدلل على مبلغ علم الجاحظ بطرق هؤلاء في الترجمة من اليونانية أو السريانية أو الفارسية إلى العربية.

لذا فإن رؤيته في الترجمة بوصفها نشاطا إبداعيا مهما لم تتشكل عبر ملاحظة بسيطة أو رأي مجرد عابر، بل نتيجة دراسة معمقة قائمة على التحري والاستقراء والإحاطة والشمول والمقارنة، على النحو الذي يبرهن قيمة هذه الرؤية وعلميتها وقدرتها على وضع الحدود وتوكيد القيمة.

المقصد الرابع:

شرائط الترجمان قال الجاحظ (ولا بد للترجمان من أن يكون بيانه في نفس الترجمة، في وزن علمه في نفس المعرفة، وينبغي أن يكون أعلم الناس باللغة المنقولة والمنقول إليها، حتى يكون فيهما سواء وغاية. ومتى وجدناه أيضا قد تكلم بلسانين، علمنا أنه قد أدخل الضيم عليهما؛ لأن كل واحدة من اللغتين تجذب الأخرى وتأخذ منها، وتعترض عليها. وكيف يكون تمكن اللسان منهما مجتمعين فيه، كتمكنه إذا انفرد بالواحدة، وإنما له قوة واحدة، فإن تكلم بلغة واحدة استفرغت تلك القوة عليها. وكذلك أن تكلم بأكثر من لغتين، وعلى حساب ذلك تكون الترجمة لجميع اللغات. وكلما كان الباب من العلم أعسر وأضيق، والعلماء به أقل، كان أشد على المترجم، وأجدر أن يخطئ فيه. ولن تجد البتة مترجما يفي بواحد من هؤلاء العلماء)[1].

إن ترجمة الشعر هي نوع من الكتابة الأخرى -لأن المترجم يكتب بلغة ثالثة- المتصلة ببعض العرى مع النص المترجم، بالإضافة إلى أن هناك أكثر من قارئ للقصيدة في تعدد وتنوع المعاينة للنص وتمثله وفهمه، وفي مقابل ذلك يوجد شاعر مع ظل قد لا يوازيه مطلقا وهو المترجم، الذي (يعمل ذهنه وقريحته وذاكرته في عملية خلق وولادة كان قد تمخض عنها رحم آخر هي ليست من عندياته، ويلج

(1) كتاب الحيوان: 1/ 54.

أبوابا في المعرفة الإنسانية والخلق الفكري كانت قد طرقتها أكف غيره، ويشحذ قريحته ويستنزل عروس أو (شيطان) الشعر ليقول شعرا سبقه إلى صياغته شاعر آخر، ويحلق في دنيا الخيال والإلهام ولكن بأجنحة من سبقه إلى هذه الدنيا)[1].

فـ (لا بد للترجمان من أن يكون بيانه في نفس الترجمة، في وزن عمله في نفس المعرفة)[2] وأن يؤسس بناءه على مبادئ وأصول تمكنه من ترجمة ذلك الأثر بأمانة ودون أي إخلال بقيمته الأدبية المستمدة من خصائص لحمته وسداته في لغته الأصيلة التي يحاول، بل يحرص على إيجاد ما يضارعها في اللغة التي يترجم إليها[3]، فيكون (بذلك أعلم الناس باللغة المنقولة والمنقول إليها، حتى يكون فيهما سواء وغاية)[4].

فنية النص في لغة ما، لا يمكن أن تنتقل أبدا على طبيعتها وخصوصيتها التعبيرية إلى لغة اخرى، إذ لا بد أن يلحقها نزوح إلى الإغراق في الإبهام والتعقيد، وان كان هذا الانزياح يبدو مقبولا شعريا وأن كان غير ما أراد أن يوصله أو ينفثه أو يبوح به الشاعر.

فـ (الشعر فن لغوي، وصورة متشكلة من اللغة، واللغة مجموعة من العلاقات فإذا ما تم نقله إلى لغة أخرى، اضطربت العلاقات المكونة للصورة، فلم تعد هناك صورة، ولم تعد هناك لغة)[5]. من هنا نرى أنه كلما كانت لغة المصدر ولغة الهدف تنتميان الى عائلة واحدة، جرت الترجمة بيسر نوعا ما، والعكس صحيح، أي عندما تنتمي اللغتان (المصدر - الهدف) إلى عائلتين متباعدتين كالعربية والإنكليزية أو

---

(1) في ترجمة الشعر، د. عبد الصاحب مهدي علي، مجلة آداب المستنصرية العدد 15، 1987م، ص 702.

(2) كتاب الحيوان: 1/ 54.

(3) في ترجمة الشعر: ص 703.

(4) كتاب الحيوان: 1/ 54.

(5) اللغة الشعرية في الخطاب النقدي العربي تلازم التراث والمعاصرة، محمد رضا مبارك، دار الشؤون الثقافية العامة، بغداد، 1993م، ص 153.

الفرنسية فـ (هناك شعر ترجم إلى لغات أجنبية وروح له من قبل بعض المؤسسات الثقافية لكن هذا الشعر ليس له قارئ في تلك اللغات، فعلى سبيل المثال، أن مترجما ومترجمة قاما بترجمة شعر أبي العلاء المعري إلى الفرنسية عندما طابق بعض المثقفين الأصل بالترجمة فوجئوا بأن الترجمة لا علاقة لها بالأصل بل هي تأليف على لسان المعري)[1].

إذن هناك تباعد كبير بين (لغة الإرسال ↔ ولغة الوصول) تنبه إليه الجاحظ، مشيرا إلى من يملك من المترجمين لغتين فتجور الواحدة منهما على الأخرى، ويحصل بينهما من التجاذب والأخذ والاعتراض ما يتطلب توافره في المترجم من قدرة كافية وزاد ثقافي يساعده على الخوض في نص هو كل قائم بذاته، من حيث مكوناته اللغوية البائنة وماتخفيه الكلمات من روح وضوء، ذلك أن النصوص محملة بأشياء خاصة هي في مجملها تشكيل لكيان اللغة المترجم عنها... فالمترجم (إن تكلم بأكثر من لغتين على حساب ذلك تكون الترجمة لجميع اللغات)، فالمترجم مدعو إلى إعادة إبداع النص من دون الإساءة إلى محمولاته، كما أنه مدعو إلى جعل ذات النص محافظة على ألفه حتى لا يقتله، (فكلما كان الباب من العلم أعسر وأضيق، والعلماء، به أقل، كان أشد على المترجم، وأجدر أن يخطأ فيه) إن لكل النصوص روحها التي بها تستمر لذلك لا يجب أن تغتال التراجم النصوص فتغتال أصحابها الذين يعدونها فلذات أرواحهم المتشظية والتائهة غالبا... لذا فإن أجمل هدية يمكن أن يقدمها المترجم للمبدع هي أن يجعل نصه يحيا مرات وينشد بكل اللغات... (ولن تجد البتة مترجما يفي بواحد) من هذه الأماني حسب رأي الجاحظ. ويبقى من (الاستحالة ترجمة الشعر ولكن من المستحيل ألا نترجمه)[2].

---

(1) كلمات ورؤى استعصاء ترجمة الشعر، حسن اللوزي، أدب وثقافة، رقم العدد 1241، (بحث منشور في الانترنت).

(2) هذه المقولة للشاعر الفرنسي بيير ليريز [دراسات نقدية معاصرة، ص 4].

من هنا يتبين لنا أن الجاحظ يضع جملة من الاشتراطات المهمة، التي تكون شخصية المترجم وتضعه في المسار الناضج الصحيح الذي يؤهله لارتياد هذا الفضاء الإبداعي الصعب، ومن دون أن تتمتع شخصية المترجم بهذه الكفاية والقدرة والتميز فإنه سيخون نفسه مثلما يخون النصوص التي يسعى إلى ترجمتها، وخاصة حين تذهب الترجمة إلى فن الشعر.

الفصل الثاني

الفصل الثاني: بناء الشعر: المكونات والتشكيل

المبحث الأول
ثنائية اللفظ والمعنى

أولا: المعنى اللغوي والاصطلاحي

أ- المعنى اللغوي:

1- اللفظ (لفظ): أن ترمي بشيء كان في فيك... والأرض تلفظ الميت إذا لم تقبله ورمت به،... ولفظت بالكلام وتلفظت به أي: تكلمت به واللفظ واحد الألفاظ، وهي في الأصل مصدر[1].

2- المعنى (عنا): معنى كل شيء محنته وحاله التي يصير إليها أمره، وروى الأزهري عن أحمد بن يحيى قال: المعنى والتفسير والتأويل واحد، وعنيت بالقول كذا: أردت. ومعنى كل كلام ومعناته ومعنيته: مقصده[2].

فاللفظ ما ينطق من الكلام والمعنى مقصده.

ب- اصطلاحا:

المعنى مدلول الكلمة من الأشياء والأفكار والمشاعر. أما اللفظ فهو المدلول والإشارة الكلامية المستخدمة لبيان المعنى وظهوره[3].

---

(1) لسان العرب، مادة (لفظ).

(2) م. ن.، مادة (عنا).

(3) مفاهيم الجمالية والنقد في أدب الجاحظ، د. ميشال عاصي، مؤسسة نوفل، دار الفكر للطباعة، بيروت، لبنان، ط 2، 1981، ص 166.

(*) الفائدة التي يحملها الكلام إلى ذهن السامع أو القارئ، ومطابقته لمقتضيات الظروف الملابسة والأحوال المحيطة)، م. ن.، ص 168. (ومن مرادفاته عند الجاحظ، الرفيع، الكريم، الجليل، الحسن). م. ن.، ص 168-169. وينظر: كتاب الصناعتين ص 152.

ثانيا: تطور العلاقة بين اللفظ والمعنى.

هي قضية قديمة قدم النقد، أول ما برزت في ملاحظات وردت في صحيفة بشر بن المعتمر (ت 210 هـ) وفيها يقول ابن المعتمر: (ومن أراغ معنى كريما فليلتمس له لفظا كريما فإن حق المعنى الشريف[*] اللفظ الشريف ومن حقهما أن تصونهما عما يفسدهما ويهجنهما)[1] وقال: (والمعنى ليس يشرف بأن يكون من معاني الخاصة، وكذلك ليس يتضع بأن يكون من معاني العامة، وإنما مدار الشرف على الصواب وإحراز المنفعة مع موافقة الحال وما يجب لكل مقام من المقال)[2] وفي قوليه: إشارة واضحة إلى اختلاف الأساليب باختلاف المعاني، وإلى ترابط اللفظ بالمعنى، وإن شرف المعاني مقصور على صوابه ومنفعته ومطابقته لمقتضى الحال إلا أن يكون خاصا بفئة ما أو بعموم الفئات. وقد دفعت هذه الأقوال الجاحظ إلى الاهتمام بهذه القضية حتى أنه لم يترك شيئا يحقق الجودة في القول إلا وتناوله، وإن أبدى اهتماما باللفظ[*] إذ يقول: (والمعاني مطروحة في الطريق يعرفها العجمي والعربي والبدوي والقروي والمدني، وإنما الشأن في إقامة الوزن وتخير اللفظ وسهولة المخرج، وكثرة الماء وفي صحة الطبع وجودة السبك)[3] وقد أثار ضجة كبيرة في الدرس النقدي، وقدم خلاصة كاملة لعناصر النص الأدبي حتى إن من جاء بعده كان متأثرا بآرائه، أما قدامة بن جعفر (ت 337 هـ) فرأى (أن المعاني كلها معرضة للشاعر، وله أن يتكلم منها فيما أحب وآثر، من غير أن يخطر عليه معنى يروم الكلام فيه إذ كانت المعاني للشعر بمنزلة المادة الموضوعة والشعر فيها كالصورة)[4] وفيه ملامح التأثر واضحة وخاصة في قوله:

---

(1) البيان والتبيين: 1/ 99. وينظر للمزيد: كتاب الصناعتين ص 37.

(2) البيان والتبيين: 1/ 99، وينظر للمزيد: كتاب الصناعتين: ص 37.

(*) سنتناول بشكل مطلق وبالتحليل موقف الجاحظ من اللفظ والمعنى لاحقا.

(3) كتاب الحيوان: 3/ 67، وللمزيد ينظر: كتاب الصناعتين ص 72.

(4) نقد الشعر، ص 19.

(**) باعترافه أن الجاحظ هو من أشار إليها. دلائل الإعجاز حققه: محمد رضوان الداية وفايز الداية، مكتبة سعد الدين، دمشق، ط 2، ص 99.

(المعاني كلها معروضة للشاعر) حتى إذا وصلنا إلى زمن عبد القاهر الجرجاني (ت 471هـ) وجدناه قد ثار على هذه القضية أو الثنائية، وأحل محلها نظرية النظم[**] أو التأليف، إذ يرى أن الألفاظ تثبت لها الفضيلة وخلافها في ملاءمة معنى اللفظة لمعنى التي تليها أو ما أشبه ذلك مما لا تعلق له بصريح اللفظ، وما يشهد لذلك أنك ترى الكلمة تروقك وتؤنسك في موضع ثم تراها بعينها تثقل عليك وتوحشك في موضع آخر[1].

وتعود المسألة إلى سابق عهدها عند ابن الأثير (ت 637هـ) الذي يفصل بين اللفظ والمعنى ويجعل الألفاظ خدما للمعاني: (فإذا رأيت العرب قد أصلحوا ألفاظهم، وحسنوها ورققوا حواشيها وصقلوا أطرافها فلا تظنن أن العناية إذ ذاك إنما هي بالألفاظ فقط، بل هي خدمة منها للمعاني)[2]. وهنا عاد الأمر إلى الربط وأخرى بين الألفاظ والمعاني فيعود برأيه الى الوراء، ويبقي الأمر بين تفضيل أحدهما، أو المساواة، أو النظم فهذا القرطاجني (ت 684 هـ) يعود بالقضية إلى ما أقره الجرجاني فآمن بالوحدة العضوية داعيا إلى الترابط بين الألفاظ والمعاني موسعا ذلك المفهوم إذ دعا إلى ترابط المبنى بالمعنى المسوق إليه واتصالهما ببعضهما وإلى الربط بينهما والحالة الشعورية التي تتفجر في العمل الإبداعي، فالغزل غير الفخر أو المديح وأطلق على ذلك تسمية (المنازع الشعرية) التي يقول عنها: (إن المنازع هي الهيئات الحاصلة عند كيفيات مآخذ الشعراء في أغراضهم،

---

(1) دلائل الإعجاز، ص 95.

(2) المثل السائر في أدب الكاتب والشاعر، ابن الأثير، تحقيق: أحمد الحوفي وبدوي طبانة، دار النهضة، مصر- للطباعة والنشر، القاهرة (د. ت)، 2/ 66.

وإنماء اعتماداتهم فيها، وما يميلون بالكلام نحوه... حتى يحصل بذلك الكلام صورة تقبلها النفس أو تمتنع من قبولها)[1].

حتى جاء ابن خلدون (ت 808 هـ) الذي اهتم على نحو مباشر باللفظ الذي يتقن ولا يقع إلا من المبدع، إذ ليس للفظ المفرد المجرد فائدة إن لم يعط معنى، فإن ذلك لا يقود إلى تقديم المعنى على اللفظ في البناء الفني فهو يقول: (اعلم أن صناعة الكلام نظما ونثرا إنما هي في الألفاظ لا في المعاني، وإنما المعاني تبع لها وهي أصل)[2] فالبناء النقي عنده ليس ذاته البناء اللفظي الذي نفصح به عن دواخلنا في الكلام العادي إذ تكون الغاية القصوى منه المعنى، وإنما هو صناعة واتقان لا يقع إلا للمبدع إذ: (إن للسان ملكة من الملكات في النطق يحاول تحصيلها بتكرارها على اللسان حتى تحصل والذي في اللسان والنطق إنما هو الألفاظ، وأما المعاني فهي في الضمائر وأيضا فالمعاني موجودة عند كل واحد وفي طوع كل فكر منها ما يشاء ويرضى فلا تحتاج إلى تكلف صناعة وتأليف كلام)[3]، ويشبه المعنى بالماء واللفظ بالإناء الذي يحمله (فكما أن الأواني التي يغترف بها الماء من البحر منها آنية الذهب والفضة والصدف والزجاج والخزف، والماء واحد في نفسه، وتختلف الجودة في الأواني المملوءة بالماء باختلاف جنسها لا باختلاف الماء، كذلك جودة اللغة وبلاغتها في الاستعمال تختلف باختلاف طبقات الكلام في تأليفه باعتبار تطبيقه على المقاصد والمعاني واحدة في نفسها)[4]، وهذه المسألة غير صحيحة تماما؛ لأن اللفظ يؤثر في تركيب المعنى وتشكيله، فاللفظ ليس إناء مجردا ومحايدا إنما ثمة علاقة تداخل عميق بينهما تكشف عن تأثير أحدهما في الآخر، فاللفظ والمعنى في الكلام الشعري خاصة هو حصيلة التجربة الشعرية الناضجة

---

(1) منهاج البلغاء وسراج الأدباء، ص 364.

(2) المقدمة، دار العودة، بيروت، (د.ت) ص 478.

(3) م.ن.، ص 479.

(4) م. ن: ص 479.

التي تؤلف الشعر، لذا إن اللفظ هنا ليس وعاء مجردا يحتضن التجربة، بل يسهم إسهاما فاعلا في توجيه المعاني وصياغة الدلالات وانتاج بلاغة الكلام، بحيث لا يمكن الفصل بين اللفظ ومعناه الشعري ضمن أي معيار كان أبدا.

ثالثا: مفهوم اللفظ والمعنى عند الجاحظ:

القضية - استنادا إلى طبيعة هذا المفهوم - لم تقف عند حدود عصر من العصور بل بقيت بين التوقف والظهور، ونحن لا نعدم تأثير الأوائل في ظهورها ولا سيما الجاحظ، إذ إن (لنصوص الجاحظ النقدية والتنظيرية أثرها الكبير في نصوص اللاحقين سواء على الجانب التنظيري أو التطبيقي ذلك أنه لا نكاد نجد نصا نقديا يتناول هذه القضية إلا وكان تأثير نصوص الجاحظ سواء بشكل مباشر أو غير مباشر)[1] قائما فيها وما يهمنا في هذه القضية أمران، أولهما: تحديد دقيق لنظرية الجاحظ أو الجانب التنظيري، والآخر أثره في حركة النقد العربي.

أما الأول فإننا نجد الدارسين والباحثين لم يتبنوا اتجاها واضحا دقيقا، بل إنهم تخبطوا في آرائهم حتى نجدهم قد خلطوا وغلطوا، وربما يعود ذلك إلى أسباب كثيرة أهمها عدم فهمهم لمقاصد الجاحظ، وعدم الربط بين القول ومسببه، وغموض بعض النصوص.

وإدراك مقاصده، وفهمها يؤدي إلى معرفة دقيقة بآرائه، فالجاحظ لم يكن غريبا بطبيعة الحال عن لغة العرب فهو عربي بالطبع، عارف لكل أساليبها، مدرك لكل معانيها، فضلا عن إحساسه وإدراكه للإعجاز القرآني ومعرفته بأسلوبه في مخاطبة العرب وإعجازهم، ولولا هذا الإحساس ما درس الجاحظ اللفظ والمعنى،

---

(1) التأثير والتأثر في النص النقدي العربي إلى آخر القرن السابع الهجري، أنور سعيد جواد، أطروحة دكتوراه، كلية الآداب، جامعة بغداد، ص 165.

(*) درس الجاحظ نظم القران وله كتاب (نظم القرآن) وهو مفقود: الأسلوب في الإعجاز البلاغي للقرآن الكريم، ص 217. وهذا يعطينا الإجابة التقنية بأن اهتمام الجاحظ منصب في النظم نفسه فالإعجاز القرآني عنده (بنظمه).

ومن هنا يمكن أن نفهم العلاقة بين الإعجاز من جهة واللفظ والمعنى من جهة أخرى، ونؤسس على هذه العلاقة رؤيتنا في فهم آراء الجاحظ وتحليلها، فالإحساس بالعجز لا يفهمها إلا العربي الذي فهم لغة العرب وتدبر أساليبها، والجاحظ واحد منهم وهذه المعرفة جعلته يدرك أهمية العلاقة بين اللفظ والمعنى وصولا إلى الغاية (النظم)[*] ومحصلة فهمنا لنصوص الجاحظ تتلخص في أن نظريته تنبع من إدراكه للحس العربي وطريقة نظم العرب في القول، فالعربي لا يقول ما لم يفكر، ثم يلبس هذه الأفكار معاني يختار لها ألفاظا تناسبها ويصوغها ثم ينسجها ثم ينظمها، حتى إذا خرجت للقارئ أو السامع أذهلته إعجابا وتذوقا.

والجاحظ بحسه وذوقه أدرك العلاقة بين هذه الأجزاء وأفضلية كل جزء في مرحلة من المراحل، وجاءت آراؤه مبنية على مقدار أهمية كل جزء من دون إهمال أو إغفال لبقية الأجزاء، وصولا إلى (النظم) الذي هو ختام القول وغايته، وهو ما أراده الجاحظ وهيأ الأذهان له وصولا إلى فهم عظمة الإعجاز القرآني، ولذا فمن غير المنصف الحكم على الجاحظ بأنه شكلي أو مهتم باللفظ فقط[1]. وإلا فما حقيقة إعجاب الجاحظ بصحيفة بشر بن المعتمر (ت 210هـ) نعم الجاحظ أكثر القول في الألفاظ ولكن لغرض وحيد هو توصيف أجزاء نظريته وبيان أهمية كل جزء فيها، ولا شك في أن الألفاظ أعمقها وأقواها فهي موضع الاختيار عند الجاحظ إذ يقول: (المعاني مطروحة في الطريق يعرفها العجمي والعربي والبدوي والقروي والمدني، وإنما الشأن في إقامة الوزن وتخير اللفظ وسهولة المخرج وكثرة الماء وفي صحة الطبع وجودة السبك)[2]. فنص الجاحظ يقودنا إلى أنه ليس

---

(1) التراث النقدي والبلاغي للمعتزلة، د. وليد قصاب، دار الثقافة، الدوحة، 1985م، ص 102.

(2) كتاب الحيوان: 3/ 67. (واختلف العلماء في توجيه هذا القول فمنهم من عده من أصحاب اللفظ والشكل والصنعة والصياغة مثل د. بدوي طبانة، د. محمد زغلول، د. داود سلوم، في حين ذهب د. العشماوي إلى أن قول الجاحظ فيه غموض واضح لم يحدد التحديد الصحيح لمفهوم المعنى وفصل بين اللفظ والمعنى) قضايا النقد الأدبي، ص 272.

من أنصار الألفاظ على المعاني، ولم يفصل بينهما بل أنه يعنى بالنص بكل ما يحمله من معان عبر عنها بألفاظ وأساليب وأوزان، فالنص الجيد هو ما كانت أفكاره ومعانيه جيدة مقبولة في النفس، وكان أسلوبه جميلا مؤثرا، وإن الاهتمام باللفظ من دون المعنى يصيبه الخلل ويخرجه عن دائرة التأثير، فقد أدرج في رأيه عناصر النص الأدبي المتمثلة بـ (الوزن، وتخير اللفظ، وسهولة المخرج، وكثرة الماء، وصحة الطبع، وجودة السبك، وقد قرنها بالمعنى في أكثر من موضع)[1].

فالجاحظ لم ينظر إلى القيمة الشعرية على أنها لفظ أو معنى أو كلاهما بل نظر إلى الصياغة التي تصهر المعنى، فتحدث في اللفظ صورة تعبيرية ترتقي إلى الصورة الجمالية المتحققة (الصناعات)، إن صناعة المعنى في الشعر تتباين مستوياتها في التعبير كتباين القيم الجمالية في الصناعة والنسج والتصوير، فـ (المعنى الشعري لا يكون في ظاهر اللفظ دائما؛ لأن تشكيل الصورة في المعنى في صيغ البلاغة المختلفة يحكمها السياق الدلالي أكثر مما يحكمها المعنى الوصفي المباشر ولعل الجاحظ كان يدرك هذا تمام الإدراك، لذلك حاول أن يتجاوز موقفه الوصفي هذا والذي اعتمد فيه المقايسة الظاهرية في حكمه النقدي إلى الحديث عن المعنى كمدلول أدبي مخصوص بالبيان)[2]. فالمعاني كمادة أولية لصناعة الكلام، قائمة في صدور الناس جميعا، تجول في أذهانهم تتهيأ لعامتهم وخاصتهم معيار بالتلقائية والمباشرة كالأمثال الدارجة وكلام العامة، وقيمة مثل هذه المعاني في معيار الجاحظ النقدي ضئيلة وفقيرة، لأنها مطروحة في الطريق، تقابلها معان حية صنعها الإنسان بالشعر وإخرجها من مكمنها لتؤدي وظيفتها التصويرية بلغة مختارة قادرة على استكناه تلك المعاني والإيحاء بها، فأصبحت ذات قيمة أدبية، ولكن تلك القيم تتفاوت بحسب قدرة الوسيلة على التعبير الذي يحيلها على العقل

---

(1) كتاب الحيوان: 3/ 67.

(2) بحث، المعنى عند الجاحظ، ماهر مهدي هلال، مجلة آداب المستنصرية، العدد (15)، 1987م، ص 231.

(فالتقابل إذن بين معنى ومعنى والألفاظ المتخيرة ليست إلا وسيلة تحيي المعنى، وتكشف مستوره فهي معيار المعنى؛ لأنها حاملة له، تؤثر في عملية توصيله وتصويره)[1].

وقد يرفد المعنى بروافد بيانية مختلفة، تبعا لطوفان اللفظ في الاستعمال، وقد أدرك الجاحظ ذلك عندما عبر عن وعيه للمجاز في توسع دلالات الألفاظ ونقل هذا الوعي إلى حيز العملية النقدية كما في تعليقه على قول الشاعر: [من المنسرح]

(والإثم من شر ما تصول به

والبر كالغيث نبته أمر)

قال: ولو شاء أن يقول: (والبر كالماء نبته أمر)، استقام الشعر، ولكن لا يكون له معنى، وإنما أراد أن النبات يكون على الغيث أجود)[2].

فالمعنى رهين بدوران الكلمة، وتقلباتها في سياق التركيب اللغوي باعتبار الكلمة حاملة للمعنى ومصورة له بتقابل الحالات وتلاقي الأسباب، فـ (الاسم بلا معنى لغو، كالظرف الخالي، والأسماء في معنى الأبدان والمعاني في معنى الأرواح، اللفظ للمعنى بدن، والمعنى للفظ روح، ولو أعطاه الأسماء بلا معان لكان كمن وهب شيئا جامدا لا حركة له، وشيئا لا حس فيه وشيئا لا منفعة عنده، ولا يكون اللفظ اسما إلا وهو مضمن معنى وقد يكون المعنى ولا اسم له ولا يكون اسم إلا وله معنى)[3].

فالجاحظ لا يعاين ما يقدمه الشعر من معان ودلالات مهما كانت مهمة، بل ينظر إلى (التشكيل الشعري) الذي يتمثل بالوزن أي: ضبط الإيقاع العام للقصيدة، وتخير اللفظ أي: الاستخدام الفريد للغة، وسهولة المخرج: انسيابية التعبير الشعري، ومن أجل ذلك ذكر الجاحظ شروط الألفاظ الجيدة وحسن اختيار القائل لها، سواء

---

[1] بحث: المعنى عند الجاحظ: ص 231.

(2) كتاب الحيوان: 3/ 229.

(3) رسائل الجاحظ، عبد إمهنا، ص 1/ 187.

بإيحائها بالمعاني للمعاني أم في تصويرها لبيئة الشاعر، وكثرة الماء أي: السيولة العاطفية والانفعالية والتعبيرية التي بفقدانها يكون الشعر يابسا لا يتمكن من تحريض انفعال المتلقي وتحقيق استجابته الفنية والتعبيرية والعرب تطلق تعبير كثرة الماء كناية عن الحيوية والجمال والتدفق والتألق والمرونة والارتواء، وصحة الطبع تعبيرا عن الموهبة الشعرية وصفائها وحيويتها، وختم الجاحظ تصوره للتشكيل الشعري بجودة السبك متمثلة بالقدرة على خلق النسيج الشعري المتناسق والمتماسك، وبذلك هو يجسد في هذا المضمار جزءا مهما من نظرية الشعر عنده.

وهو يعد من أوائل من لفت الانتباه إلى البحث عن سر الإجادة في النص الأدبي وأجاب عن سر ذلك، وعن التساؤلات التي حولها، أهي في أفكار الأديب (الشاعر) وما يدعو إليه، أم في طريقة التعبير ومدى إجادته في إبراز المعنى أو الفكرة الكامنة في ضميره ونقلها إلى فكر السامع؟ أي: هل الإجادة في اللفظ أم في المعنى، أم فيهما معا، أم في النظم؟

الجاحظ بحسه وقدرته على إدراك مواطن الإجادة، نجده يركز في النصوص الجيدة الفنية القادرة على إثارة المتلقي والوصول إلى الاستحسان منه: (وأجود الشعر ما رأيته متلاحم الأجزاء، سهل المخارج، فتعلم بذلك أنه قد أفرغ إفراغا واحدا، وسبك سبكا واحدا، فهو يجري على اللسان كما يجري الدهان)[1]، فدعوته قائمة على التوافق والائتلاف لذلك نجده في مقاييسه النقدية لم يكن مهملا لجزئيات القول لفظا أو معنى، بل إنه يربط بينهما وصولا إلى الحكم المقبول، إذ هو أعاب استحسان أبي عمرو الشيباني لمعنى القائل[2]: [من السريع]

لا تحسبن الموت موت البلى ... فإنما - الموت سؤال الرجال

كلاهما موت، ولكن ذا ... أفظع من ذاك لذل السؤال

([1]) البيان والتبيين: 1/ 55. وللمزيد ينظر: كتاب الصناعتين ص 74.

([2]) كتاب الحيوان: 3/ 67.

إذ لم يجد في هذين البيتين أية مسحة أدبية سوى الوزن والشعر إذ لا يكون مقياسه وفضله بمعناه فقط، لذلك هو يحدد أمورا أخرى تتعلق بشعرية النص أو الشاعر منها تخير اللفظ، بذلك لا يمكن الحكم على الشعر بمادته (معناه) وإنما يحكم عليه بصورته فضلا عن أنه لا يعيب النجار في صنعه رداءة الخشب في ذاته، لذا كان المعنى وضيعا وكان اللفظ شريفا لما نال من ذلك من شأن الكاتب، بل يعد مقياسا على براعته، سئل الأصمعي من أشعر الناس؟ فقال: (من يأتي إلى المعنى الخسيس فيجعله بلفظه كبيرا أو إلى الكبير فيجعله خسيسا)[1]، وفي ذلك يقول د. شوقي ضيف: (موضع المعنى مع صياغة المعنى موضعا تقابليا، ولا يعني قوله هذا بأنه يتعامل مع الشكل تعاملا إيجابيا ويسقط السلبية على المعنى، فقراءة النص بإمعان توصل إلى دلالات يقينية بأن الجاحظ عندما عرض بموقف أبي عمرو الشيباني من استحسان المعنى، بل لم يكن في حسبانه القول بأن الاستحسان يجب أن يكون للفظ، فهذا التأويل بسيط والوصول إليه سهل)[2] وإنما عالج الجاحظ مع المعنى بوصفه قيمة موصوفة بظاهر الحواس ومتصورة بالإدراك العقلي.

فالنظرة يجب أن تكون متكاملة كلية لا يهمل فيها شيء من الأجزاء، لذا بدأ الجاحظ بالصوت ثم اللفظ ثم المعنى ثم الصورة، وصولا إلى النظم الذي يمثل (كلية النص الشعري عند الجاحظ)، وفي سبيل ذلك تجده تحدث عن الصوت أو الحرف وبين أهميته، ثم انتقل إلى اللفظ، ثم المعنى، ثم الصورة، لكي يجنب القائل أي ضعف، ويساعده في الوصول إلى قبول المتلقي واستحسانه، فضلا عن إحساس الجاحظ بأهمية التحليل في إدراك قيمة النص وبيان قوته، لذا من الخطأ اعتماد أي نص من هذه النصوص للحكم على نظرة الجاحظ ومفهومه، ما لم يكن الحكم ناتجا عن دراسة هذه النصوص بشكل متكامل ومترابط، ومما يدلل على النظرة الكلية في هذا السياق قول الجاحظ: (حتى كأن البيت بأسره كلمة واحدة، وحتى إن الكلمة

---

(1) نقد الشعر، ص 170.

(2) البلاغة تطور وتاريخ، دار المعارف، مصر، ط 2، د.ت، ص 52.

بأسرها حرف واحد[1]. مع أن حكم المعاني خلاف حكم الألفاظ، لأن المعاني مبسوطة إلى ما لا نهاية، وممتدة إلى غير غاية وأسماء المعاني مقصورة معدودة ومتحصلة محدودة[2]، وإن المعنى وليد المعاناة والتجربة الشخصية والحيوية التي تمثل مصدر الاستلهام الأدبي والفني، الذي لا يمكن أن يصل إلى القيمة الجمالية للإبداع ما لم تتحصل مكامنه التي حددها: بالوزن وتميز اللفظ وسهولته، وسهولة المخرج، وصحة الطبع وجودة السبك، وأن العلاقة بين اللفظ والمعنى تقوم على أساس مطابقة اللفظ للمعنى ومواتاتهما معا لمقتضيات الحال وظروف القول[3]. حتى يصلا إلى غاية القول: الجمال، ولذلك نجد كثيرا ما ترد على لسان الجاحظ مقومات خاصة بجمالية اللفظ الذي يمثل الوعاء اللغوي للمعنى قبل أن يختص بمضمونه ومنها: (الجزالة) ويراد فيها (الحلاوة)، وهي كما يلوح لنا صفة اللفظ من حيث حسن وقعه في السمع وخفة حركته في النطق، ويراد منها السهولة، العذوبة، الطلاوة، الرشاقة وجميعها نعوت للألفاظ، من حيث إنها مفردات تتوافر لها شروط الفصاحة في النطق وتآلف الإيقاعات الصوتية فيما بين الحروف، وفيما بين الكلمات في الفقرة المركبة، وبين هذه كلها من جهة، وبين إيقاعات الوزن وتقاطيعه الموسيقية في النظم من جهة أخرى، وهو ما يعبر عنه (بجودة السبك)[4] في معظم الأحوال وفي مقابل ذلك تجد مدلولات تشير إلى خروج اللفظ عن الفصاحة والسلاسة ومنها (الثقيل، السمج، القبيح) وهي إشارات لسقوط الألفاظ وخروجها عن دائرة الذوق الجمالي[5]. وبذلك فإن الألفاظ لا توصف بالقبح على وجه الإطلاق إذ لا بد من مشاكلتها للمعنى وقد يكون اللفظ الخسيس أنسق لمعناه فلا يسد غيره

(1) البيان والتبيين: 1/ 55.

(2) م. ن: 1/ 60.

(3) مفاهيم الجمالية والنقد في أدب الجاحظ، ص 168.

(4) البيان والتبيين: 1/ 14، 91، 113، 254.

(5) البيان والتبيين: 1/ 67، 71، 103، 104، 105.

مسده (ولكل نوع من المعاني نوع من الأسماء، فالسخيف للسخيف والخفيف للخفيف، والجزل للجزل)[1] وقال في موضع آخر: (سخيف الألفاظ مشاكل لسخيف المعاني وقد يحتاج إلى السخيف في بعض المواضع، وربما أمتع بأكثر من امتاع الجزل الفخم)[2]. فالألفاظ والمعاني تتباين تبعا لأساليب الكلام نفسه، وهو ما أدركه الجاحظ، فلا يحكم بالقبح أو الحلاوة مطلقا ما لم يعرف سبب القول وغايته، فـ(لكل مقام مقال)[3] وهنا أدرك لمقتضى الحال، فـ (مدار الأمر على إفهام كل قوم مقدار طاقتهم والحمل عليهم على أقدار منازلهم)[4]، لذلك فالشاعر أدرى بشعره من غيره وعليه جاء رد بشار على من عاب قوله في رباب:

ربابة ربة البيت تصب الخل بالزيت

لها تسع دجاجات وديك حسن الصوت

فقال: (إنما أكلم كل إنسان على قدر معرفته فأنت وعلية الناس تستحسنون ذلك، فأما ربابة فهي جارتي وتربي دجاجا... فإذا أنشدتها هذا حزمت لي على جمع البيض وأطعمتنيه وهو أحسن عندها وأنفق من شعري كله ولو أنشدتها[5]: [من الرمل]

(كأن مثار النقع فوق رؤوسنا وأسيافنا ليل تهاوى كواكبه[6]

ما فهمته ولا انتفعت بها)[7]

([1]) كتاب الحيوان: 3/ 17.

(2) البيان والتبيين: 1/ 104.

(3) كتاب الحيوان: 3/ 19 وللمزيد ينظر: كتاب الصناعتين ص 37.

(4) البيان والتبيين: 1/ 71، وللمزيد ينظر: كتاب الصناعتين ص 39.

(5) الفسر أو شرح ديوان أبي الطيب المتنبي، ابن جني، تحقيق صفاء خلوصي، دار الشؤون العلمية/ بغداد، 1988م، 2/ 80.

(6) كتاب الحيوان: 3/ 65.

([7]) الفسر أو شرح ديوان أبي الطيب 2/ 80.

فمرد الأمر عند الجاحظ في استعمال الألفاظ وسبك الأسلوب إلى المعنى والموقف ومرد الحكم في ذلك إلى الذوق الذي صقلته التجارب الأدبية، وطبعه المران، حتى صار ذوقا فنيا يستحق به صاحبه أن يكون ناقدا، ومدار الأمر في صحة الطبع ما تستخير به النفوس المهذبة وتشهد عليه الأذهان المثقفه. ومن أجل ذلك فإن الجاحظ لم يحرم على الشاعر استخدام الغريب أو الوحشي- إذا كان بدويا أو أعرابيا، لأن (الوحشي من الكلام يفهمه الوحشي من الناس)[1]، وبهذا شعر الجاحظ بأثر البيئة على القائل. فاستحق القائل حكما يراعي فيه منزلته ومكانته وبيئته، فضلا عن شاعريته.

ابتدأ الجاحظ من أصل القول (الصوت)، وإنما اهتم به، لأنه الأصل في الإيقاع الشعري فالأصوات مادة اللفظ وأصله، وما يحدث بين الأصوات من علاقات أساس يعتمد في الحكم على رداءة اللفظ وفحشه أو قوته أحيانا، فالتنافر بين الحروف يجعل اللفظ مستكرها سمجا؛ لذلك سماه الجاحظ (آلة اللفظ والجوهر الذي يقوم عليه التقطيع، وبه يوجد التأليف، ولن تكون حركات اللسان لفظا ولا كلاما موزونا ولا منثورا إلا بظهور الصوت)[2]. وعلى الشاعر أن يراعي ذلك بحيث يخرج قوله مؤتلفا متفقا بعيدا عن الاستكراه والتنافر وعدم تداخل الحروف مع بعضها (وكذلك حروف الكلام، وأجزاء البيت في الشعر، تراها متفقة ملسا ولينة المعاطف سهلة، وتراها مختلفة متباينة، ومتنافرة مستكرهة تشق على اللسان وتكده، والأخرى تراها سهلة ولينة، ورطبة متواتية سلسلة النظام خفيفة على اللسان حتى كأن البيت بأسره كلمة واحدة، وحتى كأن الكلمة بأسرها حرف واحد)[3].

---

(1) **البيان والتبيين: 1/ 104.**

(2) **م. ن.: 1/ 63.**

(3) **م. ن.: 1/ 55.**

فالاتفاق، والليونة، والسهولة، والملساء، والرطوبة، والسلاسة والخفة شروط عدها الجاحظ من متممات القول ومحاسنه، حتى يخرج الشعر بيسر وسهولة كما يجري الدهان وبذا يكون الحكم على الشعر بالجودة، وعلى النقيض من ذلك الاختلاف والتباين والتنافر والاستكراه فهذه تؤدي إلى سماجة القول وفحشه ورداءته، حتى يصعب إنشاد الشعر وقراءته ويشق على اللسان ويكده، وبذا يصل الجاحظ إلى تحديد ملامح الفحش في القول ولتجنب ذلك أوجب على الشاعر معرفة العلاقات بين الأصوات (فإن الجيم لا تقارن الظاء ولا القاف ولا الطاء ولا الغين بتقديم أو تأخير والزاي لا تقارن الظاء ولا السين ولا الضاد ولا الذال بتقديم ولا بتأخير وهذا باب كبير وقد يكتفى بذكر القليل حتى يستدل على الغاية التي إليها يجرى)[1].

إذن إدراك الجزء يؤدي إلى إدراك الكل، لذا تجد الجاحظ قد أفاض في اللفظ بعد أن أدرك الصوت، فجاء قوله في اللفظ طويلا حتى حكم عليه بالميل نحوه، ولكن المتأمل يجده يبحث عن تمام المعنى ولا يكون ذلك إلا بنقاء اللفظ وحسنه، فضلا عن جلاء الصورة الأدبية، ولهذه الصورة أوثق رباط بالمعنى، ومن أجل ذلك لم يترك شيئا في اللفظ إلا ووضحه من عيب أو حسن، وعده مقياسا مهما في تفاضل الشعراء وتمايزهم.

فهو يعيب على الشاعر عدم اتفاق الألفاظ وتنافرها رادا ذلك إلى عدم تخيره اللفظ، ففي قول الشاعر: [من الخفيف]

لم يضرها، والحمد لله، شيء
وأنثنت نحو عزف نفس ذهول

قال: (فتفقد النصف الأخير من هذا البيت، فإنك ستجد بعض ألفاظه يتبرأ من بعض)[2] بل يتنافر بعضها من بعض، مما يؤدي إلى المشقة والاستكراه:

---

(1) م.ن: 1/ 56.

(2) البيان والتبيين: 1/ 54.

(ومن ألفاظ العرب ألفاظ تتنافر وإن كانت مجموعة في بيت شعر لم يستطع المنشد إنشادها إلا ببعض الاستكراه)[1]، ومن ذاك قول الشاعر[2]: [من السريع]

وقـــبر حـــرب بمكــان قفـر   وليس قـــرب قــبر حـــرب قـــبر

إذ يكون الاستكراه بائنا، ويكون الشعر (مستكرها، وكانت ألفاظ البيت من الشعر لا يقع بعضها مماثلا لبعض، كأن بينها من التنافر ما بين أولات العلات وإذا كانت الكلمة ليس موقعها إلى جنب أختها مرضيا موافقا كان على اللسان عند إنشاء ذلك الشعر مؤونة)[3]، فمن ضرورات القول الشعري ابتعاد الشاعر عن التنافر وعدم الائتلاف لئلا يؤدي إلى السماجة والاستكراه وصعوبة الإنشاد، ذلك أن الصياغة الشعرية مبنية في واقعها على تآلف الألفاظ وبلاغتها وفصاحتها (وكما لا ينبغي أن يكون اللفظ عاميا وساقطا سوقيا فكذلك لا ينبغي أن يكون غريبا وحشيا)[4]. والوحشي- من الكلام والألفاظ هو الغريب المصدور عنه الذي ينفر منه السمع، فالغرابة، في صوت الكلمة يجعلها وحشية مستكرهة لذلك فإن (كان المعنى شريفا، واللفظ بليغا وكان صحيح الطبع بعيدا من الاستكراه ومنزها عن الاختلال مصونا عن التكلف صنع في القلوب صنيع الغيث في التربة الكريمة)[5]. إن الشعر بما يثيره في القلوب وبما يلاقيه من استحسان مرده عند الجاحظ إلى شرف المعنى، وبلاغة اللفظ وصحة الطبع والبعد عن الاستكراه. فلا مفاضلة بين اللفظ والمعنى في النص الأدبي، فإذا أدخل الشاعر الحيف على أحدهما عيب قوله، لكن تقدير المعاني الجيدة مناط بالذوق والطبع، ولا يمكن أن يحدد بقواعد أو شروط مثلما يفصل في الألفاظ، فضلا عن أن للشعراء -كما يرى الجاحظ- مفرداتهم الخاصة

---

(1) م.ن.: 1/ 53.

(2) م.ن.: 1/ 53.

(3) م.ن.: 1/ 54.

(4) م.ن.: 1/ 144.

(5) م. ن: 1/ 65.

بهم إذ يقول: (وكل شاعر في الأرض وصاحب كلام موزون؛ فلا بد من أن يكون قد لهج وألف ألفاظا بأعيانها، ليديرها في كلامه وإن كان واسع العلم غزير المعاني كثير اللفظ)[1]، فتخير الألفاظ واستخدامها في الكلام هو من خصائص الشعر (يديرها في كلامه)، أي: يستخدمها شعريا من أجل خدمة فكرة معينة تمثل منهجه أو رؤيته في الحياة (صناعة اللفظ في الاستخدام). فالشاعر يعتاد ألفاظا ألفتها نفسه فيكررها على شعره ويكثر من ذكرها على الرغم مما يملكه من ثراء لغوي.

فالاهتمام بما تثيره الألفاظ، وبما تغيره من أساليب، وما تبينه من معان، وما تمنحه من جمال للنص وكل ذلك يضفي على المعاني دلالات متعددة تسهم في قوة النص أو ضعفه، إذ العلاقة بين اللفظ والمعنى علاقة حياة ف (اللفظ للمعنى بدن، والمعنى للفظ روح)[2]. لايمكن الفصل بينهما أو تفضيل أحدهما على الآخر، وعلى المتكلم أن يأتي بهما موافقا لحال المخاطب: (ومن علم حق المعنى أن يكون الاسم به طبقا وتلك الحال له وفقا ويكون الاسم له لا فاضلا ولا مفضولا، ولا مقصرا ولا مشتركا ولا مضمنا ويكون مع ذلك ذاكرا لما عقد عليه أول كلامه، ويكون تصفحه لمصادره في وزن تصفحه لموارده، ويكون لفظه مونقا)[3].

لذلك جعل الجاحظ اللفظ والمعنى مقياسا نقديا في تقييم الشعر ففي قول حماد عجرد في بشار:
[من السريع]

و اللـــه مـــا الخنزيـــر في نتنـــه	مـــن ربعـــه بالعشرـــ أو خمســـه
بـــل ريحـــه أطيـــب مـــن ريحـــه	ومســـه ألـــين مـــن مســـه
ووجهـــه أحســـن مـــن وجـــهه	ونفســـه أنبـــل مـــن نفســـه
وعـــوده أكـــرم مـــن عـــوده	وجنســـه أكـــرم مـــن جنســـه

(1) كتاب الحيوان: 3/ 174.

(2) رسائل الجاحظ، شرح عبد إمهنا، ص 1 /187. وينظر: كتاب الصناعتين ص 179.

(3) البيان والتبيين: 1/ 71.

إذ يقول في قراءته لهذه الأبيات: (وأنا أستظرف وضعه الخنزير بهذا المكان وفي هذا الموضع حين يقول: وعوده أكرم من عوده، وأي عود للخنزير؟ قبحه الله تعالى - وقبح من يشتهي أكله)[1] ومما جاء بعيدا في المعنى مع قلة ألفاظه قول الهذلي[2]: [من الطويل]

أعـــامر لأ آلـــوك إلا مهنـــدا وجلـــد أبي عجـــل[*] وثيـــق القبائـــل

(فأحسن القول ما كان قليله يغنيك عن كثيره، ومعناه في ظاهر لفظه، وكأن الله عز وجل قد ألبسه من الجلالة وغشاه من نور الحكمة على حسب نية صاحبه وتقوى قائله)[3].

وبعد، إن الصلة القوية بين (اللفظ والمعنى) هي التي تؤلف: العمل الأدبي بفعل قدرة الشاعر على النسج والتصوير والصياغة، معتمدا في ذلك على أدوات النص (الألفاظ) ومكونه (الصوت) ومنطلقه (المعنى)، وبذلك يمكن القول: إن الجاحظ أول من أسس لمفهوم النظم، ولا سيما إنه بحث في النص القرآني وإعجازه الذي رده إلى النظم وهذا بشهادة من جاء بعده من النقاد.

الجاحظ في رأي عبد القاهر قد تجاوز في نظرته النقدية حدي اللفظ والمعنى، وأعطى قيمة لخصوصية الصورة الحادثة في النظم، إذ قال: (وكذلك كان عندهم، أي: النظم - نظيرا للنسج والتأليف والصياغة والبناء والوشي والتحبير... وما أشبه ذلك)[4]، وقال في موضع آخر: (وإذا كنت تعلم أنهم استعاروا النسج والوشي والنقش والصياغة لنفس ما استعاروا له النظم)[5].

---

(1) كتاب الحيوان: 1/ 157- 158.

(2) البيان والتبيين: 1/ 158.

(*) أبي العجل: الثور.

(3) البيان والتبيين: 1/ 65.

(4) دلائل الإعجاز، ص 247.

(5) م.ن.: ص 97

قول الجرجاني هنا ينهي الجدل حول مراد الجاحظ وموقف بعض من ذهب إلى أنه من أنصار اللفظ.

وبذا يمكن التأكيد بأن أقوال الجاحظ وملاحظاته أصبحت منطلقا معتمدا للبلاغيين، فضلا عن النقاد الذين جاؤوا بعده ولا سيما قدامة بن جعفر، وتبقى كلمات الجاحظ وتعريفاته تمثل أصلا مهما يتداوله النقاد، من ذاك تعريفه للبلاغة: (لا يكون الكلام يستحق اسم البلاغة حتى يسابق معناه لفظه ولفظه معناه فلا يكون لفظه إلى سمعك أسبق من معناه إلى قلبك)[1]. وهذا يمثل معنى السبك الذي يقوم على درجة عالية من التوازن والتناسب والمواءمة بين حركة اللفظ باتجاه المعنى واستجابة المعنى لاندفاع اللفظ، فهو يقارب بينهما بل يساوي بينهما، ومثله في حكمه بإعجاز القرآن فيرده إلى حسن نظمه وروعة تأليفه فهذا النظم يتميز (بحسن الصوغ وكمال الترتيب، ودقة انتقاء الألفاظ وحسن اختيارها بحيث يكون أقدر على التعبير عن المعنى المراد)[2]. وهذه تمثل مراحل ودرجات التشكيل التي يشتغل فيها حراك اللفظ والمعنى وصولا إلى مرتبة السبك، لذا فالشعر عند الجاحظ كما يراه د. داود سلوم: (ليس معنى مجردا عن اللفظ ولا ألفاظا مجردة عن المعنى وإنما هو لفظ ومعنى حبكا قويا جميلا، قد تركب المعنى في اللفظ وقد أحاط اللفظ بالمعنى، بدون أن يضيق اللفظ عن المعنى فيعوزه الإفهام ودون أن يتسع اللفظ عن المعنى فتتقلقل المعاني تقلقل السهم المتذائب في الكتابة الفارغة)[3].

ويمكن القول فيه إنه ناقد نص متكامل لا يستثني شيئا منه ولا يفضل بعض أجزائه على بعض، لما وضعه من أسس ومعايير فإننا لا نكاد نجد نصا نظريا أو تطبيقيا إلا وكان تأثير نصوص الجاحظ سواء بشكل مباشر أو غير مباشر ظاهرا فيها.

---

(1) البيان والتبيين: 1/ 85.

(2) التراث النقدي والبلاغي للمعتزلة، ص 81-82.

(3) النقد المنهجي عند الجاحظ، ص 17.

المبحث الثاني
فضاء الصورة والتصوير

لغة: مأخوذان من الفعل: صـور: (الصـورة في الشـكل، ويقـال: تصـورت، الشيـء: توهمـت، صـورته، فتصور لي، والتصاوير: التماثيل. قال ابن الأثير: الصورة ترد في كلام العرب على ظاهرها وعلى معنى حقيقة الشيء وهيئته وعلى معنى صفته يقال: صورة الفعل كذا وكذا أي: هيئته)[1]، فالصورة تجري معانيها لبيـان شكل الشيء أو هيأته أو صفته. أما التصوير: فمتعلق بما يلحق الصورة وأساسه الوهم أو الخيـال، وجـاء في القرآن الكريم اللفظان[2] قال تعالى: (ولقد خلقناكم ثم صـورناكم (11))الأعـراف: ١١ (وصـورناكم فأحسـن صوركم (64)) غافر: ٦٤، وقال تعالى: (ولقد خلقناكم ثـم صـورناكم (11))الأعـراف: ١١، وقـال تعـالى: (هـو الذي يصوركم في الأرحام كيف يشاء(6)) آل عمران: ٦، قال الأزهري: (إن اللـه تعالى ذكر تصـويره الخلـق في الأرحام قبل نفخ الروح، وكانوا قبل أن صورهم نطفا ثم علقا ثم مضغا ثم صورهم تصويرا، فأما البعـث فإن اللـه تعالى ينشئهم، كيف يشاء ومن ادعى أنه يصورهم ثم ينفخ فيهم فعليه البيان، ونعوذ بـالله مـن الخذلان)[3] وقوله: (يصوركم في الأرحام)جملة مستأنفة أيضا مسوقة لبيان علمه سبحانه واطلاعه على مـالا يدخل تحت الوجود، وهو تصوير عباده في أرحام أمهاتهم[4].

---

(1) لسان العرب، مادة (صور).

(2) م.ن: مادة (صور).

(3) م.ن: (مادة صور).

(4) إعراب القران الكريم وبيانه، محي الدين درويش، دار ابن كثير، دمشق، بيروت، مجلد 1، 3/ 392.

الدلالة التي يمكن استنباطها من الاستعمال اللغوي، ومن استعمال القرآن الكريم، هي أن لفظ (الصورة) مرتبط بالتشكيل، والهيأة، والصفة، في حين أن التصوير مرتبط بالشكيل والتكوين والتخيل[1]. ولما كان أي عمل يقدم عليه الكائن مبنيا على واقعه وعلى ما يتخيله، فإننا يمكن أن نجد العلاقة بين الصورة من جهة والتصوير من جهة ثانية: (فالصورة) إن كانت منجزة متحققة فإن وصفها أو التعبير عنها هو (**تصوير**) لها، وعملية الإدراك والفهم لهذا التصوير، يعد عملية تحويل وإرجاع لما هو معبر عنه في الأصل وهو (الصورة). وبذلك يمكن التأكيد أن التصوير في أي عمل متحقق هو مرحلة لاحقة (للصورة) المنجزة، وأن أي قصور فيه هو تحطيم للصورة المتحققة وإبعاد لها، لذا وجب العلم والمعرفة والمهارة والاتقان ليكون التصوير صادقا معبرا عن العواطف والتجارب وإحساسات المصور، حتى ليحس المتلقي أنه أمام المشهد كأنه يحس به ويراه، وكلما كان التصوير ضعيفا فإنه يبعد المتلقي عن إدراك (**الصورة**) الحقيقية أو الواقعية، ليتخيل القارئ، أو ليمر بتخييلات تبعده تماما عن غاية التصوير نفسه فيصبح المتخيل بعيدا كل البعد عن الأصل، فالتصوير إما أن يسلب الصورة حقيقتها أو أن يطابقها أو أن يساويها، ويمكن أن نصل إلى مفهوم مركزي هو أن كل من القارئ والقائل يسهمان بدرجة معينة في تحقيق غاية التصوير وفهم المصور بحقيقته.

([1]) آل عمران (6)، الاعراف (11)، غافر (64)، الحشر (24)، الانفطار (8).

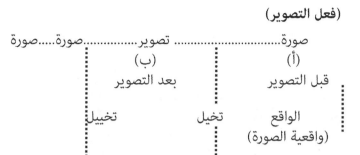

(فعل التصوير)

وقد لا تكون في الواقع صورة منجزة أصلا، عندئذ يصور الشاعر أو القائل شيئا متخيلا تماما، وبذلك يبقى الخيال صفة ملازمة للصورة المتحققة من فعل التصوير نفسه.

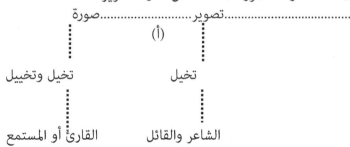

وتبقى علاقة التبادل بين الصورة والتصوير مستمرة، وقد حاول العلماء أن يتأملوا هذين المصطلحين حيث اختلفوا في مدلولاتهما، بين من جعلهما (لفظين مترادفين) وبين من جعلهما (لفظين مختلفين) ولكل منهما مدلوله الخاص،

فالصورة[1] من القضايا المهمة التي كان لقضية اللفظ والمعنى[2] أثرها الواضح فيها، وهي قضية ارتبطت بالشعر فلا يمكن **(تصور شعر خال من الصورة)**[3]، غير أن مفهوم الصورة ودلالتها قد تغير لدى النقاد في المراحل التاريخية المختلفة التي تعرض لها النقد في سياق النشأة والتطور، ويمكن عد الخليل بن أحمد الفراهيدي (ت 179هـ) من أوائل النقاد الذين أشاروا إلى مصطلح **(الصورة)**، وذلك في حديثه عن حرية الشاعر في اختيار ألفاظه ومعانيه: **(الشعراء أمراء الكلام يصرفونه أنى شاؤوا، ويجوز لهم ما لا يجوز لغيرهم من إطلاق المعنى وتقييده ومن تصريف اللفظ وتقعيده، ومد المقصور وقصر الممدود، والجمع بين لغاته والتفريق بين صفاته واستخراج ماكلت الألسن عن وصفه ونعته والأذهان عن فهمه وإيضاحه، فيقربون البعيد ويبعدون القريب،.. ويصورون الباطل في صورة الحق والحق في صورة الباطل)**[4] فالصورة عنده شكل فني تعد مقوما من مقومات الشعر، فضلا عن تحليله أبعاد هذه الصورة: **(يصورون الباطل في صورة**

(1) اختلف الدارسون في تعريفها قديمهم وحديثهم وفي تحديد أقسامها، وإن كان الغالب عليها أنها على ثلاثة أقسام: (الصورة الأدبية، الصورة الشعرية، الصورة الفنية) يراجع في ذلك: الصورة الأدبية في الشعر الاموي، محمد حسين علي الصغير، رسالة ماجستير، كلية الاداب، بغداد، 1975م، (الصورة البيانية في الشعر العربي قبل الاسلام وأثر البيئة فيها) ساهرة عبد الكريم، رسالة دكتوراه، كلية الأداب، جامعة بغداد، 1984م)، (الصورة الشعرية عند السياب)، عدنان محمد علي المحمادين، رسالة ماجستير، كلية الادب، جامعة بغداد، 1986م، (الصورة الفنية في الشعر الجاهلي في ضوء النقد الحديث) د. نصرت عبد الرحمن، الأردن، 1985م) و(الصورة في الشعر الحديث)، د. سمير الدليمي، رسالة دكتوراه، القاهرة، 1977م.

(2) اللغة الشعرية في الخطاب النقدي العربي تلازم التراث والمعاصرة، ص 153.

(3) فلسفة الجمال في الفكر المعاصر، د. محمد زكي العشماوي، بيروت، دار النهضة العربية، 1980م، ص 169.

(4) منهاج البغاء وسراج الأدباء، ص 144.

الحـق، والحـق في صـورة الباطـل)، إلا أن اللاحقـين اختلفـوا في مـدلولها، مـما أدى إلى اسـتحداث اجتهادات اصطلاحية فردية خلطت بـين دلالتهـا التراثيـة العربيـة، ودلالتهـا المعـاصرة. فـبرز الاضـطراب في استعمالها (**معيارا نقديا حينا، أو مظهرا بلاغيا حينا ثانيا، أو شكلا فنيا محضا حينا ثالثا، او دالـة شـعائرية حينا رابعا**)[1].

القدماء من النقاد العرب قدموا جهدهم في تحديد ملامح الصـورة وإن اختلـف اللفـظ المعـبر عنهـا أحيانا، فالجاحظ (ت 255هـ) حدد عناصر الصورة فضلا عن تحديد مفهوم التصوير[2]، أما عنـاصر الصـورة عنده فهي: (تخير اللفظ، سهولة المخرج، كثرة الماء، صحة الطبع، جـودة السـبك، تلاحـم أجـزاء القصـيدة)، ليفتح الباب على مصراعية للاحقين من بعده، فتطورت على يد قدامة بـن جعفـر (ت 337هــ) إذ عـرفهما بالشكل الفني الجديد الذي يصاغ من مادة الشعر[3] أي من المعاني، وأصبح مقيـاس الجـودة عنـد الشـاعر على (وفق جودة الصورة... أورداءتها)[4]، وبذلك تصبح المعاني مادة الصورة الشعرية التي هـي الشـعر، أي: أن الشعر والصورة مظهر من مظاهر (المعاني) أو (اللغة الشعرية).

ويبـدو أن عبـد القـاهر الجرجـاني (ت 471هــ) لم يخـرج بعيـدا عـن الجـاحظ في مفهومـه للصـورة والتصوير إذ قال: (ومعلوم أن سبيل الكلام سبيل التصـوير والصـياغة، وأن سـبيل المعنـى الـذي يعـبر عنـه سبيل الشيء الذي يقع التصوير الصوغ فيه كالفضة والذهب يصاغ منها الخاتم)[5]، فهو يرى أن: (التصـوير والصياغة) سبيل الكلام الفني، وأن المعنى مادة (الصورة والصوغ) الشعريين من الناحيـة الفنيـة، فالصـورة عنده روح تلك العلاقة التركيبية - الدلالية

([1]) **مستقبل الشعر وقضايا نقدية، د.عناد غزوان، ص 166.**

([2]) **كتاب الحيوان 3/ 67.**

([3]) **ينظر** نقد الشعر، تحقيق كمال مصطفى، ص **19: (والشعر فيها كالصورة).**

([4]) **م. ن.** ص 17-18.

([5]) دلائل الإعجاز، ص 251.

في قدرة الشاعر على تصوير المعنى وصوغه، فالخاتم والسوار شكل جديد- تختلف مستوياته الجمالية باختلاف مهارات مبدعه - من مادة الذهب أو الفضة، أي: إن الشكل الجديد هو (صورة) جديدة لمادة معروفة تؤلف الجانب العام من المهارات الفنية، أما الصورة فهي الجانب الخاص من تلك المهارة حين تصير من خلال الصوغ مظهرا فنيا قائما بذاته يتباين الشعراء فيه جودة أو رداءة، فالمعنى روح الصورة ومادتها والصورة الشكل الفني ودلالته الإبداعية والجمالية.

من خلال هذه النصوص نلحظ أن (التصوير) و(الصورة) و(الصوغ) هي العناصر الفنية للتعبير اللغوي الذي تمثله اللغة الشعرية في القصيدة، فالصورة إذن في التراث النقدي العربي تعني: (قدرة الشاعر في استعمال اللغة استعمالا فنيا يدل على مهارته الإبداعية، ومن ثم يجسد شاعريته في خلق الاستجابة والتأثير في المتلقي، فالصورة هي الوعاء الفني للغة الشعرية شكلا ومضمونا)[1]، ولم تخرج الصورة/ التصوير في الإطار الاصطلاحي العام عن هذا المفهوم كثيرا عند النقاد المحدثين، وإن أصبح أكثر ثباتا واستقرارا وصار يعني: (التفاعل المتبادل بين الفكرة والرؤية والحواس الإنسانية الأخرى- من خلال قدرة الشاعر على التعبير عن ذلك التفاعل، بلغة شعرية مستندة إلى طاقة اللغة الانفعالية بمجازاتها واستعاراتها وتشبيهاتها، في خلق الاستجابة والإحساس بذلك التفاعل عند المتلقي سواء أكانت الاستجابة حسية بصرية أم معنوية تجريدية)[2]. أو هي: (التشكيل النهائي لكل شيء، بالفعل واكتساب المادة من حيث كونها قوة صرفة لوجودها النهائي)[3] أو هي: (تلك التي تقدم تركيبة عقلية وعاطفية في لحظة من

([1]) مستقبل الشعر، ص 116.

([2]) م.ن. ص 119.

([3]) الصورة في التشكيل الشعري (تفسير بنيوي)، د. سمير علي سمير الدليمي، دار الشؤون الثقافية العامة، بغداد، 1990م، ص 15.

الزمن)[1] أو (إبداع ذهني صرف: وهي لا يمكن أن تنبثق من المقارنة، وإنما تنبثق من الجمع بين حقيقتين واقعتين تتفاوتان في البعد قلة وكثرة... إن الصورة لا تروعنا؛ لأنها وحشية أو خيالية بل لأن علاقة الأفكار فيها بعيدة وصحيحة، ولا يمكن إحداث صور بالمقارنة التي غالبا ما تكون قاصرة بين حقيقتين واقعتين لم يدرك ما بينها من علاقات سوى العقل)[2]. الصورة إذن (تحليل نقدي تطبيقي للتكافؤ والتعادل القائم بين اللغة الشعرية وتجربة الشاعر، أو بين التجربة الشعرية بوصفها تعبيرا صوريا والشاعرية بوصفها مهارة ذاتية خلاقة في تحقيق التعادل بين الشعرية الموفقة بين الحقيقة والمجاز بمعناها البلاغي والبياني من جهة، وفي استثمار اللغة الشعرية في القصيدة بوصفها قاعدة حسية أو ذهنية للصورة من جهة أخرى. ولم نجد في مفهومها هذا بعدا عن مفهومها عند الغربيين، إذ ارتبط في لحظة بالمحسنات اللفظية ولا سيما مايتعلق منها بالجانب الحسي أو الرؤية، فهي تشير إلى الصورة الحسية البصرية، وثم تطور ليعني خلق إثارة أو استجابة، ثم الاستعمال الفني للغة المجازية أو الاستعارية)[3].

الصورة ترتبط بالباعث الذي يثير الشاعر فيهيج كل التراكمات المخزونة في تحارب سابقة فيسعى إلى تصويرها، ولكي يستطيع الشاعر أن ينقل الصورة بكل ما يملكه من إحساسات للمتلقي يجب أن يوصل هذا الباعث حتى يثير في نفس المتلقي ما أثاره في نفسه من إعجاب أو محبة أو حماس[4]، واستيعاب التجربة الشعرية أو الأدبية يعتمد على قدرة الصورة أو مجموعة الصور في خلق الاستجابة بين فكرة التجربة ومتلقيها.

---

(1) نظرية الأدب، رينيه ويلك أوستن وارين، ترجمة محيي الدين صبحي، دمشق ط 1، 1972، ص 241.

(2) التفسير النفسي للأدب، عز الدين إسماعيل، بيروت، دار العودة، بيروت، (د. ت) ص 71.

(3) أصول النقد الأدبي، أحمد الشايب، القاهرة، ط 1973، ص 242.

(4) مستقبل الشعر، ص 115.

المتأمل في أقوال الجاحظ يجد أن ما قيل في الصورة أو التصوير يقارب إشاراته ودلالاته وإيماآته، بل إن أغلب من كتب عن الصورة عد الجاحظ الفاتح لهذا المصطلح بل هو الممهد له[1]. بل يكاد يكون الجاحظ صاحب نظرية لما أثاره من محددات واضحة ساقها في تحديد مفهومي الصورة والتصوير، ولعل قوله: (إنما الشعر صناعة، وضرب من النسج وجنس من التصوير)[2]. يمثل الأساس والمنطلق لهذه النظرية، إذ أشار إلى مصطلح (التصوير) ووازن بين الصوت والصورة اللذين هما أداتان للتعبير والتأثير حتى منتهاه، فضلا عن أنه ربط بين التصوير والصنعة والنسج وكلها تقرب وتبين مفهوم الشعر لمتلقيه، وبذلك يعد الجاحظ من أوائل النقاد الذين نظروا الى أهمية المتلقي في العمل الفني. كما أنه اهتم بالكلام واللفظ فقوله: الشعر صناعة إنما جاء لاحتياجه إلى تنميق الكلام وتجويد الألفاظ وتهذيبها والوقوف عند كل بيت يقال وتدقيق النظر فيه، وطرح الغث الرديء من الكلام، فالجاحظ في قوله: (رأى المعاني تجارب إنسانية في معترك الحياة تعتري الإنسان أيا كانت درجة ثقافته علوا وهبوطا، ومهما كان انتماؤه عروبة وعجمة، وأنى كان منشؤه بداوة وحضارة، فيحتوي بناؤها ألما وبأسا، ويسعد بنعيمها حبا ورضى، ثم ينقلب إلى حظه من الصناعة ذخيرة لغوية ومخيلة فنية وبصرا بالعلوم، فتتفاوت درجته في هذا كله قياسا إلى سواه، ما دام ملاك هذا كله يرجع إلى الكسب والتحصيل ولا يعود إلى الهبة الفطرية والمعاناة الأدبية)[3].

المتأمل في قول الجاحظ حول الشعر وربطه بين مفهوم الصنعة ومفهوم النسج ومفهوم التصوير يصل إلى مقاصد الجاحظ وغاياته، فالصنعة رهينة المهارة

(1) م. ن: ص 115

(2) كتاب الحيوان 3/ 67.

(3) بناء الصورة الفنية في البيان العربي، د.كامل حسن البصير، مطبعة المجمع العلمي العراقي، 1987م، ص 25.

والقدرة والتمكن، والنسج دلالة على النظم والتشكيل والحسن، والتصوير: البناء والتخيل، ولا يمكن للشاعر أن يتمكن من فنه ما لم يتمكن من أدواته: الموهبة والملكة والذوق. ويبدو أن الجاحظ -من خلال تعريفه- وقف على هذه الأمور الثلاثة التي ينطوي عليها الشعر، فأما أولها المرتبط بالصنعة، فهو متابع لقول ابن سلام (ت 231هـ) حين قال: (وللشعر صناعة يعرفها أهل العلم كسائر أصناف العلم والصناعات)[1]. وثانيها: مرتبط بالنسج: أي النظم المخصوص بالشعر، يعني به (الوزن)، لذا تراه يتحفظ على ترجمة الشعر لأنه: متى حول تقطع نظمه وبطل وزنه وذهب حسنه وسقط موضع التعجب[2]، وهكذا يستوي الشكل سرا من أسرار الشعر عند الجاحظ؛ لأن الشعر إنما يقع على (إقامة الوزن، وتخير اللفظ، وسهولة المخرج، وكثرة الماء، وفي صحة الطبع، وجودة السبك)[3]. والأمر الثالث، أن الشعر كالرسم، فهو جنس من التصوير، إلا أنه بالكلمات[4]، وفي كل ذلك تجد الجاحظ يسعى للتقريب والتوضيح لمفهوم الصورة (إلى الأذهان فشبهوها بنسيج الديباج وصوغ الشنف والسوار)[5] وتابعه كثير من العلماء في ذلك[6]، ولا شك في أن الحديث عن كون الشعر صناعة ليس بمعزل عن الفكرة القائلة بـ (العلاقة بين المادة والصورة)[7] وهو أساس فلسفي واضح طبقه الفلاسفة على الشعر، بعد افتراضهم أن الشعر صناعة مثل غيره من الصناعات، وقوله: إن الشعر صناعة من غير تقييد لنوع هذه الصناعة يرسخ المفهوم بأن الشعر لقاح الوعي وثمرة

---

(1) طبقات فحول الشعراء، 1/ 5.

(2) كتاب الحيوان 1/ 53.

(3) م.ن. 3/ 132.

(4) بناء الصورة الفنية في البيان العربي، ص 75-76.

(5) الأسلوب في الإعجاز البلاغي للقران الكريم، د. محمد كريم الكواز، جمعية الدعوة الاسلامية، طرابلس، ليبيا، ط 1، 1426 هـ ص 385.

(6) على سبيل المثال: الجرجاني ينظر: دلائل الإعجاز ص 95، 251.

(7) الأسلوب في الإعجاز البلاغي للقرآن الكريم، ص 384- 385.

الدراية، يجري على وفق قوانين تتحكم في إخراج عناصره كما تتحكم القوانين في أي لون من ألوان الصناعة خبرة ودربة[1]، كما أنه يشير الى القدرة والتمكن والحرفة والمهارة التي يمكن إدراكها من مفهوم (الصنعة)، وأن (أحدهم وإن أحسن وأبلغ ليس زائدا على أن يكون كصاحب فصوص وجد ياقوتا وزبرجدا ومرجا فنظمه قلائد وسموطا وأكاليل، ووضع كل فص موضعه وجمع إلى كل لون شبهه مما يزيده بذلك حسنا، فسمي بذلك صانعا رقيقا، وكصناعة الذهب والفضة صنعوا فيها ما يعجب الناس من الحلي والأبنية)[2]، وحدد الامدي (ت 371) جودة صناعة الشعر بأربعة أشياء: (جودة الآلة، إصابة الغرض المقصود، صحة التأليف، الانتهاء الى تمام الصنعة من غير نقص ولا زيادة عليها)[3].

عندما يحدد الجاحظ هذه الصناعة بضرب من النسج يأخذ مفهومه هذا طابعه في شكل النسيج الذي مادته الخيوط، والأصباغ، ومهارته التركيب والتنسيق، وثمرته الصور التي إن كانت دقيقة يغتلي فيها ريب الناظر حتى يتقراها باليد حجما وحركة ولونا، فالشاعر: (كالنساج الحاذق يفوف وشيه بأحسن التفويف ويسديه وينيره ولا يهلهل شيئا منه فيشينه، وكالنقاش الرفيق الذي يضع الأصباغ في أحسن تقاسيم نقشه، ويشبع كل صبغ منها حتى يتضاعف حسنه في العيان، وكناظم الجوهر الذي يؤلف بين النفيس منها والثمين الرائق، ولا يشين عقوده، بأن يفاوت

(1) بناء الصورة الفنية في البيان العربي، ص 27.

(2) ينظر: الأسلوبية والبيان العربي، د. محمد عبد المنعم خفاجي ود. محمد السعدي فرهود، د. عبد العزيز مشرف، الدار المصرية، اللبنانية، ط 1، 1999م، ص 44.

(3) الموازنة بين شعر أبي تمام والبحتري، أبو القاسم الحسن بن بشير الآمدي، تحقيق السيد أحمد الصقر، دار المعارف، القاهرة، مصر، ط 2، 1973، ص 283.

بين جواهرها في نظمها وتنسيقها)[1]، والأشعار وإن تشابهت في مادتها وجنسها فهي متفاوتة في التفضيل تبعا لحسنها وطريقة نظمها[2].

والفنان عندما يسعى إلى تكوين صورته الفنية فإنه يمتلك حدود هذه الصورة، ثم يملأ هذه الحدود في سبيل استكمالها بفعل تركيز شاق لا يمكنه تجاوز هذه الحدود، ومن هنا يأخذ طبيعة صناعية تخضع للتحكم والتجوير[3]، وإنما ربط الجاحظ النسج بالتصوير لفهم وإدراك فنية الشكل الشعري، فإننا إن لم نهتم بأصل النسيج وكونه من الصوف او القطن، ونظرنا إلى النقش واللون والتطريز، أصبح حكمنا يتناول فنية النسيج ولا يدخل فيه القماش ومم صنع؟ لذا فالنظر إلى اللون ودقة التصوير وإبراز الشكل من دون النظر إلى الموضوع الذي صوره الفنان، أصبح حكما على فنية الصورة وقدرة الفنان، ولذلك فالشاعر يتمايز من الشاعر. سواء أتشابه الموضوع أم اختلف على التأثير باستخدام الشكل الشعري استخداما مثاليا، فلم يفت الجاحظ أهمية التأثير والإتقان، فكل منهما يجذب المتلقي أو الراغب مما هو مصنوع أو منسوج أو منظوم.

أما التصوير فقد جاء مقصودا عند الجاحظ، وهو ليس مرادفا للصورة كما يراه بعض النقاد، وإنما يحمل دلالات أخرى ومقاصد متعددة يؤكدها مفهوم الشعر عند الجاحظ عندما ربط بين التصوير من جهة الصفة والنسج من جهة أخرى؛ فالتصوير، على زنة (تفعيل) تدل على التمثيل، وقصره بـ (من) يخرجه من مطلق اللفظ (جنس)، مما يفهم أن دلالات المصدر (تصوير) متعددة، وقصرها أو تحديد الشعر بهذا اللفظ يقيدها، فالشعر المنظوم مدرك بالإحساس أو هو عمل فني أنجزه

(1) عيار الشعر، محمد بن طبا طبا العلوي، (ت 322هـ) تحقيق: عباس عبد الستار،   مراجعة نعيم زرزور،
منشورات بيضون، دار الكتب العلمية، بيروت، لبنان، ط 2، 2005،   ص 11.
(2) ينظر: م.ن.، ص 13.
(3) الصورة في التشكيل الشعري، ص 17.

الشاعر من خلال رسمه للمناظر أو المشاعر أو الأحاسيس، سواء أكانت متخيلة أم مرئية، لذا فإنه: إذا نفذ القادر على صنع الفن هذه الأحاسيس أو رسم هذه المناظر أو وصف تلك المشاعر في عمل فني في صورة منجزة، تحولت ماهية الوظيفة الصورية إلى إنجاز عملي تصويري، (فالتصوير لاحق للصورة) أو هو نقل الأحاسيس أو رسم المناظر أو وصف المشاعر من الخيال[1] إلى الواقع، وما دام هذا العمل مؤتلفا موحدا ضمن قواعد الفن فهو في طور الإنجاز، بعدما كانت عناصره مفرقة بوصفها تهيؤات وتخيلات واقعية في دور الماهية والقوة الصرف، ولهذه الماهية أهمية كبرى في استمرار التراسل التخيلي[2] بين الأعمال. فالتصوير في الأدب لا يتشكل إلا (بتعاون كل الحواس وكل الملكات، والشاعر المصور حين يربط بين الأشياء يثير العواطف الأخلاقية والمعاني الفكرية، وفي الإدراك الاستعاري خاصة تتبلور العاطفة الأخلاقية وتتحدد تحددا تابعا لطبيعته)[3]. والصورة تستعمل عادة (للدلالة على كل ما له صلة بالتعبير الحسيء وتطلق أحيانا مرادفة للاستعمال الاستعاري للكلمات)[4]، وبذلك: فكل شيء له وجود خارج الذهن، فإنه إذا أدرك حصلت له صورة في الذهن تطابق ما أدرك، فإذا عبر عن تلك الصورة الذهنية في أفهام السامعين وأذهانهم صار للمعنى وجود آخر. والتعبير عن الصورة يمثل مرحلة التصوير التي أشار إليها الجاحظ ولذا فالتصوير مرتبط

---

(1) الصورة الأدبية، مصطفى ناصف، دار الأندلس للطباعة والنشر والتوزيع، بيروت لبنان، ط 2، 1981م، ص 8.

(2) التخيل: انفعال من التعجب أو تعظيم أو تهوين أو تصغير أو غم أو نشاط، من غير أن يكون الغرض بالمعقول ايقاع اعتقال البتة: فنون بلاغية، أحمد مطلوب، بيروت، 1975م، 20. أو: (أن تتمثل للسامع من لفظا) لشاعر المخيل او معانيه أو أسلوبه ونظامه، وتقوم في خياله صورة أو صور ينفعل لتخيلها أو تصورها أو تصور شيء آخر بها انفعالا من غير رؤية إلى جهة الانبساط أو الانقباض): منهاج البلغاء وسراج الأدباء، ص 89.

(3) منهاج البلغاء وسراج الأدباء، 91.

(4) م. ن.: ص 3.

بالخيال[1] والتخيل؛ لأن للخيال دورا مهما في إعادة تشكيل الصورة أو تنظيمها ومحاولة صياغتها، بحيث تثير في مخيلة المتلقي شيئا من الإحساس والعاطفة، فالتصوير لاحق للصورة المنجزة أصلا في الطبيعة أو الواقع، وللخيال دور مهم في تشكيل الصورة فهو الذي يحقق التوازن بين كيفيات متناقضة، يجعل التكوين الصوري في الفن يتعارض في بعض صفاته مع التكوين الصوري في الطبيعة، وهذه المعارضة لا تقوم على علاقة التنافر وإنما تتخذ من علاقة المضايفة والتحويل مبدأ لها فتحول الصورة الفنية إلى صور طبيعية أو الصور الطبيعية الى صور فنية مما يحدث جمالية في النص[2].

ولما كان الشاعر يقوم بنقل الأحداث ورسمها وإعادة صياغتها مشركا كل إحساساته وتجاربه وأفعاله ثم نقلها مرة أخرى إلى المتلقي، فإننا نجد أن التصوير لفظ متحرك بفاعلية تكوينية مستمرة. وهو خلاف الصورة إذ إنها تنطوي على استقرار تكويني منجز، والتحرك هو ما يلائم أو يتلاءم وطبيعة الفعل الذي يقوم به الشاعر، إذ إنه ينقل الأحداث أو الأفعال أو الصور إلى المتلقي بعد أن يعيد تشكيلها وصياغتها، مشاركا بما يحمله من إحساسات وتجارب وعواطف وفعل سلوكي شعوري أحيانا وغير شعوري أحيانا أخرى، فالصورة إذان في حركة مستمرة متبادلة بين مرجعها الأصلي (الطبيعي) وواقعها الجديد المنقولة إليه، فالتصوير هو تشكيل أو خلق جديد للصورة التي ترتبط مرة بالواقع الحسي، ومرة بالواقع التخيلي، ومرة بالتخييل، وكلما استطاع الشاعر أن يوظف ملكته وقدرته في رسم الصورة وتصويرها أدرك القبول من المتلقي والتأثير، فيه وهو المقصد الذي يسعى الجاحظ إلى فرضه في مفهومه للشعر، فلا قيمة للفن الشعري، ما لم يثر المتلقي ويوصل إليه الفكرة التي سعى الشاعر إلى رسم حدودها في تشكيله الشعري وفي

---

(5) الخيال على ثلاثة أنواع: الخيال الابتكاري، التأليفي، البياني أو التفسيري، ينظر: الصورة الأدبية ص 39.

(2) ينظر: الصورة الأدبية: 67.

سبيل ذلك يجب أن يستخدم الشاعر كل ما يحقق له ذلك من خلال استثمار الطاقات الجمالية في الفنون البلاغية، ويمكن أن نفهم أهمية التصوير من خلال إدراك البعد الفني والجمالي بين صورة المرجع (الطبيعي) والصورة المتكونة تخييلا عن المتلقي.

صورة --------- صورة التخيل والمخيلة --------- التخييل[1]

(الصورة الطبيعية المنجزة) (ذاكرة الشاعر واحساساته صورة الاستقبال أ. وخيالاته وقدراته وتمكنه من الإنجاز) (الصورة المتحققة أو المتلقية ب. إحساسات المتلقي وتصوراته) ج. التصوير رسم جديد أو رؤيا جديدة مشكلة للصورة المتحققة، والشاعر لا يمكن أن يبتعد عن الأصل المرجعي (الصورة الطبيعية)، ولكنه قد يؤثر في ملامحها. لذلك فالصورة لايمكن أن تكون مجردة من الزيادات والإضافات التصويرية من مخيلات متعددة، تعيد إنتاج صورة المرجع وتفتحها على افاق جمالية جديدة لا حدود لها، ابتداء من الشاعر وانتهاء بالمتلقي نفسه.

والجاحظ ناقد مدرك لطبيعة الكلام، لذا لم يكن حكمه اعتباطيا في تفضيل قول بشار في وصف المعركة: [من الطويل]

كأن مثار النقع فوق رؤوسنا ... وأسيافنا ليل تهاوى كواكبه

على قول عمرو بن كلثوم: [من البسيط]

تبني سنابكهم من فوق أرؤسنا ... سقفا كواكبه البيض المباتير

---

(1) التخييل: التخييل (أن تتمثل للسامع من لفظ الشاعر المخيل أو معانيه أو أسلوبه ونظامه وتقوم في خياله صورة أو صور، ينفعل لتخيلها وتصورها أو تصور شيئا آخر بها انفعالا من (غير رؤية): مفهوم الشعر، دراسة في التراث النقدي، د. جابر أحمد عصفور، المركز العربي للثقافة، 1982م، ص 245. والفرق بين التخيل والتخييل: إن التخيل هو فعل المحاكاة في تشكله، والتخييل هو الأثر المصاحب لهذا الفعل بعد تشكله: م.ن، ص 245.

إذ قال الجاحظ: (وهذا المعنى قد غلب عليه بشار)[1]، والجاحظ وإن لم يشر إلى طبيعة الغلبة فإننا ندرك أن ما نقله بشار عن صورة المعركة نابع من مخيلة متحررة، ذلك أنه لم يتأثر بصورة مرئية حسية بصرية. بل جاءت تصوراته للمعركة ناتجة من التخيل المجرد المعتمد على ما يصل إليه من السماع، في حين جاءت تصورات (عمرو) انطلاقا من المشاهدة الحسية كونه فارسا، ولا شك في أن ما يتخيل أعظم مما يشاهد، أليس الشعر ابن الخيال؟ ولذلك نرى أن ما ذهب إليه المازني من القصور في كلام الجاحظ في أن (الشعر جنس من التصوير) غير دقيق، معتقدا بأن كلمة (التصوير) تفقد الشعر الخيال، فالشعر عنده يقوم على الخيال والتصوير[2]. ونرى أنه لا ضرورة لذلك؛ لأن التصوير مبني على إشغال المخيلة نفسها، بل إن التخيل يمثل الجزء الأعظم من مقصد الجاحظ، والا ما كان تغليبه لبشار، وما كان رفضه لبيتين أعجب بهما أبو عمرو الشياني[3].

لاتحسبن الموت موت البلى ... فإنما الموت سؤال الرجال
كلاهما موت ولكن ذا ... أفظع من ذاك لذل السؤال

لأن الشعر هنا خاص بالحكم والأفكار المجردة، والشعر بمنأى عنه لا يصلح للمشاهد والمثل مطلقا بمقدار ما يصلح للمتعة الفنية[4]، فالجاحظ مدرك أن التصوير هو تخيل وتخييل في آن واحد؛ لأنه ناتج من إشغال مخيلة كل من الشاعر والمتلقي معا لذلك فإنه مقياس لجودة الشعر فضلا عن قدرته على تحديد أفضلية شاعر على آخر[5]، ولم يخرج مفهوم التصوير عنده عن أربعة مقاصد[6] أولها لصياغة

(1) كتاب الحيوان 3/ 65.
(2) موسوعة المفاهيم، ن (بحث في الانترنت).
(3) ينظر:الجاحظ منهج وفكر، ص 108.
(4) ينظر: م.ن.، ص 108
(5) الأسلوب في الإعجاز البلاغي للقرآن الكريم، ص 387.
(6) كتاب الحيوان 3/ 180، 5 /50.

والتشكيل[1] وثانيها: التخيل، وثالثها التجسيد المعنوي في شكل أو هيأة حسية[2]، وآخرها معنى الرسم أو تشكيل تمثال[3]، وإن كان المقصد الأول والثاني أقربهما إلى مفهوم الشعر.

فالتصوير عنده إعادة أو استعادة الشاعر لتجاربه وتمثيلها تمثيلا جديدا، فضلا عن التمثيل الأسطوري (الذي يتخلل المرء بعد طفولته وصباه ويستعيده الشاعر لإذكاء شاعريته... وليس معنى ذلك أن الشاعر يحتفظ بكل ما رأى وما سمع، وإنما المعقول أن يحتفظ بالتجارب ذات القيمة الرمزية على صعيد تعبير إليوت)[4] واكتفى الجاحظ بلفظ التصوير تاركا التخيل؛ لأنه ناتج منه أو مرتبط به تماما، في حين ترتبط الصورة بالخيال ولا يقصد به الخيال المعتاد الذي يشترك فيه معظم الناس بل الخيال الفني أو (الخيال الجمالي)[5]، وليس الخيال في استناده التشكيلي إلى واقع الخبرة الجمالية عند الشاعر إلا عملا من أعمال الذاكرة. ويمكن أن نصل إلى رؤية استنتاجية تؤلف مقاصد الجاحظ من لفظ التصوير على هذا النحو:

المقصد الأول:

إنه خلاصة الفعل الشعري، وإنه مرتبط بمخيلة الشاعر، فهو يصف تخيل الشاعر لكل ما هو حسي- أو تجسيم للمحسوسات.

المقصد الثاني:

هو الرابط بين الفعل الشعري وبين المتلقي، ذلك أن التصوير عند الجاحظ هو مرحلة نقل وإرسال، نقل الصورة وتمثيلها، أو إعادة تشكيلها وإرسالها للمتلقي،

---

(1) ينظر البيان والتبيين 1/ أي 113 (تشكيل في هيئات متنوعة غير حقيقية، إن عمل الشاعر تصوير للباطل في صورة الحق، والحق في صورة الباطل) وهو متابع للخليل بن أحمد.

(2) كتاب الحيوان 1/ 197، 4/ 285، 6/ 397.

(3) م.ن. 1/ 50.

(4) الصورة الأدبية ص 33.

(5) نظرية الأدب، د. أحمد السعدي، الطليعة بأسيوط، مصر، 1979م، 1/ 107.

أي: تصويرها للمتلقي ممزوجة بكل ما يملكه الشاعر من أحاسيس ومشاعر وخبرة وتجربة ومهارة. وكلما استطاع الشاعر أن يثير في المتلقي ما يحسه، تميز وأجاد في فعله الشعري.

المقصد الثالث:

جعل حسن الصنعة وروعة السبك وحسن التأليف والمقترنات بالتخيل من أهم ما يمكن الشاعر من الوصول إلى غاية التصوير.

ويمكن أن ندرك ما اكتسبته لفظة (التصوير) عند الجاحظ بما يأتي:

1. إن أسلوب الشعر في صياغته يقوم -في جانب كبير من جوانبه- على تقديم المعنى بطريقة حسية أي أن التصوير يرادف ما نصطلح عليه الآن التجسيم [1].

2. إن التقديم الحسي للشعر يجعله قرينا للرسم أو مشابها له في طريقة التشكيل والصياغة والتأثير والتلقي، وإن اختلف عنه في المادة التي يصاغ منها، ويصور بوساطتها.

3. إن الشاعر يتميز بميزتين أولاهما: استعداده النفسي- الذي يؤهله لإدراك حقائق ليست في نطاق المألوف، والأخرى تلك الموهبة الفنية التي فطر عليها التي تمكنه من (تصوير ذلك الإحساس العميق الذي ينعكس على صفحة روحه تصويرا يمكنه من التأثير على نفوس مختلفة، وهذه سمة لا يستطيع المتكلم العادي -غير الموهوب- أن يحققها في كلامه العادي) [2].

4. لاحظ الجاحظ أن التصوير هو الأسلوب الأمثل لنقل الفكرة، فمن خلاله يتمكن الشاعر أو الكاتب من أن يؤثر في المتلقي أو المستمع أو القارئ، لذلك نجد أن الجاحظ يلتزم التصوير حتى في مؤلفاته، ولا سيما في كتبه

(1) نظرية المعنى في النقد العربي، مصطفى ناصيف، دار القلم، القاهرة، 1965م، ص 39.

(2) الأصول التراثية في نقد الشعر العربي المعاصر، دراسة نقدية في أصالة الشعر، ص 41.

(البخلاء) إذ تجده في أغلب مانقله يبدأ بالتصوير النفسي ثم يخلص إلى التصوير المادي[1].

5. التصوير الفني الكامل غاية الجاحظ لذا عد قول عنترة في الوصف أنموذجا يصلح للوصف الكامل، أولا وللتصوير الفني الكامل ثانيا[2]، وربما أجاد قوله لإجادة عنترة المطلقة لذا علق الجاحظ على قول عنترة: [من الكامل]

جـــادت عليهـــا كـــل عـــين ثـــرة	فـــتركن كـــل حديقـــة كالـــدرهم
فـــترى الـــذباب يغنـــي وحـــده	هـــزجا كفعـــل الشـــارب المتـــرنم
غـــردا يحـــك ذراعـــه بـــذراعـــه	فعـــل المكـــب علـــى الزنـــاد الأجـــذم[3]

بقوله: (ما كان من عنترة في صفة الذباب، فإنه وصفه فأجاد صفته فتحامى معناه جميع الشعراء فلم يعرض له أحد منهم، ولقد عرض له بعض المحدثين ممن كان يحسن القول فبلغ من استكراهه لـذلك المعنى، ومن اضطرابه فيه أنه صار دليلا على سوء طبعه في الشعر)[4].

فتميز هذا التصوير إنما جاء للوصف المطلق الكامل، وإجادته المطلقة، وامتناع الشعراء في عصره عن أخذ معناه.

فالجاحظ يريد من الشاعر أن يرسم بوضوح وأن يصور بقوة فهو يشبه الناقد الفني الـذي يميل إلى الرسم الكلاسيكي ولا يرغب في الرسم الانطباعي الذي لا يكون واضح المعالم؛ ولذلك فالإفراط عنـد رسـم الصورة الشعرية غير مقبول عند

---

(1) للمزيد ينظر: البخلاء ص 7 وينظر: صورة بخيل الجاحظ الفنية من خلال خصائص الأسلوب في كتـاب البخلاء، أحمـد بن محمد بن أمبير بك، دار الشؤون الثقافية (آفاق عربية)، بغداد، ص 24.

(2) مقالات في تاريخ النقد العربي، ص 68.

(3) الأجذم: المقطوع اليدين، لسان العرب مادة (جذم).

(4) كتاب الحيوان 3/ 149- 150.

الجاحظ وإن (الحركة السريعة للمشهد الذي يرسمه للمشاعر تجعل الجاحظ يشعر بالدوار)[1].

6. شبه الجاحظ الشعر بالتصوير لما حرر من خصائصه التعبيرية والموسيقية، ولم يشأ في الوقت نفسه أن يجعله تصويرا محضا، ذلك؛ أن التصوير بحكم أدواته ومواده ينزوي في مرمى حاسة البصر، متلمسا سبيله إلى نفس الرائي ووجدانه وإحساسه، أما الشعر فيتسلل بخفة عن طريق وسيلة اللغة التي تتألف من الكلمات في ضوء قواعد من نظمها المميز، والكلمات هي كتاريخ فكر الأمة في تطور مدلولاتها ومرآة عقل التراث في رموزها وإشاراتها، ووساطة تخاطب عقول الناس ومشاعرهم في أبنيتها، فالجاحظ حين رأى الشعر تصورا في أحد أجناسه والتمس التصوير شعرا في أحد غاياته وضع الدراسات النقدية والبلاغية العربية بين يدي القرآن الكريم والمعجم العربي في أصالة وإبداع، ملتمسا بها مصطلح الصورة والتصوير عن علم بطبيعة الأدب وبصر بوسائله وأهدافه.

7. التصوير عند الجاحظ يعين على فهم دلالات أركان الشعر، فالصورة الشعرية عنده نسيج جمالي متفق تشترك في بنائه شاعرية الشاعر بمهاراتها المتميزة فضلا عن عناصر البناء الشعري الأخرى كالموسيقي، والطبع الشعري، والصياغة للفظة البارعة التي تجعل المعاني العامة فريدة تخلق الاستجابة من نفس متلقيها القارئ أو السامع، فأجود الشعر عنده (ما رأيته متلاحم الأجزاء، سهل المخارج، فتعلم بذلك انه قد أفرغ إفراغا واحدا وسبك سبكا واحدا، فهو يجري على اللسان كما يجري الدهان)[2].

_____

[1] مقالات في تاريخ النقد العربي، ص 131.

[2] البيان والتبين 1/ 67.

8. يدعو إلى الواقعية في التصوير، وعدم الإفراط والمغالاة أو التمويه عليه بظلال من الخيال أو المبالغة (التصوير الحسي)[1]، أي إيراد الصورة في إطارها المجرد، فالتصوير الحسي- هو من مظاهر الواقعية أو الاتجاه الواقعي عند الجاحظ (لأن أي قراءة لا تؤدي إلى استخراج المعنى بصورته الحقيقية تؤدي إلى ضياعه)[2].

9. إن الجاحظ لم يعرض فكرة الموازنة بين القصيدة والتصوير فحسب، وإنما عرض هذه الفكرة عرضا نقديا يتجاوز المعميات الفلسفية ويتساوق في البحث البلاغي والنقدي خصائص ملموسة تنبع عن اللغة أداة الشعر[3]. وبهذا يكون الجاحظ قد أظهر وعيا نقديا جماليا عاليا في تداول مصطلحي الصورة والتصوير في نطاق الفن الشعري، على النحو الذي كون ركنا مهما من أركان نظرية الشعر عنده، ولعل من الملاحظ في هذا السياق أن الجاحظ عالج هذه القضية الفنية المركزية في نظرية الشعر معالجة متكاملة، إذ طرح مفهومه النظري للمصطلح من جانب، ورفده من جانب آخر بآرائه النقدية المكثفة والمركزة حول النصوص الشعرية، وبهذا يكون قد مزج بين الرأي النظري والرؤية الإجرائية التطبيقية على النصوص.

---

(1) النثر الفني وأثر الجاحظ فيه، عبد الحكيم بليغ، مكتبة وهبه، القاهرة، ط 2، 1975 م، ص 253-254.

(2) مقومات عمود الشعر، ص 208.

(3) بناء الصورة الفنية في البيان العربي، 75-76.

المبحث الثالث
بنية القصيدة

أولا: مفهوم القصيدة

1- **لغة:** القصد: وهو استقامة الطريق. وقيل: المغزى. والقصيد من الشعر: ما تم شطر أبياته،
والجمع قصائد وربما قالوا: قصيدة.. وقال أبو الحسن الأخفش: وليست القصيدة إلا ثلاثة
أبيات.. قال ابن جني: وفي هذا القول من الأخفش جواز، وذلك لتسمية ما كان على ثلاثة
أبيات قصيدة، قال: والذي في العادة إن يسمي ما كان على ثلاث أبيات أو عشرة أو خمس
عشرة قطعة، فأما ما زاد عن ذلك فإنما تسميه العرب قصيدة[1].

ومما يؤيده قول ابن المقفع: مالك لاتجوز البيت والبيتين والثلاثة!؟ قال: إن جزتها عرفوا صاحبها[2]،
وذهب الباقلاني إلا أنه لا يصح الشعر إلا إذا كان أقل ما يكون منه أربعة أبيات بعد أن تتفق قوافيها[3].
وقيل: (إذا بلغت الأبيات سبعة فهي قصيدة)[4].

2- **اصطلاحا:** مجموعة من المقطوعات متلاحمة تلاحما غير عضوي [القصيدة العمودية
الجاهلية] فالشاعر ينتقل انتقالات فجائية من مقطوعة

---

[1] لسان العرب، مادة (قصد).

[2] كتاب الحيوان 3/ 68.

[3] إعجاز القرآن الباقلاني ص 55. (4) العمدة 1/ 188.

(4) الشعر الجاهلي مراحله واتجاهاته الفنية، الهيئة المصرية العامة، 1971م، 28.

تعبر عن موضوع إلى مقطوعة تعبر عن موضوع آخر من دون ربط أو تداخل[1].

لذا فالقصيدة لا تدرس دراسة مستقلة؛ لأنها ليست عناصر مجردة وإنما هي داخلة في تكوين فني اتخذت فيه خصائص وسمات جديدة لذلك (ينبغي فهم العلاقة التكاملية فيما بينهما، وإن كلا متمم للآخر ولا يمكن فصله عن العناصر الأخر)[2].

وقد عرف مصطلح القصيدة منذ القدم، معبرا عن النتاج الفني للشاعر، فهذا ابن سلام عند ما تحدث عن عمرو بن كلثوم قال: (وله قصيدة التي أولها:

ألاهبي بصحنك فاصبحينا)[3] ومثله حديثه عن عنترة إذ قال: وله قصيدة[4].

يا دار عبلة بالجواء تكلمي   وعمي صباحا دار عبلة واسلمي

ولم يخرج مفهوم القصيدة عند الجاحظ عن هذه الحدود الاصطلاحية إلا أنه حددها بملمح آخر إذ قال (ومن شعراء العرب من كان يدع القصيدة تمكث عنده حولا كريتا وزمنا طويلا، يردد فيها نظره، ويجيل فيها عقله، ويقلب فيها رأيه، اتهاما لعقله، وتتبعا على نفسه، فيجعل عقله زماما على رأيه، ورأيه عيارا على شعره، إشفاقا على أدبه وإحرازا لما خوله الله تعالى من نعمته وكانوا يسمون تلك القصائد الحوليات والمقلدات والمنقحات والمحكمات ليصير قائلها فحلا خنذيذا وشاعرا مفلقا)[5].

فالقصيدة تمر عنده بمرحلتين، مرحلة النضج الفني للمبدع يتحول فيه الإبداع إلى صياغة لفظية شكلية مكونة من مقاطع أو مقطوعات منتظمة، ومرحلة التنقيح

(1) بناء القصيدة الفني في النقد العربي القديم والمعاصر، مرشد الزبيدي، وزارة الثقافة والإعلام، بغداد، 1994م، 17.

(2) طبقات الشعراء، 64.

(3) طبقات الشعراء، 64.

(4) م. ن: ص 46

(5) البيان والتبيين 2/ 5 -6.

التي يراجع فيها الشاعر قصيدته ويهذبها ويشذبها حتى تخرج للعيان في امثل ما يكون وعندئذ تكون القصائد ذات مسميات أخرى (الحوليات أو المقلدات أو المنقحات أو المحكمات).

ولأن القصيدة تمثل أنموذجات مهمة في تاريخ الأدب العربي فقد سعى الجاحظ إلى دراستها دراسة متكاملة شكلا ومضمونا ولم يهمل في دراسته القائل والنص والمتلقي وأهمية كل ركن من هذه الأركان في الإبداع الشعري (القصيدة) وتأثيره في بنائها حتى يمكن أن نعد الجاحظ من أهم النقاد الذين حاولوا الكشف عن هيكلية القصيدة والإبحار في نظامها الفني والموضوعي والكشف عن حدود ألفاظها وتراكيبها وأوزانها وصورها.

عد الجاحظ القصيدة أبياتا متشابهة (جعل البيت أخا البيت إذا أشبهه وكان حقه أن يوضع إلى جنبه وعلى ذلك التأويل قال الأعشى:

أبا مسمع أقصر فإن قصيدة   متى تأتكم تلحق بها أخواتها[1]

ثانيا: أسس بناء القصيدة:

حدد الجاحظ أسس بناء القصيدة فنيا وموضوعيا وكشف عن وظيفتها في أكثر من موضع وبخاصة حين يتحدث عن مقاييس الجودة في الكلام الشعري وأرجع هذه الأسس إلى (الأفكار، والأسلوب، والتراكيب والصنعة الأدبية، والإيقاع، والخيال) وجعل جودة الشعر بـ (إقامة الوزن، وتخير اللفظ، وسهولة المخرج، وكثرة الماء، وفي صحة الطبع وجودة السبك)[2].

ورد لكل منهم أثره في البناء، فتحدث عن الوزن، واللفظ، وسهولة المخرج، والطبع والسبك فجاءت نظرة الجاحظ متكاملة لبناء القصيدة واشترط في الشاعر الموهبة والعلم والتمكن من القول والقصدية والتزام الطبع والبعد عن التكلف،

(1) م.ن. 1/ 158.

(2) كتاب الحيوان 3/ 67.

وأوجب في النص حسن اللفظ وجودته، وسهولة مخارجه، وجودة سبكه، والتزام الوزن وإشباعه بالعاطفة وجعل مقياس النص القبول من المتلقي فالقصيدة قول وقبول.

ابتدأت رؤية الجاحظ من قاعدة النص (القائل) مرورا (بالنص) وختمه بـ (المتلقي) فإن تكاملت ثلاثية النص، درس النص دراسة تحليلية وكشف عن ملامحه.

إن البناء الشعري في عصر ما قبل الإسلام خضع لأربع حالات: (بنية الرجز، بنية المقطوعة، بنية القصيدة ذات الغرض الواحد، وبنية القصيدة المتكاملة)[1] فبنية الرجز وليدة الانفعال الآني الذي تبعثه مواقف الحماسة ولا سيما المعارك أو المواجهات الحادة، وقد لا تعدو أحيانا بيتا أو بيتين[2] أما المقطوعة الشعرية فإنها مما كان يتيسر لجمهرة كبيرة من الناس حتى أنه رأى لو عد كل من قال البيت والبيتين من العرب شاعرا لكانت العرب كلها شعراء[3] في حين يمثل النوع الثالث شعر ما قبل المعلقات ممثلا بابن حذام الذي لم يصل إلينا ديوانه وهو الشعر يقوله الشاعر أو الرجل في حاجته[4]. وربما جاءت هذه القصائد بموضوع واحد فابتعدت عن الافتتاح والرحلة وغيره، لأن الشاعر لم يروجها للتمهيد فهجم على تفاصيله تحت تأثير ظرف ذاتي أو موضوعي من دون أن يتخلى عن المواصفات الفنية التي يوافرها عادة لمقطع المعالجة الموضوعية.

---

(1) دراسات نقدية في الأدب العربي، الجادر، ص 8.

(2) الشعر والشعراء، ابن قتيبة، تحقيق: أحمد محمد شاكر، دار الحديث، القاهرة، مصر 2003م،1/ 244.

(3) ينظر: العمدة، ابن رشيق القيرواني، 1/ 16.

(4) ينظر: طبقات فحول الشعراء، محمد بن سلام الحجمي، قراءة وشرح محمود محمد شاكر، دار المدني، جدة (د. ت) 1/ 32.

أما ذروة البناء للقصيدة فتمثل في شعراء المعلقات الذين نقلت الروايات قصائدهم ولم يعتمد على المشافهة أو الرواية الشفهية التي أخلت أحيانا بأنموذج القصيدة نفسه.

ووصلت القصيدة بشكلها المتكامل في صورة ناضجة معبرة عن وحدة تكاملية في مفرداتها فالقصيدة لها مطلع يقف فيه الشاعر على الأطلال، وذكر الحبيبة والديار، والرحلة ثم الولوج إلى الموضوع [1] حتى يكتمل بناء القصيدة الشكلي بصورته النهائية [2] وقد حاول النقاد منذ القدم دراسة هذا الأنموذج شكلا ومضمونا ولكنهم أولعوا بالبيت الواحد فجاءت آراؤهم في أكثرها في هذا الاتجاه، لذا تواترت الأحكام النقدية التي تفاضل بين الشعراء استنادا إلى بيت واحد، ومن أحكامهم أشعر الناس فلان.. وأشعر بيت قالته العرب كذا، ونقل ابن سلام في طبقاته كثيرا من ذلك فهم في هذا الإطار يعدون أشعر بيت قالته العرب في الفخر قول جرير [3]:

إذا غضبت عليك بنو تميم   حسبت الناس كلهم غضابا

وفي المدح قول جرير:

ألستم خير من ركب المطايا   وأندى العالمين بطون راح

وفي الهجاء قول جرير:

فغض الطرف فإنك من نمير   فلا كعبا بلغت ولا كلابا

وفي النسيب قول جرير:

إن العيون التي في طرفها حور   قتلننا ثم لم يحيين قتلانا

---

(1) عيار الشعر، ص 126.

(2) الشعر العربي من الأبيات إلى القصيد منهج جديد في دراسة ونقد الأدب الجاهلي، د. عبد الحق حمادي الهواس، دار الأندلس، حائل، ط 1، 2006م، ص 366.

(3) طبقات الشعراء، 123- 124.

روى أبو الفرج الأصفهاني إن معاوية بن بكر الباهلي قال لحماد الرواية: (بم تقدم النابغة؟ قال: باكتفائك بالبيت الواحد في شعره، لا بل بنصف بيت، لأنك بربع بيت مثل قوله:

حلفت فلم أترك لنفسك ريبة ... وليس وراء الله للمرء مطلب

كل نصف يغنيك عن صاحبه)[1] (لأن الكلام إذا انقطعت اجزاؤه، ولم تتصل فصوله، ذهب رونقه، وغاض ماؤه)[2].

لكن هذا لايعني أنهم لم يكترثوا للتلاحم والانسجام والترابط الذي يكون بناء القصيدة إذ، دعوا إلى ضرورة التلاحم بين أجزاء القصيدة وأبياتها فمثل القصيدة (مثل خلق الإنسان في اتصال بعض أعضائه ببعض فمتى انفصل واحدا عن الآخر وباينه في صحة التركيب غادر الجسم عاهة تتخون محاسنه وتعفي معالم جماله)[3] وعد التلاحم ركنا مهما في جودة الشعر فالجاحظ يرى أن (أجود الشعر ما رأيته متلاحم الأجزاء سهل المخارج، فتعلم بذلك أنه أفرغ إفراغا واحدا، وسبك سبكا واحدا فهو يجري على اللسان كما يجري الدهان)[4] فالرابط واضح بين مفهوم الجودة الشعرية كنتيجة والوحدة التلاحمية بين أجزاء الشعر أو القصيدة بصفاتها التي حددت كسبب.

ولا يكون التلاحم إلا بسهولة المخارج، والبعد عن التنافر والليونة حتى تكون (أجزاء البيت من الشعر.. ملسا، ولينة المعاطف سهلة... خفيفة على اللسان)[5].

---

(1) الأغاني، ابو فرج الاصفهاني، شرحه سمير جابر، دار الفكر للطباعة والنشر والتوزيع، ط 1، 1986م، 1/ 10. وينظر الشعر والشعراء 1/ 57، 166.

(2) كتاب الصناعتين، 55.

(3) العمدة، 2/ 117.

(4) البيان والتبيين 67/1.

(5) م.ن. 1/ 55.

فهو يؤكد (أهمية انسجام الألفاظ في البيت الشعري الواحد وأن يتحقق التماثل بينها، وإلا فإن التنافر بين تلك الألفاظ بدلالتها ومعانيها وموسيقاها مرفوض من الناحية الذوقية والجمالية)[1].

فإن تم التلاحم بين حروف البيت الواحد، وألفاظه أكد الجاحظ على أهمية التلاحم بين البيت الشعري والبيت الذي يليه وهو من المقاييس المهمة في نظرية البناء الشعري للقصيدة عند الجاحظ، قال بعض الشعراء لصاحبه: (أنا أشعر منك، قال: لِمَ؟ قال: لأني أقول البيت وأخاه، وأنت تقول: البيت وابن عمه)[2] وهو ما أطلق عليه القران لذا عيب الشعر الذي لا قران أو رابط بين أبياته، فقد عاب رؤية شعر ابنه فقال: (ليس لشعره قران)[3] وإنما جاءت الدعوة إلى التلاحم بين الأبيات ضرورة في القصيدة القديمة لأنها تفتقد الوحدة العضوية، فلا صلة بين أجزائها فكريا، والوحدة فيها خارجية لا رابط فيها إلا من ناحية خيال الجاهلي وحالته النفسية في وصفه الرحلة لمدح الممدوح، لذا فالربط بين مقطوعات القصيدة يسهم في توافقها وانسجامها وتلاحمها شكليا. ومرد الأمر كله إلى (وحدة الشعور الذي يشيع في القصيدة كلها ويسيطر على كل صورها وتنبثق الألفاظ والتشبيهات والاستعارات والموسيقى، فتساعد على إبراز وحدة القصيدة، وتكون العلاقة بين الصور.. المبثوثة في أنحاء القصيدة كعلاقة الأوراق بالأغصان، وهي ليست علاقة منطقية، وإنما هي علاقة حية إذ ينساب في كل صورة نفس الانفعال الذي ينساب في غيرها وتثبت الصورة المعينة من داخل القصيدة كما تثبت الأوراق في الأغصان)[4] وغاية الأمر عند الجاحظ أن تصل القصيدة إلى أذهان المتلقي والسامع كتلة واحدة، كأن (البيت بأسره كلمة واحدة... وحتى كأن الكلمة بأسرها حرف

(1) قراءات نقدية في الأدب العربي، 104.

(2) البيان والتبيين 1/ 142- 143. وينظر: الشعر والشعراء، 586.

(3) م.ن 1/ 142-143.

(4) دراسات في الشعر والمسرح، د. محمد مصطفى بدوي، القاهرة، 1958م/ ص 6- 7.

واحد)[1] إذ كلما تحقق الانسجام جاءت القصيدة وقرب للسامع إدراكها وحفظها وبذا يتحقق هدف القصيدة ويصل بناؤها إلى غايته. ووصولا إلى التلاحم التام والمطلق للقصيدة حذر الجاحظ الشاعر من بناء قصيدته على وتيرة واحدة كالحكمة، و(لكن القصيدة إذا كانت كلها أمثالا لم تسر، ولم تجر مجرى النوادر، ومتى لم يخرج السامع من شيء إلى شيء لم يكن لذلك عنده موقع)[2]. لذا تجد القصائد المعلقات قريبة المأتى تقع في القلوب موقعا حسنا لأنها على رأي الجاحظ لم تجعل على نمط واحد بل جاءت متعددة المواضيع، مترابطة، متلاحمة الأجزاء على النحو الذي وصلت فيه القصيدة إلى غاية المقاصد متكاملة البناء مترابطة الأجزاء لفظا مفردا أو مركبا، بيتا منفردا أو متداخلا، مقطوعة منفردة أو متداخلة فبلغت غاية الجودة والقبول بتكاملها البنائي.

ثالثا: موضوع القصيدة

اختلفت القصيدة في بنائها تبعا لزمنها، إذ عرفت في زمن ما قبل ظهور المعلقات باحتفائها بالموضوع الواحد، في حين جاءت قصائد المعلقات بموضوعات متعددة وإن كان مقصدها واحدا وغرضها واحدا يمثل المدح أو الهجاء أو غيره وقد كان امرؤ القيس قد سبق (العرب إلى أشياء ابتدعها استحسنتها العرب واتبعته فيه الشعراء منه استيقاف صحبه والبكاء في الديار ورقة النسيب وقرب المأخذ وشبه النساء بالظباء والبيض والخيل بالعقبان والعصي ـ وقيد الأوابد وأجاد في التشبيه وفصل بين النسيب وبين المعنى)[3].

اهتم الجاحظ كثيرا بأسس بناء الأنموذج الشعري هذا، فتحدث عن الاستهلال، والمقدمة الطللية، والصور المتعددة كتشبيه الناقة بالظليم (ذكر النعامة) وتحدث عن

---

(1) البيان والتبيين 1/ 55.

(2) م.ن. 1/ 143.

(3) طبقات الشعراء، 42.

الكلاب (كلاب الصيد) وعلاقتها بالثور الوحشي، وحذر الشاعر من أن يكون موضوعه على وتيرة واحدة لئلا يؤدي إلى الملل وعدم القبول.

بذلك يمكن أن نقول أن محاولة الجاحظ استقراء صورة من الصور النمطية (صورة كلاب الصيد والبقر الوحشي) هي أول محاولة في شعر ما قبل الإسلام وان لم تقدم تفسيرا أو تحليلا ولكنها فتحت بابا واسعا من الدراسة والتحليل.

يقول الجاحظ: (ومن عادة الشعراء إذا كان الشعر مرثية أو موعظة أن تكون الكلاب التي تقتل بقر الوحش، وإذا كان الشعر مديحا، وقال كأن ناقتي بقرة من صفتها كذا أن تكون الكلاب هي المقتولة)[1].

يرى الجاحظ إن ذلك ليس حكاية عن قصة بعينها ولكنه كان من **(عادة الشعراء)** وعلى الرغم مما توحي به الكلمة من التكرار والتقادم فإنه لم يوغل في البحث عن أصل تلك العادة وكيف استقرت؟ ومن أين جاءت؟ مع كونها في زعمه لا تحكي قصة بعينها.

يرى أحد النقاد في هذا السياق أن القصيدة الجاهلية في قصة الثور؟ تكشف عن أبعاد جديدة تتصل بقصة الإنسان الخالدة في دورة الحياة والموت واختلاف الفصول وقدسية الحيوان وتلخص تاريخا طويلا من التطور مرت به حتى ظهرت في إطارها على أيدي شعراء الجاهلية المعروفين؟[2].

وأرجع موت البقر الوحشي على يد الكلاب في الموعظة أو المرثية لأنهما يشيران إلى فكرة الأحياء، في حين يحدث العكس في المدح، ولعل الكلاب التي تطارد الثور تطور إله الموت الذي ترصد ببعل في الملحمة الاوجاريتية[3].

في حين أرجع ناقد آخر هذه الصورة إلى الموروث الموغل بالقدم، عند الأسلاف الذين تسامعوا باللعنة التي حلت بالكلب، (لأنه نهش جثة العجل المقدس

---

(1) كتاب الحيوان، 2/ 268.

(2) مواقف في الأدب والنقد، 112.

(3) م.ن. 112.

فتأكدوا أن الكلاب... لا تستطيع أن تنال من الثور.. فإذا قتل عند الشعراء... يعني أن كارثة حلت في الأرض... وبقدر ما كانت طقوسات المراثي المعقدة تعويذات تقال للميت... صلوات لايل وقد لقب فيما بعد بالثور (إيل) لبعل أيضا)[1] عساه يمنع وقوع كارثة سماوية.

وبمراجعة دقيقة لنص الجاحظ تتضح العلاقة على نحو دقيق، فالموعظة والمرثية ارتبطتا بمقتل بقر الوحش في حين ارتبط المديح بمقتل الكلب ولتوضيح ذلك قال الجاحظ: (ولكن الثيران ربما جرحت الكلاب وربما قتلتها، وأما في أكثر ذلك فإنها تكون هي المصابة، والكلاب هي السالمة والظافرة، وصاحبها الغانم)[2].

الرابط هنا الغنيمة والظفر وسلامة الشيء. وفي هذا يقول لبيد: [من الطويل]

فأصبح وانشق الضباب وهاجه أخو قفرة يشلى ركاحا وسائلا

عوابس كالنشاب تدمى نحورها يرين دماء الهاديات نوافلا

فقوله: (يرين دماء الهاديات نوافلا)، يوضح أن الوحوش (الهاديات) يقعن فريسة للكلاب ليهدى لصاحبها العطاء والنوال والمغانم (نوافلا). ولكن ما العلاقة بين الرثاء والموعظة ومقتل الكلب من جهة، وبين المدح ومقتل الوحش من جهة أخرى؟

الواضح أن العطاء مرهون ببقاء الكلب والرثاء مدح للميت وذكر لمآثره، ففيها ظفر للمرثي وكسب له (والكلاب هي السالمة والظافرة، وصاحبها الغانم)، في حين تجد المدح فيه معنى الضد وهو الهجاء، لأن ذكر الممدوح فيه سلب لصفات غيره، والمادح بين القبول وعدمه فالعطاء مرهون بقبوله؛ لذلك تجدهم يجعلون الثيران قاتلة أو جارحة للكلاب.

---

(1) التفسير الأسطوري للشعر القديم، مجلة فصول، م 3، ع 3، أبريل، 119-120.

(2) كتاب الحيوان 2/ 268.

ومما سجله الجاحظ في بناء القصيدة ضمن هذا السياق أنهم يشبهون الناقة بالظليم (ذكر النعامة) من ذلك ما نقله عن الأعشى: [من الكامل][1].

وإذا أطـــاف لبابــــه بسديســــــه | ومســـــافرا ولجـــا بــــــه وتزيـــــدا
شـــبهته هقـــلا يبــاري هقلـــــة | ربـــــداء في خـــيط نقـــانق أربــــدا

وربما أراد من هذا التشبيه بيانا للسرعة التي تتميز بها ناقته، وهي من الصور التي لاحظها الجاحظ وبينها من خلال الأشعار الكثيرة التي أوردها ومن أهم ما تحدث عنه الجاحظ في هذا السياق مسألة الاستهلال أو الوقوف على الطلل أو مقدمات القصائد إذ أدرك أهميتها للدخول إلى عالم القصيدة بوصفها عتبة مركزية من عتبات القصيدة فكلما كانت الجودة وجود السبك متحققة في مطلع القصيدة استطاع الشاعر أن يجذب السامع أو القارئ إلى عالم القصيدة إعجابا بها وتذوقا لمعانيها وألفاظها وصورها المتعددة. فخير الكلام ما كان (صدر كلامك دليل على حاجتك، كما أن خير أبيات الشعر البيت الذي إذا سمعت صدره عرفت قافيته.. حتى يكون لك من ذلك صدر يدل على عجزه، فإنه لا خير في كلام لا يدل على معناك)[2].

فأدرك الجاحظ أهمية المطلع أو الاستهلال؛ لأن (القصيدة التي لا تبدأ بمطالع قد تسمى البتراء)[3] ذلك أن الافتتاح يستوعب واحدة أو أكثر من لوحات الطلل والنسيب والظعن وبكاء الشباب وشكوى الزمان وهي (اللوحات التي بقي الظرف البيئي والاجتماعي يمدها بالتفاصيل اليومية التي يلتقي عليها الشاعر والمتلقي ولكنها بقيت تملك قدرة متميزة على أن تغدو منفذا تعبيريا لحديث النفس في تأملها للماضي وأحلامه الضائعة، التي تحولت حرمانا يروض النفس ويمتلك عليها

(1) م. ن.: 4/ 432 ومثله ما نقله عن زهير 4/ 432.
(2) البيان والتبيين 1/ 85.
(3) العمدة 1/ 231.

مشاعرها وهي عند أعتاب المخاض الشعري)[1] والناس موكلون بتفصيل (جودة الابتداء)[2].

المطلع هو افتتاح القول، وتمهيد للمتلقي وتعبير عن مكامن النفس وهواجسها، فالمقدمة الاستهلالية تمثل دلالة حضارية فيها رغبة في الإبهار، وتكديسا لبعض الظواهر الجمالية[3] وان اختلفت طبيعة هذه المقدمات ربما تكون أكثر القصائد قربا لمثل هذه المقدمات قصيدة المدح، لأنها تنطوي على رغبة ناتجة من الشاعر يسعى من خلالها إلى جذب قلب الممدوح واستمالته لما تحمله هذه المقدمات من حزن وبكاء وغربة ومشقة تحملها المادح وعاش آلامها وكلها في سبيل الوصول إلى الممدوح. وكأن المادح يهيئ الممدوح لكرمه وعطائه ولسان حاله يقول: على قدر مشقتي ومعاناتي يكون العطاء.

وإن كان الطلل الممزوج بذكر الحبيبة حقيقة فأنه أصبح رمزا ثم قضية فلسفية[4] وتقليدا يسير عليه الشعراء. وفي كل هذه المقدمات دلالة على حب القبيلة والتعلق بها، و(**الوقوف على الطلل رمز لحب الوطن عند الإنسان العربي أو رمز للبحث عن الأم**)[5] وترى هذه المقدمات تموج في عناصر مشتبكة كعناصر الكرب والعذاب والخوف والسحر والموت وعناصر اللذة والنشوة والزهور وكلما قامت بين العناصر علاقات جدلية كلما رأينا خصوبة التجربة وخصوبة الأدوات التي تغير بها إلى القارئ.

وأكد الجاحظ ضرورة تمكن الشاعر من أدواته ومواده الأولية، ونقل عن الفرزدق جوابه لمن سأله عن جودة الكميت في مدائحه في ما عرف بالهاشميات

---

(1) دراسات نقدية في الأدب العربي، 8.

(2) البيان والتبيين 1/ 83.

(3) قضايا حول الشعر، 17.

(4) م.ن، 12.

(5) م.ن. 22- 23.

فقال: (وجد أجرا وجصا فبنى)⁽¹⁾ وأثنى على الأعراب وان لم يعمم الشاعرية فيهم (ولاكل أعرابي شاعر.. ولكن هذه الأمور في هؤلاء أعمم وأتم)⁽²⁾.

لذا فلا يحق للشاعر أن يقدم على بناء القصيدة مهما كانت ما لم يتمكن من هذه الأدوات فضلا عن المعرفة السابقة سواء أكان مادحا أم هاجيا (وما زال يهجوه من غير أن يكون رآه، ولو كان رآه ورأى جماله وبهاءه، ونبله والذي يقع في النفوس من تفضيله ومحبته ومن إجلاله والرقة عليه أمسك)⁽³⁾. فالشاعر قد يهجو من لم يراه والرؤية قد توقفه بل قد يتحول الهجاء إلى مدح.

فالقصيدة ليست قولا عبثيا عابرا وطارئا عند الجاحظ، بل هي مقصد وإن فقدت القصدية لم تلق القبول المرجو عنده وعليه أوجب الصدق وعدم المبالغة والمعرفة والإجادة والموهبة والقبول؛ لأن القصيدة إن خرجت من القائل وقعت بين أحضان المقول له والسامع، فهي ليست ملكا لصاحبها، وحكم الإجادة مرهون بالقبول لمن خرجت إليه أو بنيت من أجله.

ولأهمية المتلقي عند الجاحظ ودوره في استكمال بناء القصيدة، رأى ضرورة مراعاة حجم القصيدة وعدم الإطالة بما يؤدي إلى التكلف والإسراف في القول والملل والضجر أحيانا حتى عد الإطالة ابتلاء (فإن أبتليت بمقام لا بد لك فيه من الإطالة، فقدم إحكام البلوغ في طلب السلامة من الخطأ)⁽⁴⁾ وقال: (فإن مل السامع' الإطالة التي ذكرت أنها حق في ذلك الموقف؟)⁽⁵⁾ فما على الشاعر إلا أن يجعله يتواصل مع القصيدة بتنويع الكلام الشعري وتحريك مشاعر المتلقي.

(1) البيان والتبيين 3/ 187.
(2) الرسائل السياسية 511.
(3) كتاب الحيوان 1/ 242.
(4) البيان والتبيين 1/ 83.
(5) م.ن. 1/ 85- 86.

وإنما مال الجاحظ إلى ذلك؛ لأن الكلام إذا (طال... وجدت في القوافي ما يكون مجتلبا، ومطلوبا مستكرها)[1]، وإذا (قل وقع وقوعا لا يجوز تغييره)[2] ولذلك تجدهم يحفظون الأمثال والأبيات المقلدة، والبيت الذي يجود بحيث لا يحتاج إلى سابق أو لاحق. على النحو الذي تراهم يعرفون الشعر (إذا لم يطل ذلك القول، ولم تكن القوافي مطلوبة مجتلبة أو ملتمسة متكلفة)[3] فكل كلام لم يحتج إلى الإطالة (فالحفظ إليه أسرع)[4] والبعد عن التكلف فيه أوقع، والتمكن منه أغلب والإجادة فيه أبين وخير الكلام ما أغنى قليله عن كثيره ولقد قيل لعقيل بن علفة: (لم لا تطيل الهجاء؟ قال يكفيك من القلادة ما أحاط بالعنق)[5] فليس القول بما يطول بل بما يصل إلى الأسماع فالبلاغة الإيجاز والإطالة في غير موضعها إملال[6] لذا عد الجاحظ أن من أراد أو أحب رواية القصائد فليلتمس القصار (وإن أحببت أن تروي من قصار القصائد شعرا لم يسمع بمثله فالتمس ذلك في قصائد الفرزدق؛ فإنك لم تر شاعرا قط يجمع التجويد في القصار والطوال غيره)[7]. كما أن الخطأ يعدم أحيانا فيه (وقد يخفى ذلك في الشعر القصير والكلام القليل)[8]. فضلا عما يثيره جمال المعنى في القلوب، حتى يتعلق في النفس من ذلك ما أثاره قول طرفة:

ستبدي لك الأيام ما كنت جاهلا　　　ويأتيك بالأخبار من لم تزود

(1) م.ن 1/ 197.

(2) م ن 1/ 197.

(3) م.ن 1/ 196.

(4) م.ن 1/ 196.

(5) كتاب الحيوان 3/ 49.

(6) البيان والتبيين 1/ 85.

(7) كتاب الحيوان 3/ 49.

(8) الرسائل السياسية 372.

حتى إن الرسول محمدا ﷺ: قال (هذا من كلام النبوة)[1] في حين وصف ﷺ قول لبيد:

ألا كـــل شيء مـــاخلا اللــــه باطـــل وكـــل نعـــيم لا محالـــة زائـــل

بأصدق كلمة قالتها العرب[2] ومثل ذلك مانقله ابن سلام عن سلمة بن المحارب إذ قال: وردت المربد قصيدة لجرير تناشدها الناس... قال: أفحفظت منها شيئا قال: نعم علقت منها بيتين قال: ماهما؟ قال[3].

لـــئن عمـــرت تـــيم زمانـــا بغـــرة لقـــد حـــديت تـــيم حـــداء عصبصـــبا

فـــلا يضـــغمن الليـــث عكـــلا بغـــرة وعكـــل يســـمون الفـــريس المســـيبا

ومما أثاره الجاحظ في بناء القصيدة الفني الموسيقي والإيقاع والوزن، ما دعا فيه إلى التماس الموسيقى في البيت الواحد وجريانه في القول: (وكذلك حروف الكلام واجزاء البيت من الشعر تراها متفقة ملسا ولينة المعاطف سهلة... ورطبة متواتية سلسلة النظام، خفيفة على اللسان حتى كأن البيت بأسره كلمة واحدة وحتى كأن الكلمة بأسرها حرف واحد)[4].

لم يقف اهتمام الجاحظ عند هذا الحد بل اتسع ليشمل حدود القول عند الشاعر فأوجب على الشاعر أن (يشبع الصفة إذا مدح أو هجا، وقد يجوز أن يكون ما قال حقا)[5].

الشعر مسبوق بحقيقة،وعلى الشاعر ن يقتفي أثر هذه الحقيقة ويعبر عنها بكل جزيئاتها وجوانبها حتى يصل إلى درجة الإشباع: (يشبع الصفة إذا مدح أو هجا) فالقضية عند الجاحظ تتعلق ببناء الشعر وطريقة تركيبه وصياغة دلالته بحيث تتفق

---

(1) محاضرات في تاريخ النقد عند العرب، ص 51.

(2) فتح الباري شرح صحيح البخاري، العسقلاني، تبويب محمد فؤاد عبد الباقي، دار السلام الرياض، دار الفيحاء، دمشق، فضائل أصحاب النبي، كتاب مناقب الأنصار، ج 7 /193.

(3) طبقات الشعراء، 123.

(4) البيان والتبيين 1/ 55.

(5) كتاب الحيوان 6/ 386.

وطبيعة الموضع. ولا سيما إذا كان الغرض من الشعر مدحا، لأن الشعر (يفيد فضيلة البيان على الشاعر الراغب والمادح وفضيلة المأثرة على السيد المرغوب إليه، والممدوح إليه)[1].

بذلك نجد أن الجاحظ قد اشترط في بناء القصيدة أشياء في اللفظ، وفي المعنى الجزئي أشياء، وفي تصوير المعاني أشياء أخرى، فاشترط في اللفظ ألا يكون غريبا ولا مبتذلا وألا يقع في حروفه تنافر، واشترط للمعنى شرفه وصحته والإصابة في الوصف والاختيار الحسن للصفة المثلى، ثم علاقة المعاني بعضها مع بعض داخل الجزء الواحد من أجزاء القصيدة التقليدية، ولذلك عاب على الشعر الذي لا صلة بين معانيه بعضها ببعض[2].

وأوجب على الشاعر أن يدرك مقاييس الجودة وأن لا يخل في بناء البيت؛ لأن البيت الشعري أساس مهم في بناء القصيدة، به تتكامل وتنضج وتستقيم وإن لم يكن ترابط تلاحم الأجزاء بل ترابط موضوع أو فكرة.

فالجاحظ بذلك وضع حدود مهمة في بناء القصيدة شملت جوانب مهمة فنية وموضوعية، يمكن عدها مرتكزا مهما في الدرس الأدبي والنقدي الخاص بنظرية الشعر.

كما أن الجاحظ قد تحدث عن أهم مرحلة في بناء القصيدة ممثلا بمرحلة التنقيح التي تلحق كتابة القصيدة وعدها من المراحل المهمة في إنضاج القصيدة وتهذيبها وتخليصها من كل عيب[3] على النحو الذي يتضح لنا فيه شمولية الرؤية الجاحظية وتكاملها، واستيعابها الدقيق والنوعي لخصوصية القصيدة ودرجة إسهامها في بناء النظرة العامة للشعر، وهي تصب نظريا وإجرائيا في فضاء نظرية الشعر.

---

(1) م.ن. 1/ 51.
(2) البيان والتبيين 1/ 55، 1/ 142.
(3) م.ن. 2/ 5

المبحث الرابع

عمود الشعر - الأسس والمقومات-

لغة: العمود، الخشبة القائمة في وسط الخباء، والجمع أعمدة وعمد والعمد اسم للجمع[1].

واصطلاحا: التقاليد والمبادئ التي سبق بها الشعراء الأولون، واقتفاها من جاء بعدهم حتى صارت سنة متبعة وعرفا متوارثا[2] بمعنى اتباع التقاليد الموروثة في القصيدة العربية، من حيث الـوزن، والقافيـة، والألفاظ، والمعاني والأخيلة والأساليب البيانية الرفيعة.

أو هو مجموعة الخصائص الفنية المتوافرة في قصائد فحول الشعراء، التي ينبغي أن تتوافر في الشعر ليكون جيدا والمتمثلة بالعناصر التكوينية والجمالية والانتاجية فالتكوينية: متمثلة بشـرف المعنـى وصحته وجزالة اللفظ واستقامته في حين تتمثل العناصر الجماليـة بالأصـالة في الوصـف والمقاربـة في التشـبيه، أمـا العناصر الإنتاجية فتتمثل بغزارة البديهة وكثرة الأمثال السائرة والأبيات الشاردة[3].

ويلاحظ في المعنى المعجمي أنه لم يـذكر ارتبـاط كلمـة العمـود بالشعر كـما هـو الأمـر في المعنى الاصطلاحي، إلا أن هذا لا ينفي أن يكون المعنى الاصطلاحي مستوحى من المعنى اللغوي، فكما أن خشبة بيت الشعر هي الأساس الذي يقوم عليه البيت، فإن أصول الشعر العربي وعناصره التي يشير إليها المعنى الاصطلاحي تعد أيضا بمثابة الدعامة والركيزة الأساسية التي لا يقوم نظم الشعر الجيد الصحيح إلا عليها.

---

(1) لسان العرب، مادة (عمد).

(2) النقد الأدبي، د. محمد رمضان الجربي وعلي رمضان الجربي، الجماهيرية الليبية،   اللجنة الشعبية العامـة، 2001، إفرنجي، ص 31.

(3) ينظر: النقد الأدبي وتطوره إلى عصرنا، محيي الدين صبحي، الدار العربية للكتاب، ليبيا، تونس، 1984م، ص 28-30.

وعند تتبع هذا المصطلح، نجد أن أول من تحدث عنه الآمدي إذ أن له الفضل في تأسيسه وتأصيله، ولكن من أين استمد الآمدي هذا المصطلح؟ وكيف استطاع أن يقع عليه؟

لا يمكن القطع برأي محدد في مصدر هذا المصطلح عند الامدي، وإنما نحن نفترض افتراضا أن يكون الآمدي استفاد في وضعه من بعض المصطلحات التي ترد كثيرا في كتب النقد القديمة مثل: مذهب الشعر، وطريقة الشعر، ومذاهب العرب، ومسائل الأوائل، وما شاكل ذلك من العبارات التي تقترب من معنى عمود الشعر.

وربما يكون قد أفاد من مصطلح (عمود الخطابة) الذي ورد عند الجاحظ في كتابه البيان والتبيين، إذ جاء فيه: (أخبرني محمد بن عباد بن كاسب... قال: سمعت أبا داود بن حريز يقول: رأس الخطابة، الطبع وعمودها الدربة، وجناحاها رواية الكلام وحليها الإعراب)[1] وقوله: (كل شيء للعرب فإنما هو بديهة وارتجال وكأنه إلهام، وليست هناك معاناة ولا مكابدة... وإنما هو أن يصرف وهمه إلى الكلام وإلى رجز يوم الخصام... فما هو إلا أن يصرف وهمه إلى جملة المذاهب وإلى العمود الذي إليه يقصد فتأتيه المعاني أرسالا)[2].

إن نشأة هذا المصطلح جاءت بسبب الحراك النقدي الذي دار حول مذهب الشاعر أبي تمام الذي اهتم بالبديع، والبحتري الذي سار على نهج القدماء. إذ سمع أول مرة على لسان البحتري عندما سئل عن نفسه وعن أبي تمام فقال:(كان أغوص على المعاني مني، وأنا أقوم بعمود الشعر منه)[3]. ثم وضعت أسس ومقومات (عمود الشعر) وترسخت على نحو دقيق عند المرزوقي الذي نص على عمود الشعر بقوله: (إن العرب في قولهم الشعر إنما كانوا يحاولون شرف المعنى

---

(1) البيان والتبيين: 1/ 39.

(2) م.ن: 3/ 18.

(3) الموازنة: 12/1. وللمزيد ينظر: مقومات عمود الشعر، ص 104.

وصحته، وجزالة اللفظ واستقامته والإصابة في الوصف -ومن اجتماع هذه الأسباب الثلاثة كثرت سوائر الأبيات وشوارد الأمثال- والمقاربة في التشبيه والتحام أجزاء النظم والتئامها على تخير من لذيذ الوزن، ومناسبة المستعار منه للمستعار له، ومشاكله اللفظ للمعنى، وشدة اقتضائها للقافية حتى لا منافرة بينها - فهذه بسبعة هي عمود الشعر ولكل باب منها معيار... فعيار المعنى أن يعرض على العقل الصحيح والفهم الثاقب.

وعيار اللفظ الطبع والرواية والاستعمال... وعيار الإصابة في الوصف، الذكاء وحسن التمييز... وعيار المقاربة في التشبيه الفطنة وحسن التقدير... وعيار التحام أجزاء النظم والتئامه على تخير من لذيذ الوزن، الطبع واللسان... وعيار الاستعارة الذهن والفطنة)[1].

وعند التمعن الدقيق في ما أشار إليه الآمدي ومن بعده المرزوقي، نصل إلى أنه لافضل لهما في بيان مفهوم عمود الشعر سوى أنهما حدداه وألبساه ثوبا دلاليا، ممثلا بمصطلح (عمود الشعر)[2] ذلك أن مقوماته وخصائصه قد أشار إليها من سبقهما من النقاد، ويمكن الجزم بأن الجاحظ لم يغفل أيا من مقومات عمود الشعر بل إنه جسد كل مقوم منهما تطبيقا من خلال تحليلاته النقدية المبثوثة[3] في كتاب البيان والتبيين والحيوان والبخلاء ورسائله المتعددة، فضلا عن إشارات متعددة مسبوق بها تمثلت بآراء ابن سلام في طبقاته، التي اعتمدها الجاحظ أحيانا في كتبه.

اهتم الجاحظ كثيرا باللفظ والمعنى وبث كثيرا من الآراء التي تمثل أساسا ومنطلقا لمفهوم عمود الشعر[4]. وسعى في ذلك إلى رؤية النص الجيد بكل ما

---

(1) شرح ديوان الحماسة، أبو علي أحمد بن محمد بن الحسن المرزوقي، نشره: أحمد أمين وعبد السلام هارون، مطبعة لجنة التأليف للترجمة والنشر، ط1، القاهرة، 1951م، 1/ 9-11.

(2) الموازنة: 1/ 12.

(3) مبحث، معايير التقويم النقدي، الرسالة، ص 171.

(4) مبحث، ثنائية اللفظ والمعنى، الرسالة، ص 75.

تحمله الجودة قولا وتأثيرا، ابتداء من اللفظ، مرورا بالمعنى، وصولا إلى الصياغة والسبك، من دون إهمال للإثارة والمنفعة المتحققة عند المتلقي[1].

بنيت دعوة الجاحظ على المشاكلة بين الألفاظ والمعاني، فلم يغلب لفظا على معنى، ولا معنى على لفظ، فالشأن في الصياغة، والفضل في تجويدها: (إلا أنني أزعم أن سخيف الألفاظ مشاكل لسخيف المعاني)[2] وهو ما ذهب إليه بشر بن المعتمر حين قال: (إن من أراغ معنى كريما فليلتمس له لفظا كريما)[3]، ثم انه أبان عن القول الجيد ولم يرجعه إلى المعاني بل جعل الوزن واللفظ المتخير، والعاطفة وصحة الطبع، وجودة السبك من المعايير المهمة في الجودة، وهي الأسس التي أشار إليها الآمدي ومن بعده المرزوقي، إذ أرجع جودة الشعر إلى (إقامة الوزن، وتخير اللفظ وسهولة المخرج وكثرة الماء، وفي صحة الطبع، وجودة السبك، فإنما الشعر صناعة وضرب من النسج وجنس من التصوير)[4]. وفي سبيل إيضاح ذلك عالج الجاحظ كل مقوم أسس دون إهمال لبقية الأسس.

وجاء حديثه عن اللفظ مفردا، ومنتظما وإن كان حديثه عما ينتظم مع غيره أكثر، لذا عد الملهم (لنظرية النظم)[5].

جودة الشعر محددة بما كان (متلاحم الأجزاء سهل المخارج، فتعلم بذلك أنه قد أفرغ إفراغا واحدا، وسبك سبكا واحدا، فهو يجري على اللسان كما يجري الدهان)[6].

(1) مبحث، استراتيجية التلقي الشعري، الرسالة، ص 157
(2) البيان والتبيين: 1/ 104.
(3) م.ن: 1/ 99.
(4) كتاب الحيوان: 3/ 67.
(5) ثنائية اللفظ والمعنى، الرسالة، ص 75.
(6) البيان والتبيين: 1/ 55.

وغاية الجودة عنده الإصابة في التشبيه، والأصالة في القول والتفرد، لذا تجده يبالغ في إعجابه لوصف عنترة للذباب لإبداعه وأصالته وجودته وتفرده، حتى تحامى معناه الشعراء، ولم يتعرضوا له، وظل متصفا بالتفرد[1].

الغاية النقدية عند الجاحظ هي البحث في دقائق الشعر والموازنة بين الأقوال والوصول إلى مكمن الجودة والإجادة، غير آبه لزمن الشاعر ومكانته[2]، بل محددة، وهي من أهم الأسس المعتمدة في عمود الشعر، لذا نجده يفضل شعر بشار في وصف المعركة على شعر عمرو بن كلثوم مع أن الأخير شاعر جاهلي وبشار من المولدين[3].

ومن أهم الأسس التي أكثر الحديث عنها مفهوم الطبع وعده من الأسس المعتمدة في تمييز شاعر على شاعر، وتفضيله. فضلا عن علاقة القول المطبوع بالمتلقي فكلما كان الشاعر مطبوعا بعيدا عن التكلف، وصل إلى متلقيه. مع أنه عد التنقيح والتهذيب متمما للقول المطبوع لا كما عده غيره من المتكلف. (فالعرب كانت تسمي القصائد المنقحة الحوليات، المقلدات، المنقحات المحكمات ليصير قائلها حينئذ فحلا خنذيذا وشاعرا مفلقا)[4]. وقيل إن (زهيرا كان يعمل القصيدة في ستة أشهر ويهذبها في ستة أشهر ثم يظهرها فتسمى قصائد الحوليات لذلك)[5].

---

(1) ينظر: مبحث السرقات الشعرية وإشكالية الأحالة ص 132.

(2) قضية عمود الشعر في النقد العربي القديم (ظهورها وتطورها)، د. وليد قصاب، المكتبة الحديثة، العين، الإمارات، 1985م، ص 33.

(3) ينظر: محاضرات في تاريخ النقد عند العرب، ابتسام مرهون الصفار، ص 122. وللمزيد: ينظر مبحث فضاء الصورة والتصوير، الرسالة، ص 89.

(4) البيان والتبيين: 2/ 5- 6.

(5) كتاب الصناعتين، ص 159.

الشاعر عندما يقول كان يدع القصيدة تمكث عنده حولا كاملا، وزمنا طويلا، يردد فيها نظره ويجيل فيها عقله، ويقلب فيها رأيه، اتهاما لعقله وتتبعا على نفسه، فيجعل عقله زماما على رأيه، ورأيه عيارا على شعره، إشفاقا على أدبه[1].

كان الشعراء يراجعون أقوالهم وينقدونها ويهذبونها حتى تصل إلى ما يريدونه ومما يشير إلى عدم اتهامهم بالتكلف أن الجاحظ عد هؤلاء من الشعراء الأفذاذ (الفحول)، ومما يدلل على أن التنقيح مرحلة متأخرة عن القول قوله: (من شعراء العرب من كان يدع القصيدة تمكث) فقوله: القصيدة إشارة إلى نضجها وتكاملها قبل أن ينقحها، فجاء التنقيح لاحقا ومهذبا ومنقحا للقصيدة المولدة.

فالشاعر بعد أن يستكمل قصيدته عليه أن يفيد من هذه المرحلة، بتخليص القصيدة من كل ما قد يقع فيها من عيوب نص القدماء على تجنبها والابتعاد عنها. سواء ما يتعلق منها بالوزن أم القافية، وهنا تكمن قيمة معرفة الشاعر بعلمي العروض والقوافي[2].

نجد أن الجاحظ قد تحدث عن أغلب مقومات عمود الشعر وسماته، منها ما اتصل باللفظ من حيث جرسه ومعناه في موضعه في البيت، ومنها ما يتصل بالمعاني الجزئية وصلة بعضها ببعض، والمشاكلة بين اللفظ والمعنى، فضلا عما بينه من مقاييس الجودة، وبذلك يمكن أن نقول إن الجاحظ هو المؤسس لهذا المفهوم، وإن لم يعرفه أو يصرح به، وما جاء بعده مستلهم منه أو مستل على نحو ما من أفكاره وآرائه.

---

(1) ينظر: م.ن.: ص 52.

(2) بناء القصيدة في النقد العربي القديم في ضوء النقد الحديث، يوسف حسين بكار، دار الأندلس للطباعة والنشر، ط 3، 1986م ص 105.

المبحث الخامس
دلالة الموهبة الشعرية: التوريث والتثقيف

ساد الاعتقاد عند الناقد العربي القديم بأن الموهبة الشعرية موروثة، أو منحدرة من جيل إلى جيل، أي مرتبطة بالنسب والسلالة، كما يذكر ابن سلام الجمحي في كتابه (الطبقات)، أن الشعر كان في الجاهلية في (ربيعة أولهم المهلهل والمرقشان وسعد بن مالك وطرفة بن العبد وعمرو بن قمية والحارث بن حلزة والمتلمس والأعشى والمسيب بن علس ثم تحول في (قيس) فمنهم النابغة الذبياني وهم يعدون زهير بن أبي سلمى من عبد الله بن غطفان وابنه كعبا ولبيد والنابغة الجعدي والحطيئة والشماخ ومزرد وخداش بن زهير ثم آل ذلك إلى تميم فلم يزل فيهم إلى اليوم)[1]. يعني عصر ابن سلام لقد حصر ابن سلام الشعر، في أسر خاصة، كعائلة زهير بن أبي سلمى مثلا، إذ كان أبوه شاعرا، وكذلك ابناه كعب وبجير وبعض أحفادهما وكان خاله بشامة بن الغدير شاعرا أيضا، وكذلك الأمر في المهلهل بن ربيعة فهو خال امرئ القيس، وجد عمرو بن كلثوم من جهة أمه[2]. فإبن سلام يقر بنظرية وراثة الشعر ويقول (إن بشامة بن الغدير كان كثير المال، وكن ممن فقأ عين بعير في الجاهلية، وكان الرجل إذا ملك ألف بعير فقأ عين فحلها، وكان قد أقعد فلما حضرته الوفاة لم يكن له ولد فقسم ماله بين إخوته وبني أخيه وأقاربه، فقال له زهير بن أبي سلمى وهو ابن أخته ماذا قسمت لي يا خالاه، فقال أفضل ذلك كله، قال ما هو، قال: شعري، فيزعم من يزعم أن زهيرا جاءه الشعر من قبل بشامة)[3]. إن الذي يفهم من قول ابن سلام أن النسب هو مقياس مهم لجودة النص الشعري والانتماء إلى عائلة الشعر، فبهذا المعيار صار النسب بمثابة الضمان الذي يكفل قيمة الشاعر الفنية، فضلا عن وضعه الاجتماعي. مع أن موهبة الشاعر هي المحك

---

(1) طبقات الشعراء، ص 38- 39.

(2) م.ن: ص 38 - 39.

(3) م.ن، ص 197.

الأساس للحكم واجتماعها مع نسيب الشاعر متممة للحكم على شعرية الشاعر. فالنسب قد لا يدفع إلى خلق شاعر دائما، إذ إن هناك شعراء توقف الشعر عندهم ولم يقل أبناؤهم الشعر، في حين وجدنا شعراء نبغوا في الشعر ولم يكن في سلفهم شعراء، وهذا إنما يشكل دليلا قاطعا على أن النسب لا يشفع في ذلك حين لا تحضر الموهبة. إذن الموهبة هي الأساس، والنسب يضفي إليها محكا آخر في الحكم، يعمل بوصفه رافدا ثقافيا واجتماعيا يطور الموهبة ويعمق حضورها ويقوي استواءها عند الشاعر الذي ينتمي إلى عائلة شعرية.

وتبقى عملية الشعر متواصلة فهي لا تنتهي عند قول الشعر وإنما تتسع عند عدد من الشعراء لتصل إلى مرحلة التنقيح والتهذيب، ولا سيما عند الشعراء الفحول أو الذين أطلق عليهم الأصمعي عبيد الشعر كـ (زهير بن أبي سلمى والحطيئة وأشباههما عبيد الشعر وكذلك كل من جود في جميع شعره، ووقف عند كل بيت قاله، وأعاد فيه النظر حتى يخرج أبيات القصيدة كلها مستوية في الجودة، وكان يقال لولا أن الشعر قد كان استعبدهم واستفرغ مجهودهم حتى أدخلهم في باب التكلف وأصحاب الصنعة، ومن يلتمس قهر الكلام واغتصاب الألفاظ لذهبوا مذهب المطبوعين الذين تأتيهم المعاني سهوا ورهوا وتنثال عليهم الألفاظ انثيالا)[1]. هذا لا يعني بحسب رؤيتنا تناقضا بين الموهبة التي تنمو عن طبع وبين تنقيحه، لأن التنقيح هو مرحلة لاحقة وضرورية لقول الشعر، فالموهبة كما أشرنا مرهونة بقول الشعر ومرتبطة به، وجودة الشعر مرهونة بتنقيح الشعر وتهذيبه كما أشار الأصمعي، وتفسير قول الشعر الذي يمثل لحظة الإبداع عند الشاعر يقف الشاعر أمامها عاجزا أحيانا عن تفسيرها، إلا أنه يرجعها إلى قوى خفية (شيطانية أو جنية) إمعانا في إضفاء قدر كبير من الغموض والجاذبية والإيهام على مفهوم الموهبة وحساسية العمل الشعري.

(1) البيان والتبيين: 2/ 8.

الذي نظنه أن العملية الشعرية تمر بمرحلتين أو ثلاث مراحل قبل أن تعرض على المتلقي.

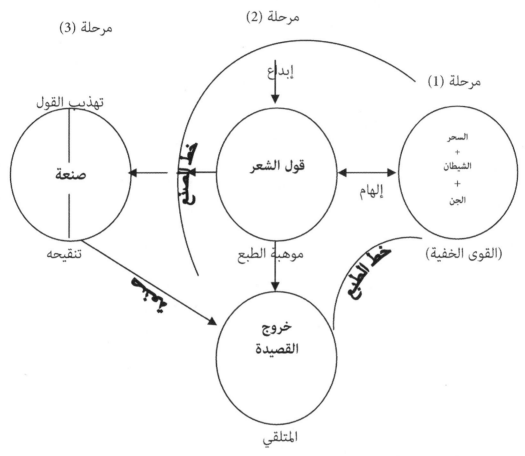

إن الأدب فن، وكل فن صنعة، وهذا لا يعني إنكار قيمة الموهبة التي يعتمد عليها في جميع الفنون تقريبا.

لكن الموهبة وحدها لا تصنع أديبا أو شاعرا، فضلا عن أن الصنعة أيضا لا تصنع وحدها أديبا أو شاعرا. بل إن الشاعر أو الأديب لا بد له من امتلاك عنصري الموهبة والصنعة معا.

والموهبة الصالحة تحتاج إلى الرعاية والتوجيه، وذلك إنما يكون بدراسة عميقة في الفن الذي يمارسه صاحب الموهبة، فضلا عن الفنون والعلوم المجاورة المخصبة والساندة التي تعمق الموهبة وتثري خصائصها.

فالشاعر الذي يعتمد على الموهبة من دون دراسة للأدوات الضرورية سيبقى شعره مرهونا بسوية إبداعي تنطوي على قدر كبير من النمذجة والتشابه، على النحو الذي لا يسهم في إغناء الروح الإبداعية وتطوير الفن، الذي لا تكتب له استمرارية الإبداع إلا من خلال التطور المستمر في الرؤية والتشكيل وكل أدوات النص وعناصره الفنية، فضلا عن أن الذي يمتلك الصنعة والأدوات وهو فاقد الموهبة فشعره سيفتقد أهم العناصر الداخلة في صميم عملية الإبداع كالخيال والعاطفة.

وقيمة الموهبة وأهميتها في صناعة الشاعر تحتاج إلى صقل وتوجيه وتدريب، وذلك يكون بإتقان الأدوات الضرورية، وهذه الأدوات هي الفنون المرتبطة بالشعر واللغة من عروض وبلاغة ونحو وصرف واشتقاق... إلخ.

هذه الأدوات - التي عنينا بها الصنعة - لها قيمتها ودورها في إتمام العمل الإبداعي، فالرسام لا يستطيع أن يرسم لوحته من دون ريشته وألوانه، فالأدوات إذن هي للشاعر كالريشة والألوان للرسام، إن لم تكن أهم.

إن مسألة موهبة الشعر سوف تلغي نظرية كانت قائمة في العصر الجاهلي وهي نظرية وراثة الشعر، فـ (الجاهليون كما يبدو كانوا يعتبرون الخصائص النفسية والذكاء والكرم والنباهة والغفلة والشجاعة وكل هذه الصفات الأخرى تورث وتنتقل من الأب إلى الابن أو من الأخوال أو الأعمام عن طريق الأم أو الأب، ولذلك فقد قالوا (من شابه أباه فما ظلم) ومن أمثالهم: لا تلد الحية إلا الحية)[1].

يبدو أن الذي جعل نظرية وراثة الشعر تتراجع ومن ثم تنهار هو ظهور (كثرة كاثرة من أبناء الفرس والعبيد والأمم التي دخلت في الإسلام، من الذين نظموا الشعر وأجادوا وأخذوا فيه الجوائز السنية، أو تركوا الأثر الجليل في الأدب والرواية والنحو والفقه، فمن الشعراء من غير العرب في فترة المخضرمين

---

(1) الخطوط العامة في تطور الشعر العربي من الجاهلية حتى العصر العباسي، د. داود سلوم، مجلة كلية الآداب، جامعة بغداد، العدد (11) حزيران، 1968، ص 87.

العباسيين هذه: الحسين بن مطير وابن الخياط وأبو دلامة وحماد عجرد وحماد الراوية... وغيرهم كثير، وبهذا قضى ظهور هؤلاء في عالم الشعر على نظرية اعتقد بها العرب والمتعصبون لهم وحملة الشعر الجاهلي القديم ورواته وهي نظرية (وراثة الشعر)، وضعف هذه النظرية ضعفا بينا في هذا العصر حتى لم تعد تذكر كثيرا)[1].

وكما كان العرب يعرفون ويقرون بوراثة الشعر فكذلك كانوا يقولون بعدم وراثته، والدليل على ذلك أنهم كانوا يطلقون لقب (النابغة) على الرجل الذي (لم يكن في إرثه الشعر ثم قال وأجاد ومنه سمي النوابغ من الشعراء نحو الجعدي والذبياني وغيرهما... والنابغة الشاعر المعروف سمي بذلك لظهوره وقيل: سماه زياد بن معاوية لقوله:

وحلت في بني القين بن جسر وقد نبغت لنا منهم شؤون

... وقيل إن زيادا قال الشعر على كبر سنه ونبغ فسمي النابغة)[2].

وقف الجاحظ عند هذه النظرية وأدلى بدلوه فيما تيسر له من القول فيها، قال (وكان يزيد بن معاوية خطيبا شاعرا. وكان الوليد بن يزيد خطيبا شاعرا، وكان مروان بن الحكم وعبد الرحمن بن الحكم شاعرين. وكان بشر بن مروان شاعرا ناسبا وأديبا عالما. وكان خالد بن يزيد بن معاوية خطيبا شاعرا وجيد الرأي أديبا كثير الأدب حكيما... قالوا: وإنما تمكن فينا الشعر وجاد ليس من قبل أن الذين مدحونا ما كانوا من غير من مدح الناس، ولكن لما وجدوا فينا مما يتسع لأجله القول ويصدق فيه القائل قد مدح عبيد الله بن قيس الرقيات من الناس آل الزبير عبد الله ومصعبا وغيرهما فكان يقول كما يقول غيره)[3].

---

(1) م.ن، ص 86.

(2) لسان العرب، مادة (نبغ).

(3) الرسائل السياسية، ص 436-437؛ وينظر: آثار الجاحظ، ص 217.

إن هذا القول يقترح إمكانية أن يكون الشعر وراثة، أو أن تأثير العائلة التي يكثر فيها الشعراء يمكن أن يطال أبناء آخرين فيها، ولكن هذا الكلام لا يكون في كل الأحوال، إذ (كان أبو طالب والزبير شاعرين وكان أبو سفيان بن الحارث بن عبد المطلب شاعرا. ولم يكن في أولاد أمية بن عبد شمس لصلبه شاعر، ولم يكن في أولاد أمية إلا أن تعدوا في الإسلام العرجي من ولد عثمان بن عفان وعبد الرحمن بن الحكم)[1].

قال الجاحظ في موضع آخر (وفخر الأمويون بالفتوح التي تمت في دولتهم والحروب التي خاضوها في أرمينية وأفريقيا والسند والهند.

كما افتخروا بنبوغهم في الشعر واهتمامهم بالعلوم، فكان يزيد بن معاوية شاعرا والوليد بن يزيد شاعرا، ومروان بن الحكم وعبد الرحمن بن الحكم شاعرين. أما خالد بن معاوية فكان حكيما وهو أول من أجاز الترجمة والفلاسفة ليترجموا له الطب والكيمياء والآلات)[2].

إن هذا النص يؤكد إمكانية أن يكون الشعر غير وراثي وذلك لقولهم (افتخروا بنبوغهم)، وقد مر تعريف النابغة بأنه الرجل الذي لم يكن في إرثه الشعر). ويؤكد من جانب اخر أن الشعر بنية مركزية في الرؤية العربية للحياة فالفخر بالشعر أساس، والخلفاء شعراء وهذا يعد سببا من أسباب عناية الجاحظ بنظرية الشعر، لأنها جزء مهم من نظرية الحياة عند العرب.

يرى الجاحظ أنه ليس للبيئة الطبيعية أثر في الشاعرية[3] - في أغلب الأحيان- فـ (بنو حنيفة مع كثرة عددهم، وشدة بأسهم... ومع ذلك لم نر قبيلة قط أقل شعرا منهم. وفي إخوتهم عجل قصيد ورجز، وشعراء ورجازون وليس ذلك لمكان الخصب وأنهم أهل مدر، وأكالو تمر؛ لأن الأوس والخزرج

---

(1) اثار الجاحظ، ص 229-230.

(2) رسائل الجاحظ - الرسائل السياسية -، ص 42.

(3) المناحي الفلسفية عند الجاحظ، ص 215.

كذلك، وهم في الشعر كما قد علمت. وكذلك عبد القيس النازلة قرى البحرين، فقد تعرف أن طعامهم أطيب من طعام أهل اليمامة وثقيف أهل دار، ناهيك بها خصبا وطيبا، وهم وان كان شعرهم أقل فإن ذلك القليل يدل على طبع في الشعر عجيب وليس ذلك من قبل رداءة الغذاء، ولا من قلة الخصب الشاغل والغنى عن الناس وإنما ذلك عن قدر ما قسم الله لهم من الحظوظ والغرائز والبلاد والأعراق مكانها)[1].

فالشعر مسألة هبة وحظ قسمه الله للإنسان، وغريزة كان الزمن والتعلم والمثيرات كفيلة بأخراجها وتنميتها، وكذلك الشعر وحضوره عند قوم من دون اخر -كما يراها الجاحظ- قضية حظ وغريزة إنسانية لا علاقة لها في الغالب (بالمكان وطبيعة الجنس في كل قبيلة)، فالطبيعة الإنسانية والخلقية والظرفية والزمنية والمكانية لا تحدد بالضرورة ظهور الشعر في قوم وعدم ظهورها في أقوام أخرى -يصفها الجاحظ وصفا ولا يتعمق في قراءتها وتحليلها- في حين قد يؤثر تغير المكان في الشعر، فـ (شأن عبد القيس عجب وذلك أنهم بعد محاربة إياد تفرقوا فرقتين ففرقة وقعت بعمان وشق عمان. وهم خطباء العرب، وفرقة وقعت إلى البحرين وشق البحرين، وهم من أشعر قبيل في العرب، ولم يكونوا كذلك حين كانوا في سرة البادية وفي معدن الفصاحة وهذا عجب)[2].

كذلك يقول إنه ليس للوراثة أثر في الشاعرية فـ (بنو الحارث بن كعب قبيل شريف، يجرون مجاري ملوك اليمن ومجاري سادات أعراب أهل نجد، ولم يكن لهم في الجاهلية كبير حظ في الشعر ولهم في الإسلام شعراء مفلقون)[3].

(1) كتاب الحيوان: 4/ 440- 445.

(2) البيان والتبيين: 1/ 73.

(3) كتاب الحيوان: 4/ 445.

ويعطي الجاحظ مثالا آخر هم أولاد زرارة (وفي ولد زرارة لصلبه، شعر كثير، كشعر لقيط وحاجب وغيرهما من ولده. ولم يكن لحذيفة ولا حصن ولا عيينة بن حصن، ولا لحمل بن بدر - شعر مذكور)[1].

إن الإنسان فطري المواهب، ولكن هذه المواهب تختلف من إنسان إلى آخر، وهي متعددة ومتنوعة ولا شك في أن موهبة الشعر هي إحدى هذه المواهب، إلا أن تنمية أية موهبة تابعة للظرف الذي يمر به الشاعر لأنه هو الوحيد القادر على بعث الشعر إلى حيز الوجود، وهذا الظرف يرتبط ارتباطا مباشرا بالاستعداد والزمن المناسب للقول.

بمعنى آخر ليست كل الأوقات تصلح لقول الشعر، ومما يؤكد ما نذهب إليه أن جريرا مر يوما بالمربد (فوقف عليه الراعي وابنه جندل، فقال له ابنه جندل: إنه قد طال وقوفك على هذا الكلب الكليبي، فإلى متى؟ وضرب بغلته، فمضى الراعي وابنه جندل، فقال جرير: و الله لأثقلن رواحلك، فلما أمسى أخذ في هجائه، فلم يأته ما يريد، فلما كان مع الصبح انفتح له القول فقال: [من الوافر]

فغض الطرف إنك من نمير فلا كعبا بلغت ولا كلابا
ولو جعلت فقاح بني نمير على خبث الحديد إذن لذابا)[2]

فمع أن موهبة الشعر هي أساس القول فإن الشعراء يتفاوتون فيما بينهم في القول، فـ (الشاعر نفسه قد تختلف حالاته، وقال الفرزدق أنا عند الناس أشعر الناس وربما مرت علي ساعة ونزع ضرس أهون علي من أن أقول بيتا واحدا[3].

وقال العجاج: لقد قلت أرجوزتي التي أولها:

بكيت والمحتزن البكي وإنما يأتي الصبا الصبي

---

(1) كتاب اليحوان: 4/ 445.

(2) م. ن:1/ 169.

(3) وينظر: البيان والتبيين: 1/ 95.

أطربـــــا وأنــــــت قنســــــري والدهـــــــر بالإنســــــــان دواري

وأنا بالرمل، في ليلة واحدة، فانثالت علي قوافيها انثيالا، وإني لأريد اليوم دونها في الأيام الكثيرة، فما أقدر عليه. وقال لي أبو يعقوب الخريمي: خرجت من منزلي أريد الشماسية فابتدأت القول في مرثية لأبي التختاخ، فرجعت و اللـه وما أمكنني بيت واحد.

وقال الشاعر: [من الطويل]

وقـــد يقـــرض الشـــعر الـــبكي لســـانه وتعيـــي القـــوافي المـــرء وهـــو خطيـــب[1]

ينقل الجاحظ هنا معاناة الفرزدق وغيره من الشعراء في قول الشعر بالرغم من منجزهم الشعري الثر وفي ذلك إشارة إلى تعقيد بناء النظام الشعري وصعوبته.

في حين يندفع الشعر على لسان أحدهم وتنفتح له الحجب حتى إنه ليفخر بأنه يستطيع القول متى شاء، وأنه لو أراد أن يكون كلامه كله شعرا لكان فقد (سمعت أبا العتاهية يقول: لو شئت أن يكون حديثي كله شعرا موزونا لكان)[2]. وهذه المقولة تفصل بين النظم (شعرا موزونا) قابلا للقول في أية لحظة، والشعر الحقيقي المرتبط بالتجربة والتخييل الذي لا يمكن إنجازه في أية لحظة.

ونفي الموهبة مع معرفة الشعر وأصوله وأدواته لا يمكن أن تخلق شاعرا، فقد يكون الإنسان عارفا بأدوات الشعر وأساليبه وأوزانه ولكن يتعذر عليه قول الشعر، فأما من القول الموهبة ولا ينفي ذلك أن يكون للعلم والمعرفة والدربة معها - الموهبة -، القدرة على التمكن من قول الشعر (قال: وقال بعضهم: ما بال ديسيموس يعلم الناس الشعر ولا يقول الشعر؟ قال: ديسيموس كالمسن الذي يشحذ ولا يقطع)[3].

---

(1) م. ن: 1/ 144.

(2) البيان والتبيين: 1/ 85.

(3) كتاب الحيوان: 1/ 191.

فمعلم الشعر غير الشاعر، يمكن لأي إنسان أن يكون معلم شعر بالقراءة والتثقيف وطلب المعرفة الشعرية، لكن ليس بوسعه أن يكون شاعرا ما لم يكن موهوبا، فـ (شعر الرجل قطعة من كلامه، وظنه قطعة من علمه واختياره قطعة من عقله)[1].

فبالموهبة يرتجل القول من غير معاناة ولا مكابدة ولا إجالة فكر ولا استعانة؛ لذا جاء قول العربي على سجيته وفطرته من غير تصنع وتكلف، وتعد هذه الركائز أساس نظرية القول الشعري التي عدها الشاعر أساسا عربيا خالصا، فكل (شيء للعرب فإنما هو بديهة وإرتجال وكأنه إلهام وليست هناك معاناة ولا مكابدة ولا إجالة فكر ولا استعانة، وإنما هو أن يصرف وهمه إلى الكلام... فتأتيه المعاني أرسالا وتنثال عليه الألفاظ انثيالا ثم لا يقيده على نفسه ولا يدرسه أحدا من ولده وكانوا أميين لا يكتبون ومطبوعين لا يتكلفون وكان الكلام الجيد عندهم أظهر وأكثر... فلم يحفظوا إلا ما علق بقلوبهم والتحم بصدورهم واتصل بعقولهم من غير تكلف ولا قصد ولا تحفظ ولا طلب)[2].

الجاحظ هنا -وكما هو واضح من ظاهر قوله- يصف ارتباط الشاعر العربي بالموهبة من خلال مفهوم الطبع وعدم التكلف، ولا يذهب عميقا في تحليل وتفسير الظاهرة الشعرية، إذ إن نظريته في الشعر نظرية وصفية تقوم على الإشارات والقرائن والملاحظات الدقيقة من جانب، ومن جانب آخر هي تحتشد في سياق منطقي يعتمد على التعليل والمقارنة والمضاهاة في إطار فحص علمي يتحلى بالكثير من المعرفة في النظر والتمعن والقراءة وصولا إلى جملة من الحقائق النوعية التي يجتهد بحثنا هذا في رصدها وتقويمها ولم أطرافها، على النحو الذي يشكل نظرية ذات رؤية خاصة في فن الشعر بأنموذجه العربي.

---

(1) البيان والتبيين: 1/ 61.

(2) م.ن.: 3/ 18.

الفصل الثالث

الفصل الثالث: الشعر والآخر: الإحالة والتلقي
المبحث الأول: السرقات الشعرية وإشكالية الإحالة
المبحث الثاني: الانتحال وتقويل الآخر
المبحث الثالث: استراتيجية التلقي الشعري

المبحث الأول

السرقات الشعرية وإشكالية الإحالة

السرقة لغة: اسم من (سرق الشيء يسرقه فهو سارق والسارق عند العرب من جاء مستترا إلى حرز فأخذ منه ما ليس له)[1].

ولم يخرج المعنى الاصطلاحي عن حدود المعنى اللغوي للكلمة ليدل على الفعل نفسه، وهو السرقة وإن كان هناك من اختلاف فهو في ماهية ونوعية المسروق فقط.

فالسرقة في الاصطلاح الأدبي: هي الأخذ من كلام الغير والسطو على أفكار الأدباء، وتكون بأخذ بعض المعنى أو بعض اللفظ سواء أكان آخذ اللفظ بأسره أم المعنى بأسره، دون نسبته إلى قائله[2].

وجدت هذه القضية منذ عصر اليونان، إذ اعترف بعض شعرائهم بتقليدهم لسابقيهم واتهم بعضهم بأنهم قد سرقوا ممن كانوا قبلهم. أما وجودها عند العرب، فإنها كانت حاضرة منذ العصر الجاهلي، واتهم فيها شعراء مهمون كزهير، قيل إنه سرق من قراد بن حنش من غطفان[3]. وإن كان يستبعد شاعر مثل زهير من هذه السرقة؛ لأنه عرف عن خلقه والتزامه وورعه، وأنه شاعر من عبيد الشعر الحولي المحكك ومن الذين يجودون في أشعارهم ويقفون عند كل بيت يقولونه، فيعيدون النظر فيه حتى تخرج أبيات القصيدة كلها مستوية في الجودة ولولا أن الشعر قد كان استعبدهم واستفرغ مجهودهم حتى أدخلهم في باب التكلف وأصحاب الصنعة،

---

(1) ينظر: لسان العرب مادة (سرق).

(2) ينظر: النقد الأدبي، 1/ 62.

(3) ينظر: ديوان نجد، بقلم وضحاء آل زعير (السرقات الشعرية)، بحث منشور في الانترنت.

ومن يلتمس قهر الكلام، واغتصاب الألفاظ، لذهبوا مذهب المطبوعين الذين تأتيهم المعاني سهوا ورهوا[1].

لذا فإن شاعرا مثل زهير لا يمكن أن يقع في مثل هذا الإشكال مدنسا اسمه الشعري بأبيات مسروقة، هو أقدر على قول أفضل منها معنى ولفظا، وما نسب إليه قد يكون من تقول الرواة لحاجة في نفوسهم.

إن مصطلح (السرقة) يمكن أن يوصف بأنه اتهام قضائي، فالسرقة أمر محرم، وسلوك لا ترضاه الأديان والشرائع والقوانين الوضعية، وربما يكون السبب الرئيس في هذه السرقات هم الرواة.

فالشعر فن من أرقى أنواع الفنون عند العرب إن لم يكن أرقاها قاطبة، فهو مجال خصب للافتنان والابتكار وفيه تظهر موهبة الفنان - الشاعر، تلك الموهبة التي يمكن أن نعدها حجر الزناد فإن لم تتوافر لا يمكنه القدح. وتبين قدرته على البراعة والإجادة، وشتان ما بين شاعر أصيل مبتكر لفنه قادر على الخلق والإبداع، وشاعر مقلد لغيره تقليدا ممقوتا؛ لأنه عاجز عن توليد الأفكار وإيجاد المعاني المكسوة بالألفاظ التي تناسبها ومن ثم المقام الذي فيه تقال.

فكان الشعراء كأنهم في ميدان حرب يكون فيه السبق لمن كانت له الإصابة الأولى (إلا أن التقاء الشعراء على اتباع المعاني واقتناصها لا بد من أن يسير في أحد اتجاهين: اتجاه يغزو الشاعر فيه قصائد غيره فيسرق المعاني التي تروقه بمبانيها وأشكالها كليا أو جزئيا، ولا يكلف نفسه عناء كسوتها ألفاظا غير ألفاظها. واتجاه ينحو نحو الاقتباس إذ يغتصب الشاعر المعنى الذي يريد لكنه يكسوه من الألفاظ ما يموه بها اغتصابه، ومن بهاء الشكل وجدة البناء ما يجعلانه صاحب الفضل الأول فيه ويوليانه الحق في ادعائه والتباهي بملكيته. أما الاتجاه الأول فهو السرقة المرفوضة كليا، التي دانها قديما جميع النقاد العرب بلا استثناء. ويكادون

(1) ينظر: البيان والتبيين: 2/ 8.

جميعا أن يتفقوا على الإقرار بشرعية اقتباس المعاني على أن يكسوها الشاعر المغير أثوابا مبتكرة من اللفظ والشكل)[1].

النص الآتي يعد من أوضح نصوص الجاحظ التي تبين مفهوم السرقات الشعرية لديه وحسب ما فهمها هو، إذ يقول (ولا يعلم في الأرض شاعر تقدم في تشبيه مصيب تام، وفي معنى غريب عجيب، أو في معنى شريف كريم، أو في بديع مخترع، إلا وكل من جاء من الشعراء، من بعده أو معه، إن هو لم يعد على لفظه فيسرق بعضه أو يدعيه بأسره، فإنه لا يدع أن يستعين بالمعنى ويجعل نفسه شريكا فيه، كالمعنى الذي تتنازعه الشعراء فتختلف ألفاظهم، وأعاريض أشعارهم ولا يكون أحد منهم أحق بذلك المعنى من صاحبه، أو لعله يجحد أن سمع بذلك المعنى قط، وقال إنه خطر على بالي من غير سماع كما خطر على بال الأول، هذا اذا قرعوه به إلا ما كان من عنترة في صفة الذباب فإنه وصفه فأجاد صفته فتحامى معناه جميع الشعراء، فلم يعرض له أحد منهم، ولقد عرض له بعض المحدثين ممن كان يحسن القول فبلغ من استكراهه لذلك المعنى، ومن اضطرابه فيه أنه صار دليلا على سوء طبعه في الشعر، قال عنترة: [من الكامل]

جادت عليها كل عين ثرة ... فتركن كل حديقة كالدرهم
فترى الذباب بها يغني وحده ... هزجا كفعل الشارب المترنم

قال: يريد فعل الأقطع المكب على الزناد والأجذم المقطوع اليدين فوصف الذباب إذا كان واقعا ثم حك إحدى يديه بالأخرى، فشبهه عند ذلك برجل مقطوع اليدين يقدح بعودين ومتى سقط الذباب فهو يفعل ذلك. ولم أسمع في هذا المعنى بشعر أرضاه غير شعر عنترة)[2].

هنا يعرض الجاحظ لنظريته الشعرية في (الإحالة) وما يتفرع عنها من مفاهيم الأخذ والسرقة وغيرها من المصطلحات أو المسميات التي تطلق على السرقات

([1]) مفاهيم الجمالية والنقد في أدب الجاحظ، ص 134.

([2]) كتاب الحيوان: 3/ 149- 150.

الشعرية، وهذا النص النقدي العجيب هو الذي يعمل كهمزة الوصل بين التراث والحداثة، ونعني بها الحداثة التي تستند إلى التراث، وذلك على أساس أن التراث النقدي العربي غني بالنظريات والآراء النقدية. فالجاحظ هنا يؤكد أن هناك معاني مشتركة أو غدت مشتركة بفعل تعاور الشعراء عليها، واحتفائهم بها، إذن لا أحد منهم أحق بذلك المعنى من صاحبه لكن الفضل للمتقدم، كما يؤكد قضية الانتحال بقوله (أو يدعيه بأسره)، وتلاحظ أن الجاحظ لم يقع فيما كان يسميه النقاد الأقدمون (السرقات)، فلم يفرد له بابا خاصا كما فعل النقاد من بعده وإنما كانت إشارات تأتي في مواضعها فيصفها بأنها سرقة وأحيانا يسميها أخذا، فلو تأملنا قوله: (أخذ الشعراء، بعضهم معاني بعض) لوجدنا أنه يربط مفهوم الأخذ بالمعنى، وأما قوله: (إن هو لم يعد على لفظه فيسرق بعضه أو يدعيه بأسره)، فإن مفهوم السرقة يرتبط بالألفاظ، هذا ما يوحيه ظاهر القول، لكن المتتبع لكلامه يجد إنهما يحملان مفهوم السرقة سواء أكانت في الألفاظ أم في المعاني، فالناظر في قوله و(قالوا: لم يدع الأول للآخر معنى شريفا ولا لفظا بهيا إلا أخذه إلا بيت عنترة)[1]: [من الكامل]

فترى الذباب بها يغني وحده ... هزجا كفعل الشارب المترنم

وقوله: (قال الراعي: [من الطويل]

وعملي نصي بالمتان كأنها ... ثعالب موتى جلدها قد تسلعا[2]

وقال الأصمعي: سرق هذا المعنى من طفيل الغنوي ولم يجد السرق)[3]. قال الجاحظ: (والبيت الذي ذكره الأصمعي لطفيل الغنوي، أن الراعي سرق معناه هو قوله: [من الطويل]

وعملي نصي بالمتان كأنها ... ثعالب موتى جلدها لم ينزع[4]

---

(1) البيان والتبيين: 3/ 202.

(2) كتاب الحيوان: 6/ 475.

(3) م.ن: 6/ 475.

(4) م.ن: 6/ 475.

فالبيتان قد تطابقا في لفظهما ومعناهما، وإن جاءت إشارة الجاحظ مركزة في المعنى، لأن مقصد الشاعرين على المعنى لا على اللفظ وربما يكون بيت الراعي منحولا ويمكن أن نجد ما بين البيتين من علاقة على مستوى الشكل والمضمون والدال والمدلول واضحة المعالم حتى جاءت السرقة واضحة في ألفاظها ومعانيها وعلى النحو الآتي:

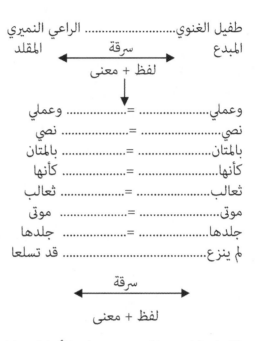

طفيل الغنوي.................. الراعي النميري
المبدع ← سرقة → المقلد
لفظ + معنى
↓
وعملي.................=................ وعملي
نصي...................=................ نصي
بالمتان................=................ بالمتان
كأنها..................=................ كأنها
ثعالب.................=................ ثعالب
موتى..................=................ موتى
جلدها.................=................ جلدها
لم ينزع.................................. قد تسلعا

← سرقة →
لفظ + معنى

فالجاحظ اهتم بالمعنى مع تشابه الألفاظ ربما لوضوح اللفظ وخفاء المعنى والمسروق هو المخفي وبذا يمكن الرد على من زعم من الباحثين أن الجاحظ لا يهتم بسرقات المعاني كما هو في سرقات الألفاظ، وما ذاك إلا لاهتمامه بقضية اللفظ والمعنى واستحواذها عليه[1].

(1) ديوان نجد، بحث منشور في الانترنت.

إن الجاحظ لم يستعمل في قاموسه اللغوي سوى مصطلحين اثنين للدلالة على موضوع النقل الحرفي والاقتباس هما (الأخذ) أو (السرقة)، أما ما سواهما من الألفاظ (التشبيه، التمثيل، المشاكله)، فهي ألفاظ لا توحي بالسرقة والأخذ كما فهمها بعض الباحثين[1]. وإلا لكانت مؤلفات الجاحظ من أكثر الكتب التي تحدثت عن السرقات فلا تكاد تخلو بضع صفحات من هذه الألفاظ [الشبه - الشبيه - والمثل -والباب - والمعنى.... الخ]. التي استعملها الجاحظ في مؤلفاته، وما أحسبها إلا ألفاظا أوردها الجاحظ ليدلل على توارد الخواطر عند الشعراء، وليدلل على مدى معرفته بأشعار العرب وحفظه لها، وكذلك ليلفت انتباهنا إلى سرعة البديهة والفكر الثاقب القادر على أن يربط الأسباب بالمسببات، ويقارب بين الأشعار على اختلاف الأزمنة والأماكن. فهو عالم مدرك لسعة الجادة التي يسير عليها الشعراء فيقع خاطر بعضهم على خاطر الآخر، كما يقع الحافر في بعض الاحتمالات القليلة الورود على الحافر. وسنذكر بعضا من هذه الأبيات:

(وقال الشاعر - يقصد الجاحظ نفسه[2] - في مديح أبي دؤاد: [من الخفيف]

وعويص من الأمور بهيم ... غامض الشخص مظلم مستور

قد تسهلت ما توعر منه ... بلسان يزينه التحبير

مثل وشي البرود هلهله النسـ ... ـخ وعند الحجاج در نثير

حسن الصمت والمقاطع اما ... نطق القوم والحديث يدور

ثم من بعد لحظة تورث اليـ ... ـسر وعرض مهذب موفور

ومما يضم إلى هذا المعنى، وليس منه قول جميل بن معمر: [من الطويل]

(1) ينظر: على سبيل المثال، النقد المنهجي عند الجاحظ، ص 12-13 والنابغة بين ناقديه قديما وحديثا، إيمان محمد إبراهيم العبيدي، رسالة ماجستير، جامعة بغداد، كلية التربية - ابن رشد، 1432هـ- 2001م، ص 61.

(2) ينظر: شعراء بصريون في القرن الثالث الهجري، تأليف محمد جبار المعيبد، منشورات مركز دراسات الخليج العربي، 1977م، ص 83.

نمت في الروابي من معد وأفلجت | على الخفرات العري وهي وليد
أناة على نيرين أضحى لداتها | بلين بلاء الريط وهي جديد[1]

إن استحالة أن يكون مقصد الجاحظ بقوله (ومما يضم إلى هذا المعنى وليس منه) سرقة وذلك للأسباب الآتية:

1- إن أسلوب الجاحظ يميل إلى الصراحة والوضوح لا إلى الكناية والتلميح كما في بعض المواضع، ولا أحسب هذا الموضع واحدا منها، فلو قصد ذلك لصرح بالسرقة والأخذ فليس الجاحظ ممن تأخذه في الحق لومة لائم.

2- في السرقات على الأغلب يذكر أولا البيت المؤثر والمخترع ثم يأتي بالبيت المتأثر أو المقلد بعده، لا أن يذكر البيت السارق ثم يأتي ببيت المسروق.

3- إن سلمنا بقول الباحثين بأن الجاحظ يسمي السرقة تشبيها أو أخذ معان أو... ألخ من المسميات فهذا يعني أنه يتهم (نفسه) بالسرقة وهذه الأبيات السابقة له، وهذا اعتراف غريب نوعا ما، فمن الغريب أن يفضح المزور نفسه، في حين يبدو من الأكثر منطقية أن يستر ما دام الله قد ستر. فكما نعلم أن جميل بن معمر وهو الشاعر المشهور (بجميل بثينة) قد توفي (سنة 83)[2]، وهذا يعني أن الجاحظ يكون متأثرا لا مؤثرا في الشاعر وإن قيل عنه بأنه (صنع هذه الأشعار ولما وضع الأخبار، وكان قديرا على الشعر سراقا له، وهي أشعار غزلية نسبها الجاحظ إلى حرفيين شعبيين عاصرهم)[3]، ولا أرى الجاحظ به حاجة للسرقة -كما أدعاها بعضهم عليه ووصفه بها- وذلك لما أعطاه الله من حسن البيان.

---

(1) البيان والتبيين: 1/ 155.

(2) موسوعة شعراء، صدر الإسلام والعصر الأموي، عبد عون الروضان، دار اسامة للنشر والتوزيع، الأردن - عمان، ط 1، 2001م، ص 103.

(3) ينظر: شعراء بصريون من القرن الثالث الهجري، ص 79.

فقد قيل لأبي هفان (لم لا تهجو الجاحظ وقد ندد بك وأخذ بمخنقك؟ فقال أمثلي يخدع عن عقله، و الله لو وضع رسالة في أرنبة أنفي لما أمسك إلا بالصين شهرة، ولو قلت فيه ألف بيت لماطن منها بيت في ألف سنة)[1].

ومع ذلك فإن للجاحظ أشعارا لكنها ليست بالمستوى الرائع، فهو لم يبلغ من الشاعرية المستوى الذي جعلنا نعده من الشعراء المرموقين[2].

ومما قاله الجاحظ: (وأشعر منه عبدة بن الطبيب، إذ يقول في قيس بن عاصم: [من الطويل]

فما كان قيس هلكه هلك واحد ... ولكنه بنيان قوم تهدما

وقال امرؤ القيس في شبيه بهذا المعنى: [من الطويل]

فلو أنها نفس تموت سوية ... ولكنها نفس تساقط أنفسا[3]

لقد جعل شعر امرئ القيس شبيها بقول عبدة بن الطبيب وهو متأخر عن امرئ القيس فهو شاعر مخضرم عاش في الجاهلية والإسلام وأسلم[4].

وقال الجاحظ: (صالح بن سليمان، قال: من أحمق الشعر قول الذي يقول: [من الطويل]

أهيم بدعد ما حييت فإن أمت ... أوكل بدعد من يهيم بها بعدي

ولا يشبه قول الآخر: [من الطويل]

فلا تنكحي إن فرق الدهر بيننا ... أغم القفا والوجه ليس بأنزعا[5]

---

(1) م.ن: ص 79.

(2) م.ن: ص 78.

(3) البيان والتبيين: 2/ 230.

(4) ينظر: موسوعة شعراء عصر صدر الإسلام والعصر الأموي، ص 198-199.

(5) البيان والتبيين: 4/ 6.

البيت الأول للنمر بن تولب شاعر مخضرم من الشعراء المعمرين، والبيت الثاني لهدبة بن خشرم العذري وهو شاعر أموي[1].

وقال الجاحظ (وقال لبيد في خد وجه الأرض بالعصي والقسي: [من الطويل]

نشين صحاح البيد كل عشية بعوج السراء عند باب محجب

ومثله: [من المتقارب]

إذا اقتسم الناس فضل الفخار أطلنا على الأرض ميل العصا

ومثله: [من الكامل]

حكمت لنا في الأرض يوم محرق أيامنا في الناس حكما فيصلا[2]

قال الجاحظ: (وقال يزيد بن مفرغ: [مجزوء الكامل]

العبد يقرع بالعصا والحر تكفيه الملامة

وقد أخذه من الفلتان الفهمي حيث قال: [مجزوء الكامل]

العبد يقرع بالعصا والحر تكفيه الاشارة

وقال مالك بن الريب: [مجزوء الكامل]

العبد يقرع بالعصا والحر بكفيه الوعيد

وقال بشار بن برد: [من الكامل]

الحر يلحى والعصا للعبد وليس للملحف مثل الرد[3]

لو تأملنا قول الجاحظ هنا حين يقول (وقد أخذه، لوجدنا أنه لا يعني بالأخذ (السرقة) - وإن عده بعضهم سرقة)[4]- وإنما مقصد كلامه أن هذه الأبيات سارية

---

(1) ينظر: موسوعة شعراء عصر صدر الإسلام والعصر الأموي، ص 331-334. وينظر: معجم شعراء تهذيب اللغة، د. داود غطاشة، دار الفكر للطباعة والنشر والتوزيع، الأردن، ط 1، 1999م، ص 110-111.

(2) البيان والتبيين: 1/ 5.

(3) م.ن.: 3/ 23.

(4) البلاغة عند الجاحظ، د. أحمد مطلوب، دار الشؤون الثقافية للنشر، ط 1، 1983، ص 111.

مسرى المثل (وقد كان الرجل من العرب يقف الموقف فيرسل عدة أمثال سائرة، ولم يكن الناس جميعا ليتمثلوا بها إلا لما فيها من المرفق والانتفاع. ومدار العلم على الشاهد والمثل)[1]. وعليه مدار قول النابغة الذي روى للزبرقان بن بدر:

تعدو الذئاب على من لا كلاب له ... وتتقي مربض المستنفر الحامي

إذ سأل ابن سلام يونس عنه: (فقال: هو للنابغة أظن الزبرقان استزاده في شعره كالمثل حين جاء موضعه لا مجتلبا له، وقد تفعل ذلك العرب لا يريدون به السرقة)[2].

فالمثل هو خلاصة لتجربة اجتماعية أو فردية، وتعد من قبيل آداب الشعوب؛ لأن كل فرد منهم كان مستعدا لضرب الأمثال. وفي كلام ابن سلام الذي يرويه عن يونس نلمس سبب تنويه الجاحظ وتفسيره لدخول بعض الزيادات على النصوص. وهو أن بعض الأبيات الشعرية والكلمات البليغة تصبح كالمثل السائر بين الناس فتدخل في نصوص أدبية أخرى للتمثل بها، فيفوت هذا الأمر بعض الرواة ويحسبون الأمثال جزءا من النصوص الأصلية، ولم يكن مثل هذا الامر ليفوت مؤلفا مثل الجاحظ أن ينبه عنه مبينا السبب في ذلك، وهذا ما نلاحظه في قوله (... ومثله قول الراعي:

فلو كنت معذورا بنصرك طيرت ... صقوري غربان البعير المقيد

هذا البيت لعنترة في قصيدة له. ضرب ذلك مثلا للبعير المقيد ذي الدبر، إذا وقعت عليه الغربان)[3].

---

(1) البيان والتبيين: 1/ 185.

(2) طبقات الشعراء، ص 42.

(3) كتاب الحيوان: 3/ 197.

وقوله أيضا:

(وواضـــع المعــــروف في غـــير أهلـــه | كالمسرـــج في الشـــمس والـــزارع في الســـبخ

ومثله البيت السائر في الناس: [من الطويل]

ومـــن يصـــنع المعـــروف في غـــير أهلـــه | يـــلاق الـــذي لاقـــى مجـــير أم عـــامر)[1]

وهذا إن دل على شيء فإنه يدل على أن المعاني تشترك بين النثر والشعر على سبيل التشبيه لا على قصدية السرقة - كما أظن -، وإلا كيف يفسر قوله (وقال في هذا المعنى جرير، وإن لم يكن ذكر العصفور، حيث يقول:

ومـــن يصـــنع المعـــروف في غـــير أهلـــه | يـــلاق الـــذي لاقـــى مجـــير أم عـــامر)[2]

مـــا زلـــت تحســـب كـــل شيء بعـــدهم | خـــيلا تشـــد علـــيكم ورجـــالا

قال يونس أخذ هذا المعنى من قول اللـه: (يحسبون كل صيحة عليهم هو العدو(4)) المنافقون: ٤، وقال بشار في شبيه ذلك: [من الوافر]

كـــأن فـــؤاده كـــرة تنـــزى | حـــذار البـــين لـــو نفـــع الحـــذار

جفـــت عينـــي عـــن التغمـــيض حتـــى | كـــأن جفونهـــا عنـــه قصـــار

يروعـــه الســـرار بكـــل أمـــر | مخافـــة أن يكـــون بـــه الســـرار[3]

ولا يعني الأخذ هنا السرقة وإنما هو تضمين -أي ضمن الكلام شيئا من القرآن والحديث[4]- وإن فهم أو فسر قوله هنا على السرقة -كما ظن بعضهم[5]- إلا أن الجاحظ قد نبه على هذه المسألة -أي مسألة التضمين- وربما جعلها

(1) البيان والتبيين: 2/ 70-71.

(2) البيان والتبيين: 2/ 70-71.

(3) كتاب الحيوان: 5/ 132.

(4) البلاغة عند الجاحظ، ص 108.

(5) م.ن: ص 108.

ضرورة؛ لأن الناس (كانوا يستحسنون أن يكون في الخطب يوم الحفل، وفي الكلام يوم الجمع آي من القرآن، فإن ذلك يورث الكلام البهاء والوقار والرقة وسلس الموقع... وأكثر الخطباء لا يتمثلون في خطبهم الطوال بشيء من الشعر ولا يكرهونه في الوسائل، إلا أن تكون إلى الخلفاء)[1].

إن مسألة التضمين من القرآن الكريم تعد طريقة فنية ذات صدى في الكتابة النثرية ولا سيما عند كتاب الرسائل، وفي صياغة الأغراض الأدبية، وقد سار الجاحظ في هذا الاتجاه الفني، فاستعمل النص القرآني للتعبير عن المعاني الأدبية ورسم الصور الفنية، فطرز بالنص القرآني كتبه ونمق به مادته الأدبية لتثري الأغراض التي تقوم على الوصف، فقال في هجاء الكتاب وذمهم: (لقد رأيت عبد الله بن المقفع هذا في غزارة علمه وكثرة روايته، كما قال الله عز ذكره: (كمثل الحمار يحمل أسفارا(5)) الجمعة: ٥، قد أوهنه علمه وأذهله حمله، وأعمته حكمته وحيرته بصيرته)[2] فالتضمين من القرآن الكريم يرد مباشرة بعد استخدام أسلوب السخرية.

لذلك فإن إدراج النص القرآني في سياق الوصف الأدبي طريقة من طرق التداخل بين النصوص اعتمدها الجاحظ ليحقق وظيفة بيانية، وليكسب الكاتب قدرة على التأثير في القارئ قوية وليخرج المعاني الأدبية في صور تخدم الغايات الفنية في كتبه. ولذا فالتضمين من القرآن الكريم لا يعد سرقة، لأنه مصطلح بلاغي معروف يرتبط بـ (الأخذ)، وهدفه دعم القوة البيانية في الكلام الأدبي وإثراء القيمة الدلالية فيه.

---

(1) الأشكال التعبيرية في رسائل الجاحظ الأدبية، ص 10-11.

(2) م.ن، ص 14.

ومع عمومية دلالة الأخذ عند الجاحظ فإننا تبينا من بعض الإشارات أنها بمعنى السرقة المحضة -في بعض الأحيان- إلا إذا كان القول متداولا ففي إشاراته إلى قول النابغة: [من الطويل]

إذا مـا غـزوا بـالجيش حلـق فـوقهم عصـائب طـير تهتـدي بعصـائب

قال: فأخذ هذا المعنى حميد بن ثور الهلالي فقال: [من الطويل]

إذا مـا غـزا يومـا رأيـت عصـابة مـن الطـير ينظرن الـذي هـو صـانع[1]

أشار الآمدي إلى هذه السرقة بقوله: قال مسلم بن الوليد:

قـد عـود الطـير عـادات وثقـن بها فهـن يتبعنـه فـي كـل مرتحـل

أخذه الطائي فقال:

وقـد ظللـت عقبـان أعلامـه ضحـى بعقبـان طـير فـي الـدماء نواهـل

أقامـت مـع الرايـات حتـى كأنهـا مـن الجيـش إلا أنهـا لـم تقاتـل

وقد ذكر المتقدمون هذا المعنى فأول من سبق إليه الأفوه الأودي وذلك قوله:

وتـرى الطـير علـى آثارنـا رأي عيـن ثقـة أن ستمار

فتبعه النابغة فقال:

إذا مـا غـزوا بـالجيش حلـق فـوقهم عصـائب طـير تهتـدي بعصـائب

جـوانح قـد أيقـن أن قبيلـه إذا مـا التقـى الجمعـان أول غالـب

فأخذ حميد بن ثور فقال يصف ذئبا:

إذا مـا غـدا يومـا رأيـت غيابة مـن الطـير ينظرن الـذي هـو صـانع

وقال أبو نؤاس:

تتأيـا الطيـر غـدوته ثقـة بالشبـع مـن جـزره[2]

---

[1] ينظر: الحيوان 7/ 12.

[2] الموازنة: 1/ 64-65.

أما الجاحظ فقد عدها صورة متداولة لكثرة ورودها على ألسنتهم وتناقلها بينهم على مر العصور، فـ سباع الطير كذلك في اتباع العساكر. وأنا أرى ذلك من الطمع في القتلى، وفي الرذايا والحسرى، أو في الجهيض وما يجرح.

وقد قال النابغة: [من الطويل]

لهـــن رذايـــا بالطـــريق ودائـــع سماما تبارى الريح خصوما عيونها

وقال الشاعر[1]: [من الطويل]

يشـق سـماحيق السـلى عـن جنينهـا أخـو قفـرة بـادي السـغابة أطحـل

وقال حميد بن ثور في صفة ذئب: [من الطويل]

إذا مـا بـدا يومـا رأيـت غيايـة مـن الطـير ينظـرن الـذي هـو صـانع

لأنه لا محالة حين يسعى وهو جائع سوف يقع على سبع أضعف منه أو على بهيمة ليس دونها مانع. وقد أكثر الشعراء في هذا الباب حتى أطنب بعض المحدثين وهو مسلم بن الوليد بن يزيد فقال: [من البسيط]

يكسـو السـيوف نفـوس النـاكثين بـه ويجعـل الهـام تيجـان القنـا الـذبل

قـد عـود الطـير عـادات وثقـن بهـا فهـن يتبعنـه في كـل مرتحـل

ولا نعلم أحدا منهم أسرف في هذا القول وقال قولا يرغب عنه إلا النابغة، فإنه قال: [من الطويل]

جوانـح قـد أيقـن أن قبـيلة إذا مـا التقـى الجمعـان أول غالـب

وهذا لانثبته وليس عند الطير والسباع في اتباع الجموع إلا ما يسقط من ركابهم ودوابهم وتوقع القتل، إذ كانوا قد رأوا من تلك الجموع مرة أو مرارا. فأما أن تقصد بالأمل واليقين إلى أحد الجمعين، فهذا ما لم يقله أحد[2].

(1) وهو الأخطل، كتاب الحيوان: 6/ 484.

(2) كتاب الحيوان: 6/ 484- 485.

إذا ما نظرنا إلى هذه الأبيات واستثنينا قول (حميد بن ثور) الذي يصف ذئبا تحلق الطير فوقه، ينتظر فتكه بفريسته للاستفادة مما بقي منها؛ (لأنه لا محالة حين يسعى وهو جائع، سوف يقع على سبع أضعف منه أو على بهيمة ليس دونها مانع)[1].

فإن النصوص الباقية ذات معنى واحد، وهو وصف الطيور المصاحبة لحركة الجيش للغزو والحرب، فـ (سباع الطير كذلك في اتباع العساكر، وأنا أرى ذلك من الطمع في القتلى، وفي الرذايا والحسرى، او في الجهيض وما يجرح)[2].

وهو معنى متداول تتناوله شعراء عدة، ولكن ثمة تباينا في وصف حالة الطيور، فالنابغة يرسم صورة موسعة لجموع الطيور التي تتبعها جموع أخرى متيقنة من نصر هذا الجيش الذي تحلق معه، وهذا ما جعل الجاحظ يصف النابغة بأنه أسرف في هذا القول وقال قولا يرغب عنه، فلم يثبته (الجاحظ) وذلك؛ لأن تتبع الطيور للجيش صورة مألوفة، أما غير المألوف فهو أن تقصد -الطيور- بالأمل واليقين إلى أحد الجمعين فهذا ما لم يقله أحد.

إن النابغة قد أضمر فكرة وقوع الطيور على جثث الأعداء؛ لأن ذهن السامع سيكون مستعدا ومتهيئا لتقبل هذه الفكرة، أما حميد بن ثور، فاستفاد من الهيكل العام لهذا المعنى ليخلق حالة جديدة على مستوى التصوير في وصف الذئب الذي تحلق الطيور فوقه تنتظر إيقاعه وفتكه بفريسته.

إن اشتراك المعنى في الأبيات السابقة لشعراء عديدين هو ما أشار إليه الجاحظ بقوله (كالمعنى الذي تتنازعه الشعراء فتختلف ألفاظهم، وأعاريض أشعارهم، ولا يكون أحدهم أحق بذلك المعنى من صاحبه)[3].

(1) م.ن: 6/ 484.

(2) م.ن: 6/ 484.

(3) كتاب الحيوان: 3/ 149. وفيما يبدو أن مقصد الجاحظ في هذه المسألة يدخل ضمن إطار ما يمكن أنْ نصطلح عليه - الصدق والكذب الشعري - والذي سنتناوله فيما بعد: ينظر: ص 181.

فالتماثل والتشاكل لا يقصد به عند الجاحظ إلا ما يتعلق بالمعنى والصورة، ولأن الجاحظ يعد المعاني مطروحة للجميع، وإنما التمايز يكون بحسن النظم والسبك... إلخ، لذلك فالجاحظ لا يستبعد اشتراك الشعراء بالمعاني وتنازعهم عليها، ولا سيما المعاني المتداولة كالأمثال والمواقف المتشابهة التي تتشابه معها الألفاظ، كالبكاء على الأطلال، والنوح على الديار، والحنين إلى الربوع الدارسة، وتماثل العواطف كحب الشعراء لحبيبات كن يعشن في تلك الديار، التي لم يبق منها إلا اثارها، بعد أن تحمل عنها أهلها وزايلها أصحابها، وكان على الشعراء أن يخوضوا فيه، ويصوروا تجاربهم من حوله. ولم يكن من المنصف أن يسكت اللاحقون عنه، لمجرد أن السابقين تناولوه.

إن الجاحظ إذن أكد علانية مصطلح (السرقات) وأثبت أن هذا المصطلح متداول على سبيل السطو المتعمد على آثار السابقين من الأدباء والشعراء المفلقين، والخطباء المصقعين، وسرقتها علانية وتقليدها من باب العي والعجز، فإنما كان الفصحاء والأدباء ربما جال بخلدهم بعض نسوج سوائهم فركضت على ألسنتهم وهم يخطبون أو جرت على أقلامهم وهم يكتبون وربما من الجدير بالذكر أن ليس كل قول تعرض له السرقة؛ بل إن مقياس الجاحظ يحدد بالجودة والإجادة في القول واللفظ، وفي كل معنى يتنازع عليه الشعراء، كل يسهم بشيء أو يشارك، ثم ينسب إلى نفسه حتى لا يكاد يعرف الأول من الآخر، أو الآخذ من المأخوذ، وبمعنى آخر فإن كل وصف لا تعرض عليه ملامح الجودة مرده لسخافة اللفظ أو المعنى أو لضعف المعنى أو لسذاجته أو لغرابته حتى يبتعد الشعراء عن أخذه أو سرقته وهذا واضح في قول (عنترة في صفة الذباب، فإنه وصفه فأجاد صفته فتحامى معناه

جميع الشعراء فلم يعرض له أحد منهم، ولقد عرض له بعض المحدثين ممن كان يحسن القول، فبلغ من استكراهه لذلك المعنى، ومن اضطرابه فيه، أنه صار دليلا على سوء طبعه في الشعر. قال عنترة: [من الكامل]

جادت عليها كل عين ثرة ... فتركن كل حديقة كالدرهم

فترى الذباب بها يغني وحده ... هزجا كفعل الشارب المترنم

غردا يحك ذراعه بذراعه ... فعل المكب على الزناد الأجذم

قال يريد فعل الأقطع المكب على الزناد، والأجذم المقطوع اليدين، فوصف الذباب إذا كان واقعا، ثم حك إحدى يديه بالأخرى، فشبهه عند ذلك برجل مقطوع اليدين يقدح بعودين، ومتى سقط الذباب فهو يفعل ذلك. ولم أسمع في هذا المعنى بشعر أرضاه غير شعر عنترة)[1]. وقال في موضع آخر قالوا: لم يدع الأول للآخر معنى شريفا ولا لفظا يهيأ إلا أخذه، إلا بيت عنترة: [من الكامل]

فترى الذباب بها يغني وحده ... هزجا كفعل الشارب المترنم

غردا يسن ذراعه بذراعه ... فعل المكب على الزناد الأجذم[2]

يؤكد الجاحظ هنا طرافة الصورة بوصفها تشكيلا فنيا ويحكم على جودة الشعر من خلالها، من دون النظر إلى المعنى التفصيلي الذي يخرج الشعر من حاضنته الشعرية ويعاين بوصفه كلاما نثريا. وأن هذا البيت لا يمكن سرقته وحتى لو حاول (امرؤ القيس - و- عرض في هذا المعنى لعنترة لافتضح)[3] أمره، واستبعاد امرئ القيس (شاعر الشعراء من الأولين والآخرين)[4] فضلا عن شهرته لو حاول التعرض لهذا البيت لافتضح أمره، وما هذا كله إلا لأن عنترة شاعر تقدم في تشبيه مصيب تام عقيم لم يسبقه أحد إليه ولا تعدى أحد بعده عليه، وفي معنى

---

(1) كتاب الحيوان: 3/ 149- 150.

(2) البيان والتبيين: 3/ 202-203.

(3) كتاب الحيوان: 3/ 65.

(4) رسائل الجاحظ، عبد إمهنا، 2/ 77.

شريف كريم، أو بديع مخترع أو في معنى غريب عجيب، وبلغ من غرابته حد الاختلاف في تأويله فمنهم من يرى أنه يمثل طبيعة الوصف النقلي أفضل تمثيل، إذ بدا فيه الذباب كما يبدو في الواقع تماما، لأن الجاهلي بطبيعة نفسه البدائية يظل قاصرا عن الوصف الوجداني، لأنه يقتضي تجريدا وتداولا للذهنيات والمعاني، وتساؤلا عما وراء الأشياء.

لهذا يغلب التشابه على شعره، ويكاد أحيانا لا يتوسل إلا به من دون سائر أساليب التعبير[1]. أما د. عبد الجبار المطلبي فيرى أن أبيات عنترة (لا تمثل وصفا نقليا وإنما هي تمثل عالم الصحراء، حيث الجفاف والرمال وحيث تختفي أكثر مظاهر الحياة وألوانها، وأكثر أيام السنة، حتى إذا نزل الغيث وأمرعت الأرض، وازدهرت خلال الربيع القصير تيقضت الحياة ونشطت وغنت، وما وجود الذباب في صورة روضة عنترة إلا إشارة رائعة إلى يقظة الحياة في تلك الصحراء. فكما كان الذباب عند البابليين، رمز الخصب، حيث نجده محفورا على جملة من أختام تجارهم، فإنه لدى البادي من أبناء القفار، دليل على وجود الحياة والربيع بعد زمن الجفاف الطويل)[2].

إن الجاحظ قد تنبه إلى ما احتوته أبيات عنترة من تصوير رائع ومعنى مبتكر جعل النقاد يقفون حائرين أمام تفسير هذا البيت الذي يسمى (بالتشبيه العقيم)[3] فصورة الروضة صورة جميلة متداولة، ووجود الذباب فيها مخالف للعادة - عادة الشعراء - إذ عد الذباب آفة في بعض الحضارات، فقد كان اليونانيون القدامى يقدمون العجول قربانا للذباب.

---

(1) فن الوصف وتطوره في الشعر العربي، إيليا حاوي، منشورات دار الشرق الجديد، ط1، لسنة 1959، ص 21.

(2) مواقف في الأدب والنقد، ص 35.

(3) العمدة: 1/ 296.

وكان الآشوريون من قبلهم يقدمون القربان كذلك رجاء تجنب أذى الذباب وإزعاجه الذي لا يطاق، وهذا على النقيض من رأي د. عبد الجبار المطلبي السابق الذي يرى أنه رمز الخصب عند البابليين.

وعد الإنسان الذباب حشرة حقيرة، يستقذرها ويتقزز منها، وحاول القضاء عليها بكل ما أوتي من قوة وحيلة، ومع ذلك لم يلزم الإنسان شيء لزوم الذباب ملحاح يطرد فلا ينطرد[1].

وبعد فلا أحسب الروضة في شعر عنترة إلا تلك المحبوبة - عبلة - وهذا واضح حين يتذكر عنترة روضة لم تصبها قدمان، ولم يرعها راع، ولا وطئها بشر. ومن ثم كانت فكرة الماء الذي يهبط من السماء وثيقة الصلة بفكرة المحبوبة، فهذه الروضة ذات حياة جميلة فقد أصابها غيث كريم، وهي من أجل ذلك تصبح شيئا أروع من مجتمع الإنسان.

جادت على هذه الروضة سحابة حرة خالصة من البرد والريح، وهكذا سهرت على تربية الروضة أو المحبوبة عناصر ليست من الأرض. وقد غذيت بماء السماء.

وهذا الغذاء إنما تلقته المحبوبة؛ لأنها استطاعت أن تبتعد عن المجتمع. فالروضة عند عنترة غناء أنف بعيدة عن موطئ الأقدام لا تخطر على وهم، غير مذلولة - وبعدها عن الناس أعطى لها فرصة النمو وكأنما أعانها ذلك على استقبال المطر.

فالمطر هو ما ينقح فكرة الإنسان ويرفعها فوق مستوى الأرض. وهي علاقة دائبة تحوج الإنسان إلى أن يتفكر، أهذه المحبوبة واحدة من الناس أم هي صناعة المطر[2].

---

(1) كتاب الحيوان: 3/ 164.

(2) قراءة ثانية لشعرنا القديم، د. مطصفى ناصف، دار الأندلس للطباعة والنشر والتوزيع، ط 2، 1981، ص 133-134.

أما الذباب الذي في أبيات عنترة فما أظنه إلا كناية عن نفسه الفرحة المرحة التي لا تكاد تخلي هذا المكان فليس فيه شيء يزاحمها، فهو يصوت في رياضه ويغني - والعرب تسمى طنين الذباب والبعوض غناء[1] وهو ما يتفق مع ما ذهب إليه علماء الحيوان (الحشرات) بأن هناك من الذباب الراقص في بيئات مختلفة، ولا سيما في الأماكن الرطبة حيث تنتشر النباتات الخضر ويفترس الحشرات التي تصغره في الحجم[2] في لحظة انتشاء غريبة من لحظات الإبداع الفريدة التي تلفت الانتباه إلى وجه شبه بين ذلك العبد الأسود الملح في طلب حبيبته أينما توجهت، ومما يقوي ما نذهب إليه أن اسم عنترة يعني الذباب[3].

فلم يجد راحة تلك النفس الحزينة إلا تلك الروضة الغناء، والفضاء الواسع لينشد أغانيه بصوت كصوت الشارب المترنم الذي يطرب قليلا قليلا، لا يرفع صوته هزجا خفيف الرفع والوضع سريع المناقلة[4]، -وكانت الخمر في العصر الجاهلي من أهم مظاهر الرجل النبيل الذي يحقق ما لا يستطيعه غيره-، وبقي جزء مهم يتمم إطار هذه الصورة الجميلة السهلة الممتنعة، وهو صورة قدح النارغب سقوط المطر، وكل ما يستطيع فعله المطر هو أن يساعد الإنسان أو أن يغريه على أن يبدأ قدح النار، ولكن الإنسان هو الذي يمسك بالزندين وهو الذي يقدح المحاولة، قد يبدو ضعيفا (أجذم) -مقطوع اليدين وما أظنه إلا كناية عن عدم

(1) كتاب الحيوان: 3/ 151.

(2) مقدمة في دراسة الحشرات، تأليف: د. دونالد جي بودور، دوايت م. دي لولج، دار النهضة العربية، 1966م، ص 844.

(3) لسان العرب، مادة (عنتر).

(4) ينظر: شرح القصائد السبع الطوال الجاهليات، لأبي بكر محمد الأنباري، تح: عبد السلام هارون، دار المعارف بمصر، ط 2، 1969، ص 314-315؛ وينظر: شرح المعلقات السبع، للأمام أبي عبد الله الحسين الزوزني، تح: محمد ابراهيم سليم، دار الطلائع للنشر والتوزيع، 1994، ص 187.

وصوله إلى مبتغاه- محبوبته -فجاء هذا التشبيه الغريب العجيب المبتكر- ولكن الحقيقة غير ذلك فعجزه جزء من نبله وبنيته المحدودة جزء من عظمته[1].

ومن الممكن أن يكون هذا التعبير على سبيل الوصف الوجداني إذ كانت أبيات عنترة ذات معان غريبة استهوت الجاحظ بألفاظها ومعانيها، التي تكاد تطابق الحقيقة وتقترب منها. وعلى سبيل الواقع الذي يراه الجاحظ من وجهة نظر علمية، فقد وصف الذباب إذا كان واقعا وأحسبها تحريفا والأصل واقفا؛ لأن وقوع الذباب يعني موته - ثم حك إحدى يديه بالأخرى- وهذا بسبب طبيعته البيولوجية فهي تتذوق بأذرعها المكسوة بالشعر ويسكب إفرازات على المواد الصلبة قبل تناولها لترطيبها[2] فضلا عن أن هذه الحركة تساعد على التنظيف، حيث تزود عقلة الساق بزائدة طرفية وشعيرات تقوم بعملية التنظيف[3]. ومتى ما وقف الذباب فهو يفعل ذلك على حد تعبير الجاحظ الموافق لواقع الحال.

---

(1) قراءة ثانية لشعرنا القديم، ص 134-135.

(2) منتديات عالم الحشرات، (بحث منشور في الانترنت).

(3) علم الحشرات العام (الجزء العملي)، تأليف مجموعة من الأساتذة، منشورات جامعة الفاتح، 1992م، ص 68، وينظر: المرشد إلى عالم الحشرات الطبية، ترجمة علي محمد سليط وآخرون، جامعة الموصل، ص 229.

المبحث الثاني
الانتحال وتقويل الأخر

قضية الانتحال هي قضية المقطوعات أو القصائد التي تنسب إلى غير قائلها، أو هي باختصار شـديد قضية الخطأ في رواية بعض جوانب النص أو في نسبته برمته إلى غير قائله، وثمة شبكة مصطلحات تعمل في هذا المجال هي:

1- النحل: فنسب شعر رجل إلى رجل آخر، يقال نحل الشاعر قضية إذا نسبت إليه وهـي مـن قـول غيره، وقال الأعشى (في الانتحال):

فكيـــف أنـا وانتحـالي القــوا   في بعـد المتسـيب كفى ذاك عـارا؟
وقيـــدني الشــعر في بيتـــه   كــما قيد الأســرات الحمــارا[1]

2- الانتحال: يقال: (وانتحل فلان شعر فلان أو قول فلان إذا ادعاه أنه قائله، وتنحله ادعاه وهو لغيره، قال ابن هرمة:

ولم أنتحــل الأشــعار فيهـــا   ولم تعجــزني في المــدح الجيـــاد[2]

3- القول: فقد قيل (تقول قولا ابتدعه كذبا. وتقول فلان علي بـاطلا أي قال علي مـا لم أكـن قلت وكذب علي. ومنه قول تعالى: (ولو تقول علينا بعض الأقاويل(44)) الحاقة: ٤٤[3].

4- التوليد: إنما سمي المولد من الكلام مولدا إذا استحدثوه ولم يكن من كلامهم فيما مضى، والمولد المحدث من كل شيء ومنه المولدون من الشعراء إنما سموا بذلك لحدوثهم[4].

---

(1) لسان العرب، مادة (نحل).

(2) م.ن.

(3) م.ن، مادة (قول).

(4) م.ن، مادة (ولد).

5- الإضافة: فالمضاف الملزق، والإضافة من إضافة الشيء إلى الشيء إذا ضمه إليه[1].

6- الوضع: وضع الشيء وضعا، اختلقه[2]، والوضع هو أن ينظم الرجل شعرا ثم ينسبه إلى غيره لأسباب ودواع[3]، وبواعث يعرضها الجاحظ فيصرح بها ومن هذه الأسباب:

1- أسباب شخصية إذ يقول: (ولربما خرج الكتاب من تحت يدي مصحفا كأنه متن حجر أملس بمعان لطيفة محكمة وألفاظ شريفة فصيحة، فأخاف عليه طعن الحاسدين إن أنا نسبته إلى نفسي- وأحسد عليه من أهم بنسبته إليه لجودة نظامه وحسن كلامه، فأظهره مبهما غفلا في أعراض أصول الكتب التي لا تعرف صناعها)[4]. إن عبارة الجاحظ الأخيرة خطيرة جدا وهي كثرة الكتب الغفل إذ نتج عن (هذه الحقيقة الواضحة نتاج هائل من الشعر والنثر والمؤلفات مما لا يعرف له صانع وإنما ورد منسوبا خطأ إلى غير قائله، وكان الخطأ متعمدا مما يفسد على الباحث العلمي الجاد كثيرا من الحقائق التي يريد أن يثبت منها إذا ما اطمئن إلى أصالة النص من حيث كونه رواية تعود إلى شاعر معروف وعصر ثابت)[5].

إن كلمة الغفل توحي بنسيان المؤلف أن يضع اسمه لا أن يتعمده كما فعل الجاحظ حينما يؤلف هذه الكتب، يقول: (وربما ألفت الكتاب الذي هو دونه في معانيه وألفاظه، فاترجمه باسم غيري، وأحيله على من تقدمني عصره مثل ابن المقفع والخليل وسلم صاحب بيت الحكمة ويحيى بن خالد، والعتابي، ومن أشبه

---

(1) م. ن، مادة (ضيف).

(2) م. ن.، مادة (وضع).

(3) دراسات في الأدب الجاهلي، ص 72.

(4) رسائل الجاحظ، عبد إمهنا، 1/ 243.

(5) الجاحظ منهج وفكر، ص 116.

هؤلاء من مؤلفي الكتب، فيأتيني أولئك القوم بأعيانهم الطاعنون على الكتاب الذي كان أحكم من هذا الكتاب لاستنساخ هذا الكتاب وقراءته علي)[1].

2- أسباب عنصرية إذ يقول (ونحن لا نستطيع أن نعلم أن الرسائل التي بأيدي الناس للفرس إنها صحيحة غير مصنوعة، وقديمة غير مولدة، إذ كان مثل ابن المقفع وسهل بن هارون، وأبي عبيد الله وعبد الحميد وغيلان يستطيعون أن يولدوا مثل تلك الرسائل ويصنعوا مثل تلك السير)[2].

3- هناك دافع من دوافع الانتحال قد ذكره الجاحظ في أثناء حديثه عن عدي بن زيد العبادي إذ يقول: (قال عدي بن زيد العبادي وهو أحد من حمل على شعره الحمل الكثير، ولأهل الحيرة بشعره عناية)، وقال أبو زيد النحوي: (لو تمنيت أن أقول الشعر ما قلت إلا شعر عدي بن زيد: [من الطويل]

كفى زاجرا للمرء أيام عمره ... تروح له بالواعظات وتغتدي
فنفسك فاحفظها من الغي والردى ... متى تغوها تغو الذي بك يقتدي
فإن كانت النعماء عندك لامرئ ... فمثلا بها فاجز المطالب أوزد
عن المرء لا تسأل وأبصر قرينه ... فإن القرين بالمقارن مقتدي)[3]

وبمراجعة هذا النص في طبقات الشعراء لابن سلام يمكن الكشف عن حدودية هذا النص ومقصد الجاحظ منه، إذ يقول ابن سلام: (وعدي بن زيد كان يسكن الحيرة ومراكز الريف فلان لسانه وسهل منطقه فحمل عليه شيء كثير وتخليصه شديد واضطرب فيه خلف وخلط فيه المفضل فأكثر وله أربع قصائد غرر روائع مبرزات وله بعدهن شعر حسن أولهن:

أرواح مودع أم بكور ... أنت فاعلم لأي حال تصير

(1) رسائل الجاحظ، عبد إمهنا، 1/ 243.

(2) البيان والتبيين: 3/ 19.

(3) الحيوان: 7/ 88.

أخبرنا أبو خليفة أخبرنا ابن سلام قال سمعت يونس يتمثل بهذا البيت:

أيها الشامت المعير بالدهر ... أ أنت المبرأ الموفور

أم لديك العهد الوثيق من الأ ... يام بل أنت جاهل معرور

فقال لو تمنيت أن أقول الشعر ما تمنيت إلا هذه أو مثل هذه وقوله:

أتعرف رسم الدار من أم معبد)[1]

إذ يتضح أن البيئة قد أثرت على شاعرية الشاعر عدي بن زيد حتى جعلت من شعره لينا رقيقا وأصبح محط أنظار الوضاع والنحال، الذين تنبهوا إلى (كون شعر الشاعر غريب الأسلوب لم يجر على الأسلوب المعروف للشعراء، ومن ثم يكون مجال الوضع عليه كثيرا؛ لأن ما يعرفه العلماء والرواة من الأساليب الشعرية المعروفة لا ينطبق على شعر هذا الشاعر، مما يفسح المجال واسعا أمام الوضاعين لوضع الأشعار ونسبتها إليه)[2].

إن ما نص عليه الجاحظ بقوله: (وهو أحد من قد حمل على شعره الحمل الكثير الذي وظف هذه المسالة على نحو دقيق في بيان علة النحل وإن كانت هذه الإشارات مسبوقة إذ أشار ابن سلام إلى ذلك وعليه فإن القول بأن الجاحظ هو مبتكر المنهج الذاتي، أي الدراسة في مفردات النص وكلماته في أسلوب النص من حيث يكون قويا وركيكا - ولم يسبقه أحد إلى ابتكاره في بحث النصوص الأدبية أبدا[3] غير مقبول.

إذ نرى أن أفضلية الجاحظ تعود إلى توظيفه قول ابن سلام ونقل القول من دائرة التنويه إلى دائرة التصريح إذ يقول وأما ما أنشدتم من قول أوس بن حجر: [من الكامل]

فانقض كالدري يتبعه ... نقع يثور تخاله طنبا

---

(1) طبقات الشعراء، ص 59.

(2) منهج البحث الأدبي عند العرب، د. أحمد النجدي، ص 155.

(3) النقد المنهجي عند الجاحظ، ص 29.

(وهذا الشعر ليس يرويه لأوس إلا من لا يفصل بين شعر أوس بن حجر وشريح بن أوس)[1]، فأسلوب الشاعر هو معتمد الجاحظ في رد الشعر المنحول وتمييزه من صحيح الشعر.

إن البحث في مقام الشعر بالنسبة للألفاظ والصور الرذيلة يعد من الأدلة التي يقدمها الجاحظ دليلا لإثبات قضية النحل في شعر الشاعر، وهي من أساليب دراسته التحليلية للنص ثم الكشف عن أسلوب الشاعر ودراسته من حيث اللغة والأسلوب، إذ يقول: (وفي مثل ذلك يقول ابن عبدل - إن كان قاله- وإنما قلت هذا؛ لأن الشعر يرتفع عنه والشعر قوله: [من الخفيف]

نعم جار الخنزيرة الموضع الغر ... ثى إذا ما غدا أبو كلثوم

ثاويا قد أصاب عند صديق ... من ثريد ملبق مأدوم

ثم أنحنى بجعره حاجب الشمـ ... ـس فألقى كالمعلف المهدوم)[2]

فالجاحظ يشك في تسمية هذه الأبيات إلى الشاعر كونه عارفا بأسلوب الشاعر وارتفاع الأبيات عن ما تجود به قريحته الشعرية، كما حكم ببطلان الشعر المضاف إلى بشار إذ يقول: (قال صاحب الكلب السنور يسوى في صغره درهما فإذا كبر لم يسو شيئا وقال العتبي:

فإنك فيما أتيت من الخنا ... سفاها، وما قد ردت فيه بإفراط

كسنور عبد الله، بيع بدرهم ... صغيرا فلما شب بيع بقيراط

وصاحب هذا الشعر لو غبر مع امرئ القيس بن حجر، والنابغة الذبياني وزهير بن أبي سلمى ثم مع جرير والفرزدق، والراعي والأخطل ثم مع بشار وابن هرمة وابن أبي عيينة ويحيى بن نوفل وأبي يعقوب الأعور، ألف سنة، لما قال بيتا واحدا مرضيا أبدا، وقد يضاف هذا الشعر إلى بشار وهو باطل)[3].

---

(1) الحيوان: 6/ 461.

(2) م. ن.: 1/ 155.

(3) م.ن.: 5/ 196.

ومع أن الجاحظ نسب هذه الأبيات إلى العتبي إلا أنه شاك في نسبتها إليه، وذلك لمعرفته المطلقـة بقدرة العتبي على الشعر والكتابة إذ أورد له أبياتا في مواضع كثيرة واستشهد بأحاديث[1] له، غير مشكك في قدرة العتبي على قول الشعر إلا في الموضع الذي يحكم فيه بضعف الشاعر وعدم مقدرته على قول الشعر، حتى لو عاش مع امرئ القيس والنابغة... إلخ وغيرهما من الشعراء ألف سنة. وما هـذا الحكم إلا لمعرفة الجاحظ بمن يروي عنهم وبأساليبهم في الكتابة والشعر أولا ثم منهجيته في الشك فيما يروى إلى أن يثبت من الحقيقة، فـ (قد ابتلينا بضربين من الناس ودعواهما كبيرة، أحدهما يبلغ من حبه للغرائب أن يجعل سمعه هدفا لتوليد الكذابين، وقلبه قرارا لغرائب الزور، ولكلفه بالغريب وشغفه بالطرف لا يقف عـلى التصحيح والتمييز، فهو يدخل الغث في السمين، والممكن في الممتنع، ويتعلق بأدنى سبب، ثم يدفع عنه كل الدفع، والصنف الآخر هو أن بعضهم يرى ذلك لا يكون منه عند من يسمعه يتكلم إلا من خـاف التقـزز من الكذب)[2].

وبعد هذا (فاعرف مواضع الشك وحالاتها الموجبة له، لتعرف بها مواضع اليقين والحالات المـوجبة له، وتعلم الشك في المشكوك فيه تعلما، فلو لم يكن في ذلك إلا تعرف التوقف ثم التثبت لكان ذلك ممـا يحتاج إليه. ثم أعلم أن الشك في طبقات عند جميعهم، ولم يجمعوا على أن اليقين طبقـات في القـوة والضعف)[3].

وأن (العوام أقل شكوكا من الخواص؛ لأنهم لا يتوقفون في التصديق والتكذيب ولا يرتابون بأنفسهم فليس عندهم إلا الإقدام على التصديق المجرد أو على التكذيب

---

(1) ينظر على سبيل المثال: الحيوان: 1/ 40، 191،41 و3/ 19 و61، 4/ 479؛ والبيان والتبيين: 2/ 119 و3/ 37.

(2) م.ن: 4/ 345.

(3) م.ن: 6/ 335.

المجرد، وألغوا الحال الثالثة من حال الشك التي تشتمل على طبقات الشك، وذلك على قدر سوء الظن وحسن الظن بأسباب ذلك وعلى مقادير الأغلب)[1].

إن الشك مبدأ اتبعه الجاحظ في قضية الانتحال فهو يرى أن بعض المولدين (قد ولدوا على لسان خلف الأحمر والأصمعي أرجازا كثيرة، فما ظنك بتوليدهم على السنة القدماء. وقد ولدوا على لسان جحشويه في الحلاق أشعارا ما قالها جحشويه قط. فلو تقذروا من شيء تقذروا من هذا الباب)[2]، وقال أيضا: (ولقد رأيت عند داود بن محمد الهاشمي كتابا في الحيات أكثر من عشرة أجلاد ما يصح منها مقدار جلد ونصف)[3] إن ثمانية دواوين ونصف ديوان من الشعر المنتحل شيء كثير جدا وهذا ما رآه الجاحظ فقط، وهو ما يشير إلى مشاركة القصاص والرواة والنحويين وأصحاب الأخبار في هذه القضية[4]. - النحل والانتحال - ولمعرفة الجاحظ بأساليب الشعراء وبطبيعة الشعر، كان يميز بين ما هو منحول وغيره، إذ يقول: (وتزعم بنو تميم أن صبره بن شيمان قال في حرب مسعود والأحنف إن جاء حتات جئت وإن جاء الأحنف جئت، وإن جاء جارية جئت، وان جاءووا جئنا، وان لم يجيئوا لم نجئ. وهذا باطل قد سمعنا لصبرة كلاما لا ينبغي أن يكون صاحب ذلك الكلام يقول هذا الكلام)[5].

4- ومن الأسباب التي بنى عليها الجاحظ رؤيته في قضية الانتحال هي قضية الاستشهاد النحوي التي بنيت على أساس استدلال النحويين بما يتفق وقواعدهم النحوية، فإذا لم يجدوا ما يستدلون به نظموا شعرا يؤيد أقوالهم ثم ينسبونه أو يتركوه بلا نسبة، (لذا نراه يتعجب من النحويين حين

---

(1) م. ن.: 6/ 366.

(2) م. ن.: 4/ 347.

(3) م. ن.

(4) النقد المنهجي عند الجاحظ، 23.

(5) البيان والتبيين: 2/ 156.

يستشهدون ببيت لا رواية فيه كما أن فكرة البيت نفسها التي بني عليها مأخوذة من كتاب الحيوان لأرسطو فزادت في شك الجاحظ وثقته)[1].

يقول الجاحظ (ذكر صاحب المنطق عداوة الغراب للحمار، والنحويون ينشدون في ذلك قول الشاعر: [من الرجز]

عاديتنا لا زلت في تباب عداوة الحمار للغراب

ولا أدري من أين وقع هذا إليهم؟)[2]، فالدافع إلى هذا الوضع هنا هو ما يقوم به النحويون من وضع الأشعار التي تلائم قواعدهم النحوية، فضلا عن عدم قبول الشاهد وغرابة المصدر الذي انبعث منه الشاهد، فليس بالبيت المعروف والشاهد المألوف والمثل المذكور.

تبين فيما سبق أن الجاحظ آراء في سبب الوضع والنحل والانتحال كان أهمها ما ذكرناه، وكذلك كانت للجاحظ طريقة خاصة أو منهج خاص استند إليه في هذه القضية، والمبدأ الأساس في هذا المنهج هو الشك في أخبار الرواة وما ينقلونه من أشعار، ولا سيما إذا كان (الراوية للشعر غير بصير بجوهر ما يروي ولو كان بصر لعرف موضع الجيد ممن كان وفي أي زمان كان)[3].

وكذلك يجب أن تكون هناك قوة وقدرة للناقد على التمييز بين ما تنقله الرواة من أخبار سواء كانت صحيحة أم فاسدة، ويبلغ الأمر ذروته في الخطورة عندما لا تكون هناك قرينة تدل على صناعة البيت أو وضعه، وعند ذلك يستند الجاحظ إلى ظنه الذي هو في حقيقة الأمر يمثل وجهة نظره في المسألة فيكتفي بقوله(روي للفند الزماني ولا أظنه له:

كففنا عن بني هند وقلنا القوم إخوان

(1) النقد المنهجي عند الجاحظ، ص 24-25.

(2) الحيوان: 7/ 60.

(3) الحيوان: 3/ 67.

عسى الأيام ترجعهم   جميعا كالذي كانوا)[1]

إذ روى البيت من غير أن يعلق عليه وما ذاك إلا لشكه المطلق غير المعلل فأنه لم يبين السبب في شكه بهذا النص. ويبدو أن الدافع الذي يحمل على الشك هو أن يأتي الراوي أو المؤلف بأخبار مفتعلة لغرض السمر والقصة والتندر في المجالس، إذ يقول في موضع آخر (ويزعمون أن امرأة مرت بمجلس من مجالس بني نمير فتأملها ناس منهم فقالت يا بني نمير، لا قول الله سمعتم ولا قول الشاعر أطعتم، قال الله تعالى: (قل للمؤمنين يغضوا من أبصارهم(30)) النور: ٣٠.

وقال الشاعر: [من الوافر]

فغض الطرف إنك من نمير   فلا كعبا بلغت ولا كلابا

وأخلق بهذا الحديث أن يكون مولدا، ولقد أحسن من ولده[2]) وشك الجاحظ في هذا الخبر يرجع إلى أنه يرى فيه تصنعا يدل على أن روايته رتبت ترتيبا قصصيا ليروج المروي ويشيع، وهذا ما يدل عليه قوله (وقد أحسن من ولده). وبهذا ينتبه الجاحظ إلى داع مهم من دواعي الشك في النصوص، يتمثل في كون النص مرتبا ترتيبا متسلسلا يدل على أنه وضع للسمر والقصة[3]. وشبيه بهذا الموقف موقفه من القصص ذات الطابع الأسطوري والخرافي فهي أخبار مصنوعة مفتعلة، إذ يقول: (وللناس في هذا الضرب ضروب من الدعوى، وعلماء السوء يظهرون تجويزها وتحقيقها، كالذي يدعون من أولاد السعالي من الناس... التي أقامت في بني تميم حتى ولدت فيهم، فلما رأت برقا يلمع من شق بلاد السعالي، حنت وطارت إليهم فقال شاعرهم: [من الوافر]

رأى برقا فأوضع فوق بكر   فلا بك ما أسأل وما أغاما

(1) م. ن: 6/ 415.
(2) البيان والتبيين: 4/ 22.
(3) منهج البحث الأدبي عند العرب، ص 194.

229

وأنشدني أن الجن طرقوا بعضهم بعضا فقال: [من الوافر]

أتـــوا نـاري فقلـت منــون أنتـــم   فقالوا: الجـن قلـت: عمـوا ظلامـا

فقلـت إلى الطعـام فقـال منهـم   زعيـم نحسـد الأنـس الطعامـا

ولم أعب الرواية، وإنما عبت الإيمان بها، والتوكيد لمعانيها، فما أكثر من يروي هذا الضرب على التعجب منه، وعلى أن يجعل الرواية له سببا لتعريف الناس حق ذلك من باطله، وأبو زيد وأشباهه مأمونون على الناس، إلا أن كل من لم يكن متكلما حاذقا، وكان عند العلماء قدوة وإماما فما أقرب إفساده لهم من إفساد المتعمد لإفسادهم!)[1]. فنلاحظ أن الجاحظ لم يعب الرواية وربما كان ذلك لإعجابه بطريقة الرواية، وإنما عاب التصديق بها؛ لأنها خارجة عن المألوف والكذب فيها واضح جلي كوضوح الشمس.

يدور شكه أحيانا لا على الشعر نفسه بل على الشاعر، إذ يدعي أحدهم نسبة شعر قاله والجاحظ يعرف عن الشعر غير هذا الذي ادعاه فيشير إلى ذلك وينبه قارئه قال قال الشاعر[*]: [من الكامل]

نشبي ومـا جمعـت مـن صفـد   وحويـت مـن سبـد وليـد

همـم تقاذفـت الهمـوم بهـا   فنزعـن مـن بلـد إلى بلـد

يـا روح مـن حسمـت قناعتـه   سبـب المطـامع مـن غـد وغد

مـن لم يكـن لله منهمـا   لم يـس محتاجـا إلى أحـد

وهذا شعر رويته على وجه الدهر. وزعم لي حسين بن الضحاك أنه له وما كان ليدعي ما ليس له)[2]. وتدل عبارته الأخيرة على ثقته في الشعر[3].

---

(1) الحيوان: 1/ 122.

(*) نسبه المحقق إلى (الحسين بن الضحاك)، وعدا البيت الأخير لأبي نواس، ينظر: الحيوان، الهامش، 5/ 255.

(2) الحيوان: 5/ 255.

(3) النقد المنهجي عند الجاحظ، ص 25.

إن الجاحظ حينما يريد أن يتوصل إلى تحقيق نص معين ويكون شاكا في رواية النص فأنه يتتبع الأشعار المروية ثم الأخبار من مقاديرها وطبقاتها، إذ يقول وهذا أشبه ما يكون بالدراسة التحليلية التتبعية للنص وصولا إلى حقيقة الأمر فيقول: (وسنقول في هذه الأشعار التي أنشدتموها ونخبر عن مقاديرها وطبقاتها فأما قوله: [من الكامل]

فانقض كالدري من متحدر لمع العقيقة جنح ليل مظلم

فخبرني أبو إسحاق أن هذا البيت في أبيات أخر كان أسامة صاحب روح بن أبي همام هو الذي كان ولدها، فإن اتهمت خبر أبي إسحاق فسم الشاعر وهات القصيدة فإنه لا يقبل في مثل هذا إلا بيت صحيح صحيح الجوهر، من قصيدة صحيحة لشاعر معروف)[1].

نلاحظ أن الجاحظ قد رد رواية البيت من دون رفض البيت وجودته، وإذا كانت الرواية نسبت البيت إلى أسامة صاحب روح الذي يعده أبو إسحاق من مولدي الأشعار (صناع الأشعار)، فإن رد الرواية يستلزم نسبة البيت إلى قائله ومعرفة القصيدة التي قيل فيها ووجود البيت في هذه القصيدة، وحدوث العجز بائن كما يرى الجاحظ وعليه فقبول الرواية كما يراها الجاحظ وردت وأصبحت فرضا مع صدق التشكيك فيها. فمقياس الجاحظ اعتمد على بنائية القصيدة وعلاقة الأبيات مع بعضها واعتماد مبدأ الشك في وجود بيت يتيم بهذه القوة والإجادة: (فإن كل من يقول الشعر يستطيع أن يقول خمسين بيتا كل بيت منها أجود من هذا البيت)[2].

يميل الجاحظ أحيانا إلى عرض القضية بأسلوب درامي مسرحي، ولا سيما فيما (وقع من أبي نواس والرقاشي اللذين كانا يقولان الشعر على أبي يس الحاسب الذي ذهب عقله بسبب تفكيره في مسألة حتى جن وكان يهذي بأنه سيصير ملكا

---

(1) الحيوان: 6/ 460- 461.

(2) م.ن.

وقد ألهم ما يحدث في الدنيا من الملاحم فكانت هذه الأشعار يرويانها أبا يس، فإذا حفظها لم يشك أنه الذي قالها ومن تلك الأشعار قول أبي نواس: [من الرمل]

منع النوم أذكاري زمنا ذا تهاويل وأشياء نكر

واعتراك الروم في معمعة ليس فيها لجبان من مقر)[1]

ونرى الجاحظ في بعض الأحيان يصرح بلفظة الانتحال الشائعة إذ يقول:

(وفي منحول قول النابغة: [من الوافر]

فألفيت الأمانة لم تخنها كذلك كان نوح لا يخون

وليس لهذا الكلام وجه وإنما ذلك كقولهم كان داود لا يخون، وكذلك كان موسى لا يخون عليهما السلام. وهم وإن لم يكونوا في حال من الحالات أصحاب خيانة ولا تجوز عليهم فإن الناس إنما يضربون المثل بالشيء النادر من فعل الرجال ومن سائر أمورهم كما قالوا عيسى بن مريم روح الله وموسى كليم الله وإبراهيم خليل الرحمن صلى الله عليه وسلم ولو ذكر ذاكر الصبر على البلاء فقال: كذلك كان أيوب لا يجزع كان قولا صحيحا، ولو كان كذلك نوح عليه السلام لا يجزع لم تكن الكلمة أعطيت حقها)[2].

إن المنطق الذي تكلم به الجاحظ صحيح، لأن الأمثال في مثل ذلك تضرب على القلة والندرة التي عرفت بها، ولكن هذا لا يقاس في كل الأحوال؛ لأن النابغة أراد أن يذكر نبيا تميز بالوفاء، أما أنه خصه من دون الأنبياء، فعلى الرغم من كونها صفة جميع الأنبياء من دون استثناء فهذا يدل على اشتهار قصة نوح فيهم حتى صار عندهم مضرب المثل، وذلك ما ذكره - سبحانه وتعالى - عنه في أمر امتناعه طرد ضعفاء المؤمنين في قوله: (وما أنا بطارد الذين ءامنوا إنهم ملاقوا

(1) البيان والتبيين: 2/ 149.

(2) الحيوان: 2/ 380.

ربهم(29)) هود: ٢٩. وكذلك أراد النابغة أن يبين ويؤكد للنعمان أنـه لم يخـن الأمانـة، ذا يبـدو أن الجاحظ لم يكن دقيقا في رأيه هذا)[1].

ولقوة الدلالات التعبيرية في تصـوير عنترة لم يستطع أحـد سرقتـه أو الاقتراب منـه، فالسرقة إذن مرهونة بالمستطاع من المعاني. في ختام قضية السرقات عند الجاحظ نرى أنه يمكن رسم مخطط يمثل دائرة فهم الجاحظ للسرقات.

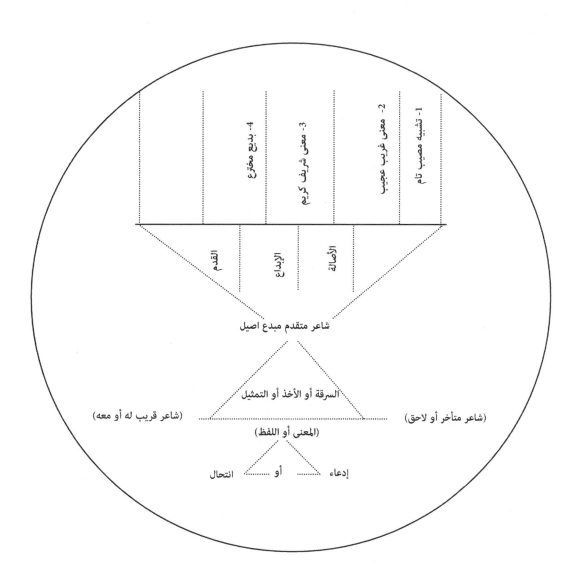

(1) النابغة بن ناقديه قديما وحديثا، 70.

المبحث الثالث
إستراتيجية التلقي الشعري

أولا: القراءة لغة:

(مأخوذة من قرأه يقرأه، قرءا وقراءة وقرآنا... فهـو مقـروء... ورجـل قــارئ مـن قـوم قـراء وقـرأة وقارئين.... وقال ابن الأثير: تكرر في الحديث ذكر القراءة والاقتراء والقارئ والقرآن والأصل في هـذه اللفظـة الجمع وكل شيء جمعته فقد قرأته)[1].

أما اصطلاحا:

فهي اتصال تفاعلي بين النص والقارئ[2]، أو هي تحرير النص من القيود المفروضة عليه[3].

ثانيا: التلقي لغة:

التلقي الاستقبال... وفلان يتلقى فلانا، أي: يستقبله والرجل يلقى الكلام أي يلقنه... وأما قوله تعـالى: (فتلقى ءادم من ربه كلمات(37)) البقرة: ٣٧. فمعناه أنه أخذها عنه[4].

أما اصطلاحا:

فهي تفاعل الناقد والشاعر والجمهور والرواة مع النص من دون الالتفات إلى صاحبه[5].

---

(1) لسان العرب، مادة (قرأ).

(2) بحث: القارئ في النص (نظرية التأثير والاتصال)، د. نبيلـة إبـراهيم، مجلـة فصـول، مجلـد (5)، عـدد (1)، 1984م، ص 103.

(3) تشريح النص، عبد اللـه الغذامي، دار الطليعة للطباعة والنشر، ط1، 1987م، ص 13.

(4) لسان العرب، مادة (لقا).

(5) نظرية الأدب في القرن العشرين، ترجمة محمد العمري، إفريقيا الشرق، 1996م، ص 148.

235

وإن بدأت بفعل شعري مصدره القائل أو الشاعر فإنها انتهت بفعل تقويمي عند المتلقي أو السامع بحسب طبيعة النص (مكتوبا أو منطوقا).

المتلقي له الحق في أن يحطم النص بل يميته إذا لم يجد فيه ما يثيره، في حين يعلو شأنه ويعظمه إن وجد فيه ضالته وبحسب حساسية القراءة وطبيعة منهجها دائما. فالشاعر قد يجلب للقائل السرور ملكا كان أم أميرا (فمن حقه على الملك أن يخلع خلعة في قرار داره، وبحضرة بطانته وخاصته، وإن كان في توكيد ملكه، فمن حقه أن يخلع عليه بحضرة العامة لينشر له بذلك الذكر ويحن به الأحدوثة)[1]. وقيل إن عمر بن عبد العزيز سمع قولا لرجل أحسن في طلب حاجته وتأتى بكلام وجيز ومنطق حسن فقال: (هذا و الله السحر الحلال)[2]. وخلافه (لهو أقبح من السحر)[3]. والناس (لا يفزعون إلا من شيء هائل شنيع قد عاينوه أو صوره لهم واصف صدوق اللسان بليغ في الوصف)[4].

فكم من شاعر عظم أمره، ورفع قدره، وشاع بين الناس بفعل بيت قاله أو قصيدة نظمها، فمات وبقيت وبقي تقويم الناس له وكفى لبيد قول رسول الله صلى الله عليه وسلم فيه: (أصدق كلمة قالها لبيد) في قوله:

ألا كل شيء ما خلا الله باطل
وكل نعيم لا محالة زائل

ولا يمكن أن يقال بحقه ذلك ما لم تكن لكلماته أثرها في مسامع الرسول صلى الله عليه وسلم.

---

(1) كتاب التاج في أخلاق الملوك، ص 70.

(2) البيان والتبيين: 1/ 174؛ كتاب الحيوان: 6/ 426، البخلاء ص 186.

(3) كتاب الحيوان: 6/ 426.

(4) م.ن: 6/ 425.

القارئ أو السامع يسعى لملء فراغات النص، واستكمال بنيته، عبر القراءات المتعددة والمتعاقبة حتى يعيد إنتاج النص مرة أخرى[1]. وبذا فإن العملية الإبداعية هي نتاج مشترك بين القائل والمتلقي وصلتهما (النص).

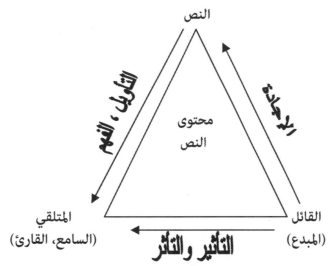

النص هو محور التلاقي بين المرسل (القائل أو الشاعر) والمرسل إليه (المتلقي)، فالمرسل أو المبدع هو الذي يمتلك المقدرة على نقل أفكاره في أشكال وطرق متعددة ومتنوعة هدفها التأثير والإثارة، وقد قيل لعبد الصمد بن الفضل عيسى الرقاشي: (لم تؤثر السجع على المنثور وتلزم نفسك قول القوافي وإقامة الوزن؟ قال: إن كلامي لو كنت لا آمل فيه الإسماع الشاهد لقل خلافي عليك ولكني أريد الغائب والحاضر والراهن والغابر فالحفظ إليه أسرع والآذن لسماعه أنشط)[2].

أما المتلقي فهو الذي يتلقى النص ويحلله ويصدر عليه حكمه بالجودة أو الرداءة، ومن أجل ذلك دعا الجاحظ القائل إلى إدراك ذلك قبل شروعه بالقول: (فإن أردت أن تتكلف هذه الصناعة، وتنسب إلى هذا الأدب فقرضت قصيدة أو حبرت خطبة أو ألفت رسالة، فإياك أن تدعوك ثقتك بنفسك، أو يدعوك عجبك

_____

(1) نظرية التلقي، روبرت هولب، ترجمة: عز الدين إسماعيل، النادي الأدبي الثقافي، جدة، ط1، 1994م، ص 222.
(2) البيان والتبيين: 1/ 196.

بثمرة عقلك إلى أن تنتحله وتدعيه ولكن اعرضه على العلماء في عرض رسائل أو أشعار أو خطب فإن رأيت الأسماع تصغي له، والعيون تحدج إليه، ورأيت من يطلبه ويستحسنه، فانتحله... فإذا عاودت أمثال ذلك مرارا فوجدت الأسماع عنه منصرفة والقلوب لاهية فخذ من غير هذه الصناعة، واجعل رائدك الذي لا يكذبك حرصهم عليه أو زهدهم فيه)[1]. فالأساس الواضح في قول الجاحظ هو تركيزه في العلاقة بين الإنتاج والجمهور، فالمعول عليه هو القارئ واستحسانه أو نفوره من الإنتاج فالنظر هنا ينسحب على المتلقي لا إلى النص نفسه.

إن المعيار في طبيعة هذه العلاقة هو ذوق الصفوة من العلماء والنقاد، واستحسانهم لما يلقى إليهم، وتلك مسألة لا تؤخذ على إطلاقها في كل العصور.

وفي هذا الاتجاه تصحيح لانحراف الفكر النقدي لتعود به إلى قيمة النص وأهمية القارئ، إذ (أن القارئ هو المقدم في عملية التلقي، وعلاقته بالنص ليست علاقة جبرية موظفة لخدمة نظام أو طبقة... وليست علاقة سلبية... وإنما هي علاقة غير مقيدة)[2].

ولأهمية المتلقي عند الجاحظ فإنه قيد ذلك بالعلماء وأصحاب الصنعة اعرضه على العلماء[3]، رافضا أن يعرض على العامة الذين لا يفهمون القول ولا يدركونه (فإن قضيتم بقول العامة فالعامة ليست بقدوة، وكيف يكون قدوة من لا ينظر ولا يحصل ولا يفكر)[4].

إن مفهوم القارئ القدوة عند الجاحظ إنما يحيل على التخصيص وتحديد المفهوم، إذ ينطوي مفهوم القدوة هنا على تمكن القارئ من احتواء فعل القراءة،

(1) م.ن: 1/ 140- 141.
(2) قراءة النص وجماليات التلقي، محمود عباس عبد الواحد، دار الفكر، القاهرة، 1996م، ص17-18.
(3) ينظر: البيان والتبيين: 1/ 141.
(4) البخلاء، ص 157.

والعمل على إعادة إنتاج المقروء بحسب منهج القراءة وطبيعة خصبها وثرائها وعمقها، على النحو الذي يجعل للقارئ القدوة مواصفات تجعله في منأى عن القراء العاديين (العامة)، وتخلق منه أنموذجا يحتذى، ومن قراءته ميدانا لإبداع جديد للنص المقروء.

فما يريده الجاحظ هو النظر في النص من دون غيره، فلقد قيل إن زوج امرئ القيس فضلت قول علقمة الفحل:

فأدركهن ثانيا من عنانه يمر كمر الريح المتحلب

على قول زوجها امرئ القيس:

فللسوط ألهوب وللساق درة وللزجر منه وقع اخرج متعب

فهي لم تكترث أو تلتفت إلى علاقتها بزوجها، وإنما جاء التفضيل بتعليل مستمد من داخل النص[1].

فمما يميز المتلقي امتلاكه حاسة التوقع والانتظار، وكلما قدم له المبدع ما يخالف هذا التوقع وذاك الانتظار فإنه يمتلك قمة البيان الأسلوبي الذي لا يكون إلا مجموعة طاقات وإمكانات لغوية... يسعى المتلقي إلى الكشف عنها، على أن لا يفرض على النص ما يحمله من مخزونات ذهنية لئلا يؤدي إلى ضياعه وفساده وهو أخطر ما يكون في القراءة[2].

لذا تجد اختلاف القراءات تبعا لاختلاف القراء ومنازلهم وغاياتهم، فما غاية (النحويين إلا كل شعر فيه إعراب ولم أر غاية رواة الأشعار إلا كل شعر فيه غريب أو معنى صعب يحتاج إلى الاستخراج ولم أر غاية رواة الأخبار إلا كل شعر فيه الشاهد والمثل ورأيت عامتهم - فقد طالت مشاهدتي لهم - لا يقفون إلا

---

(1) نظرية الأدب في القرن العشرين، ص 148.

(2) ينظر: تشريح النص، ص 13-14.

على الألفاظ المتخيرة والمعاني المنتخبة وعلى الألفاظ العذبة، والمخارج السهلة الديباجة الكريمة)[1].

الجاحظ لا يتناسى مع ما ذكره غايته هو، وهو يعد من القراء المتميزين ويطرح نفسه في هذا المقام بوصفه قارئا متميزا، (وأنا استظرف أمرين استظرافا شديدا أحدهما استماع حديث الأعراب والأمر الآخر احتجاج متنازعين في الكلام، وهما لا يحسنان منه شيئا فإنهما يثيران من غريب الطيب ما يضحك كل ثكلان وإن تشدد وكل غضبان وإن أحرقه لهيب الغضب، ولو أن ذلك لا يحل لكان في باب اللهو والضحك والسرور والبطالة والتشاغل، ما يجوز في كل فن)[2].

فالمتلقي لا يكتفي بمجرد الفهم، بل ينتقل إلى محاولة التعرف العقلية والوجدانية من خلال معايشة تجربة النص، بما فيه من أحاسيس وأفكار ومواقف واتجاهات وفي هذا يكمن التفاعل العظيم بين النص ومتلقيه[3].

إن القارئ لم يعد مجرد مستقبل بريء أو متلق محايد، وإنما تتمثل قراءته القيمة الثقافية في العمل الإبداعي من خلال المشاركة بين النص والمتلقي في لحظة توحد وجودي تتحدد بفعل منهج القراءة ورؤيتها وحساسيتها، فالقصيدة تولد حدسا كليا في المجال النصي يحتاج بدوره لحدس المتلقي في مجال القراءة، لتتحول إلى عمل عاطفي وثقافي جدلي وحي، (فالقصيدة تقع في مكان بين الكاتب والقارئ)[4]. ولا يتخصب هذا المكان الشعري وتنفتح مجالاته الإبداعية إلا عبر التلاحم المنتج بينهما.

---

(1) البيان والتبيين: 4/ 15.

(2) كتاب الحيوان: 3/ 5.

(3) البلاغة والأسلوبية، ص 237.

(4) المدخل في النقد الأدبي، نجيب فايق إندراوس، القاهرة، مكتبة الأنجلو المصرية، 1974م، ص 156.

تتجلى عظمة النصوص بما تخلقه من إثارة، فكلما عظمت الأعـمال كانـت أقـدر عـلى إحـداث هـزة الانتشاء في النفوس[1]. وهو ما بينه الجاحظ في سياق تعرضه لمفهوم القراءة، فغاية التلقـي عنـده السرـور والفرح والإثارة والمتعة[2].

ولأهمية المتلقي وأحواله عند الجاحظ دعا إلى دفع الملل من خلال إخراج القول من الجد إلى الهزل، وإتباع كل شعر بليغ بشعر الإضحاك والسرور، فقال: (وإن كنا قد أمللناك بالجد وبالاحتجاجات الصحيحة والمروجـة، لتكـثر الخـواطر، وتشـحذ العقـول، فإنـا سننشـطك بـبعض البطـالات وبـذكر العلـل الظريفـة والاحتجاجات الغريبة، فرب شعر يبلغ بفرط غباوة صاحبه من السرور والضحك والاسـتطراف مـا لا يبلغـه حشد أمر النوادر وأجمع المعاني)[3]. كما أن دفع الملـل يخـرج القـارئ مـن اسـتثقال القـراءة، (فـإن مللـت الكتاب واستثقلت القراءة، فأنت حينئذ أعذر ولحظ نفسك أنحس، وما عندي لك من الحيلة، إلا أن أصوره لك في أحسن صورة وأقلبك منه في الفنون المختلفة، فأجعلك لا تخرج من الاحتجاج بالقرآن الحكـيم إلا إلى الحديث المأثور، ولا تخرج من الحديث إلا إلى الشعر الصحيح، ولا تخرج من الشعر الصـحيح الظريـف إلا إلى المثل السائر الواقع، ولا تخرج من المثل السائر الواقع إلا إلى القول من طرف الفلسـفة والغرائـب التـي صححتها التجربة وأبرزها الامتحان، وكشف قناعهـا البرهـان، والأعاجيـب التـي للنفـوس بهـا كلـف شـديد وللعقول الصحيحة إليها النزاع القوي)[4].

يرسم الجاحظ هنا مسارا نصيا للمقروء يأخذ بالحسـبان أحـوال القـراءة ورؤيـة القـارئ، وصـولا إلى استدراج القارئ نحو أعلى مرحلة إدهاش وفتنة تستقطب

(1) النقد الأدبي الحديث أصوله واتجاهاته، أحمد كمال زكي، بيروت، النهضة العربية، 1981م، ص 36.

(2) كتاب الحيوان: 3/ 5.

(3) م.ن: 3/ 5.

(4) كتاب الحيوان: 5/ 86، وينظر: 1/ 63- 64.

اهتمامه القرائي وترضي مزاجه في بلوغ ما يصفه الجاحظ بـ (أحسن صورة) هذه المرتبة الأنموذجيـة التي لا يمكن أن تتحقق إلا عبر إدراك مدارجها في سلم الاحتجاج، على النحو الذي يجعـل القـارئ مـاثلا في سلم قرائي تواصلي، لينتقل فيه بإحكام من درجة إلى درجة.

إن الكيان النصي الفاعل في تجربة القراءة عند الجاحظ يتشكل من خلال المكونات النصية المركزيـة، وهي تحقق لفعل القراءة التنوع والتعدد والمرونة والجاذبية والحراك المرجعي الانتقالي من طبقـة خصـبة إلى طبقة خصبة أخرى، وعلى نحو تدريجي ينعش المجال القرائي ويشحنه بالجدة والتنوع.

ويمكن وضع رسم يوضح رؤية الجاحظ لفعالية الإجراء القرائي لنظرية التلقي على هذا النحو:

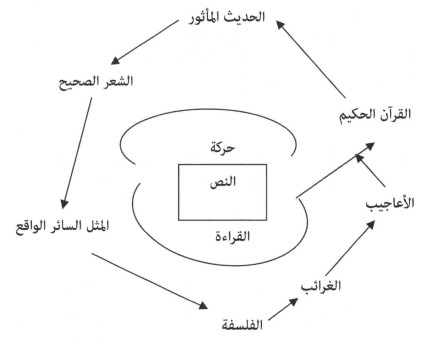

إذ يأخذ الشعر دورا رئيسا ومركزيا بعد (القرآن الحكيم) و(الحـديث المـأثور) مباشرة، عـلى النحـو الذي يسهم في تشكيل نظرية القراءة والتلقي عند الجاحظ ويشكل في هذا السياق حضورا دائما.

الفضاء النظري عند الجاحظ مبني إذن على أساس إن المتلقي يمثل روح النص وحياته، فإن توقفت العلاقة بين النص من جهة، والمتلقي من جهة أخرى مات النص. لذا وجب إحياء هذه العلاقة وتجديدها باستمرار من خلال إبعاد الملل عن القارئ وبث الروح القرائية المشحونة بالمتعة والجاذبية لديه باستمرار، وإيجاد الاتصال المستمر بينهما سواء أكان هذا الاتصال موضوعيا خالصا أم فكريا محضا.. أم ذاتيا يمثل محاولة التأثير على هذا المتكلم[1].

الشعر الجيد هو ما استطاع أن يبلغ الرضا والإمتاع والتأثير في القارئ، فغاية الشعر التأثير في المتلقي إيجابا وسلبا بحسب طبيعة الشعر مدحا أو هجاء، أو رثاء، ولكي تتحقق هذه الغاية فإن الجاحظ قد ربط بين الغاية والوسيلة من خلال تجنب كل ما يؤدي إلى فساد الشعر، والتزام كل ما يؤدي إلى جودته باللفظ المختار والسبك والموسيقى والوزن والصوت والتأليف والوقف[2]. ولقد قيل: (كان ثمامة بن أشرس... وما علمت أنه كان في زمانه قروي ولا بلدي كان بلغ من حسن الإفهام مع قلة عدد الحروف، ولا من سهولة المخرج مع السلامة من التكلف، ما كان بلغه، وكان لفظه في وزن إشارته، ومعناه في طبقة لفظه، ولم يكن لفظه إلى سمعك بأسرع من معناه إلى قلبك)[3].

وبذا فإن للنص جانبين: موضوعي يختص باللغة وهو الذي يجعل الفهم[4] أمرا ممكنا، وجانب آخر ذاتي يتمثل في فكر المؤلف، ويتجلى في استخدامه الخاص

---

(1) البلاغة والأسلوبية، ص 218.

(2) سبق الإشارة إلى ذلك في موضوع اللفظ والمعنى.

(3) البيان والتبيين: 1/ 83.

(4) لأن الإفهام أمر تتطلبه مهمة الشعر المعرفية التي حددوها له، أي اعتباره وسيلة من وسائل تقديم المعرفة. ينظر: نظرية الشعر عند الفلاسفة المسلمين، ص 93.

للغة[1]، وفهم النص يعتمد - قبل كل شيء - على فهم المبدع أولا، ويتم ذلك بتجميع كل ما يمكن الحصول عليه بحيث يمكن التمييز بين أسلوب وآخر.

المبدع هو الذي يجري اختياره في المادة التي يقدمها له النظام العام للغة، وهذا لا يرجع إلى إحساسه بهذا النظام فقط، بل يرجع أيضا إلى الإحساس المفترض وجوده عند المتلقي فـ (دراسة الأساليب كما تكون لغوية تكون أيضا - نفسية واجتماعية على حد سواء، ولذا فنحن لا نتحدث مع طفل مثلما نتحدث مع شخص بالغ، أو مع شخص مثقف مثل حديثنا مع شخص جاهل)[2].

طبيعة المتلقي (حاضرة حضورا بينا في العملية الإبداعية، وهذا راجع بلا شك، إلى أن المبدع يحاول بقدر ما أولي من مقدرة بيانية أن ينقل المتلقي إلى الحالة التي يعايشها هو، أو بمعنى آخر يحاول أن ينقله إلى نفس التجربة التي دفعته إلى هذا الإبداع)[3].

على المبدع في كل ذلك أن يراعي حال المتلقي فضلا عن التوافق بين قوله ومناسبة القول، وقد نقل الجاحظ أن يوسف بن عمر (ابن عم الحجاج) لما بعث برأس زيد بن علي بن الحسين، ونصر بن خزيمة مع شبه بن عقال، وكلف آل أبي طالب أن يتبرؤوا من زيد، ويقوم خطباؤهم بذلك، فأول من قام عبد الله بن الحسن فأوجز في كلامه ثم جلس، ثم قام عبد الله بن معاوية بن عبد الله بن جعفر فأطنب في كلامه وكان شاعرا بينا وخطيبا لسنا، فانصرف الناس وهم يقولون: ابن الطيار أخطب الناس! فقيل لعبد الله بن الحسن في ذلك، فقال: لو شئت أن أقول لقلت، ولكن لم يكن مقام سرور، فأعجب الناس ذلك منه[4].

---

(1) بحث، الهيرمونيطيقا ومعضلة تفسير النص، نصر أبو زيد، فصول، 3 ابريل، 1981 م، ص 144-145.

(2) البلاغة والأسلوبية، ص 234.

(3) م.ن، ص 235.

(4) البيان والتبيين: 1/ 211.

فابتعد قوله عن الإطالة مراعاة للمقام، فمقام الحال الحزن ولذا جاءت المناسبة بين القول ومقامه.

نظرية التلقي عند الجاحظ انطلقت من تعريفاته وصولا إلى تأسيساته لهذه النظرية، سواء أكانت موجهة للمنشيء أم المتلقي أم لترتيب العلاقة بينهما، أم موجهة للنص نفسه، وتكاملت عنده في تطبيقاته من خلال تآليفه المتعددة.

أما تعريفاته فإنها ركزت في مفهوم الإفصاح والبيان والوضوح وتمثلت في تعريفه للبيان، والكلام، والبلاغة، والفصاحة... فالبيان عنده (اسم جامع لكل شيء، كشف لك قناع المعنى، وهتك الحجاب دون الضمير، حتى يفضي السامع إلى حقيقته، ويهجم على محصوله كائنا ما كان... لأن مدار الأمر والغاية التي إليها يجري القائل والسامع، إنما هو الفهم والإفهام، فبأي شيء بلغت الفهم والإفهام وأوضحت عن المعنى فذلك هو البيان في تلك المواضع)[1]. كما أنه أشار إلى مفهوم البلاغة فعد البليغ من (أفهمك حاجته من غير إعادة ولا حبسة ولا استعانة)[2] ومن (لم يحسن الاستماع لم يحسن القول)[3] فإن فقد القول الإفهام خرج من البيان، ويروى لذلك أن الحسن- رحمه الله - قد سمع رجلا يعظ، فلم تقع موعظته بموضع من قلبه، ولم يرق عندها فقال له: (يا هذا، إن بقلبك لشرا أو بقلبي)[4]، فالقول إن لم ينزل منزلا حسنا، ولم يثر المتلقي فلا خير فيه ولا فائدة منه؛ لأن (الكلمة إذا خرجت من القلب وقعت في القلب، وإذا خرجت من اللسان لم تجاوز الآذان)[5]. فكلما تجسد الصدق النفسي- عند المتكلم بروح من التلقائية أثار في نفس المتلقي عواطفه وحركها وفعلها. ولكي تتضح معالم التأثير دعا الجاحظ المتكلم

(1) م.ن: 1/ 60.

(2) م.ن: 1/ 84.

(3) البيان والتبيين: 1/ 84.

(4) م.ن: 1/ 65.

(5) م.ن: 1/ 65.

إلى مراعاة مراتب المتلقين؛ لأنهم ليسوا على مرتبة واحدة فمنهم (الغر الجاهل الماضي، الذي لا يثنيه شيء، أو المطبوع الحاذق، والواثق بغزارته واقتداره، فالثقة تنفي عن قلبه كل خاطر يورث اللجلجة والنحنحة والانقطاع والبهر والعرق)[1].

فمن أراد أن يلقى الاستحسان والقبول يجب أن يراعي منازل هؤلاء، والقائل كما يراه الجاحظ بين ثلاث منازل (أولى الثلاث أن يكون لفظك رشيقا عذبا وفخما سهلا، ويكون معناك ظاهرا مكشوفا، وقريبا معروفا، إما عند الخاصة إن كنت للخاصة قصدت، وإما عند العامة إن كنت للعامة أردت. والمعنى ليس يشرف بأن يكون من معاني الخاصة، وكذلك ليس يتضدع بأن يكون من معاني العامة، وإنما مدار الشرف على الصواب وإحراز المنفعة، مع موافقة الحال، وما يجب لكل مقام من المقال، وكذلك اللفظ العامي والخاصي. فإن أمكنك أن تبلغ من بيان لسانك، وبلاغة قلمك، ولطف مداخلك، واقتدارك على نفسك، إلى أن تفهم العامة معاني الخاصة، وتكسوها الألفاظ الواسطة التي لا تلطف عن الدهماء، ولا تجفو عن الأكفاء، فأنت البليغ التام)[2]. فالصواب، وإحراز المنفعة مع موافقة الحال من ركائز نظرية التلقي عند الجاحظ، واستكمالا لذلك دعا الجاحظ القائل إلى تصوير أقواله، لأنه وسيلة مهمة في إثارة الصور الذهنية في ذهن المتلقي وهو ما يعطيه القدرة على التخييل[3].

ومن أجل إيجاد علاقة صداقة مع القارئ لا علاقة تصادم، أتى الجاحظ ليلفت أنظار سامعيه، ويوجه أفكارهم وجهة أخرى (فخرج بذلك من دنيا السمع والسامعين

---

(1) م.ن.: 1/ 98.

(2) م.ن.: 1/ 99. وللمزيد ينظر: كتاب الصناعتين ص 159.

(3) التخييل: هو تلك الصور التي تتمثل في خيال المتلقي بتأثير الألفاظ والمعاني والأسلوب والنظم وهي صور تحدث انفعالا نفسيا لدى المتلقي يكون به الإقبال على النص، والإدبار عنه. معجم المصطلحات الأدبية المعاصر، عرض وتقديم وترجمة د. سعيد علوش، دار الكتاب اللبناني، بيروت، موشبريس، الدار البيضاء، ط 1، 1985م، ص 43.

إلى دنيا القراءة والقراء)[1]؛ لأن النص المكتوب أو العمل الأدبي، يكتسب أهمية وثراء من خلال القراءة، أو من خاصية التواصل المستمر، الذي لا ينحصر في زمان أو مكان (والكتاب قد يفضل صاحبه ويتقدم مؤلفه، ويرجح قلمه على لسانه بأمور: منها أن الكتاب يقرأ بكل مكان، ويظهر ما فيه على كل لسان، ويوجد في كل زمان، على تفاوت ما بين الإعصار، وتباعد ما بين الأمصار)[2]. وإنما جاء تفضيل الجاحظ للنص المكتوب؛ لأن الحديث الشفوي عرضي، لا يتجاوز تأثيره مجلس صاحبه وهو منغلق محدود برؤية صاحبه الذي يجادل وينازع سمعه ليثبت معنى محدودا لكلامه، أما النص المكتوب فهو شمولي منفتح على العالم الواسع، وهذا يعني أن النص المكتوب يكون له من التفسيرات والتأويلات بعدد قرائه، مع اختلاف القراء في غاياتهم القرائية، فمنهم من: (تبين حجة طريفة، أو تعرف حيلة لطيفة، أو استفادة نادرة عجيبة، وأنت في ضحك منه إذا شئت، وفي لهو إذا مللت الجد)[3]. فالقارئ إما مستمتعا، أو لاهيا، أو مرفها عن نفسه، أو جادا في البحث عن منفعة، لا يستثنى منه (المتوسط العامي... والعالم الخاصي، ويحتاج إليه الريض)[*]، كما يحتاج إليه الحاذق ويشتهيه الفتيان كما تشتهيه الشيوخ...)[4]. الكتاب كما يراه الجاحظ ضرورة وحاجة لأنه: (لا يبدل كلاما بكلام)[5] خلافا للمسموع المعتمد على الحفظ فهو معرض للتبدل والتغيير والضياع، كما أن الشعر حين يقرأ مكتوبا غيره حين يسمع؛ لأن الكتابة مستوى آخر من القراءة إلى ميدان تلقي الشعر، ذلك أن المقروء يتعامل مع (النص وحده) متجردا عما يعطيه من

---

(1) محاورات مع النثر العربي، د. مصطفى ناصف، الكويت، سلسلة عالم المعرفة، عدد (218)، شباط 1997م، ص 64.

(2) كتاب الحيوان: 1/ 59.

(3) البخلاء، ص 9.

(*) أما الريض فللتعلم والدربة، وللترتيب والرياضة، وللتمرين وتمكين العادة، الحيوان: 1/ 12.

(4) كتاب الحيوان: 1/ 12.

(5) م.ن: 1/ 33.

ظروف تتضمن طبيعة إلقاء للنص، أو شكل القائل، أو مكانته وما إلى ذلك من أمور تتعلق بالنص المسموع. ولأجله يرى الجاحظ أن مقاييس الجودة للقراء هي أقرب وأقوم قياسا لمقاييس السامعين، الذين قد تتأثر تقويماتهم بمؤثرات أخرى تقلل من قيمة النص الفنية والجمالية. وبذلك نجد أن الجاحظ قد فتح آفاق نظرية متكاملة لم تهمل محدوداتها - النص (مكتوبا أو منطوقا)، والمتلقي، والقائل:

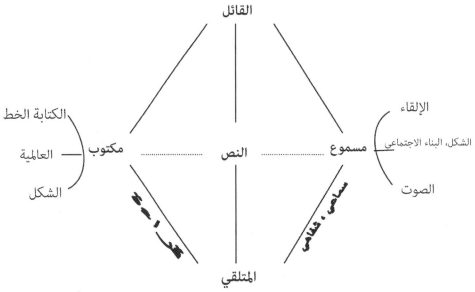

فالنص بشكليه (المكتوب، والمنطوق) يسعى فيه قائله إلى الإقناع والإفهام والتأثير، مع اختلاف الوسيلة بينهما، فالمسموع رهين لتقبله ومرتبط بطريقة الإلقاء وقابليات القائل الصوتية وحركاته وأحيانا مكانته الاجتماعية.

في حين يكون النص المكتوب مرتهنا بلغته وأسلوبه وأدواته، فالتعامل يكون مع النص وحده، لذا وجدنا الجاحظ يدعو إلى الاهتمام به.

وبذلك فنظرية القراءة والتلقي قائمة في أساسها على التأثير فضلا عن التفسير والإدراك والفهم وصولا إلى الحكم، فقد قيل لخلف بن حيان بن محرز: إذا سمعت أنا بالشعر استحسنته فما أبالي ما قلت أنت فيه وأصحابك! قال له: إذا أخذت درهما

فاستحسنته فقال لك الصيرفي: إنه رديء فهل ينفعك استحسانك إياه؟(1)، لذا جاءت أحكامهم دقيقة؛ لأنها تجاوزت مرحلة التلقي إلى الفهم والحكم، فالنابغة الذبياني وهو من شعراء العرب الـذين كانوا يحكمون بين الشعراء قدم إليه الأعشى فألقى شعرا، ثم جاءه حسان بـن ثابت، ثم غيره من الشعراء ثم سمع الخنساء في قولها:

| وإن صـــخرا لتـــأتم الهـــداة بـــه | | كأنـــه علـــم في رأســـه نـــار |

فأعجب وأطرب وقال لها: (لـولا أن أبـا بصير ـ يعني الأعشىـ أنشدني لقلت: إنك أشعر الجـن والإنس)(2).

ونقل حماد الراوية أن العرب كانت تعرض شعرها على قريش فما قبلوه منه كان مقبولا، وما ردوه كان مردودا(3).

إن مقياس القبول لدى السامع أو القارئ من مقاييس الجاحظ، هو من أسـس نظريـة القـراءة والتلقي بل من أهمها، على أن يكون المتلقي عالما، حاذقا، عارفا. لذا تراه يعرض عن مقاييس العامة(4).

إنما بنى الجاحظ قوله هذا؛ لأن المقياس النقدي والقيمي للنص يتأثر ويتباين تبعا لاختلاف طبيعة المتلقي الفكرية، فالمتلقي الحاذق هو المدرك لطبيعة النص عنده، يليه الخاصة مـن النـاس ثـم العامـة، إذ يصبح مقياس التأمل عندهم في أضعف نقطة فتصبح مقاييسهم ساذجة بسيطة عفوية انطباعية بعيدة عن الفهم والإدراك. والجاحظ مدرك بأهمية المتلقي لأنه يمثل المشـترك الآخر في إنتاج النص، فالنص قد يموت مباشرة عندما لا يثير المتلقي لينـدثر القائل والمقول، في حين قد يحيا

---

(1) ينظر: العمدة: 1/ 117.

(2) تاريخ النقد العربي عند العرب من العصر الجاهلي إلى القرن السابع الهجري، طـه أحمـد إبراهيم، دار الحكمـة، دمشـق، 1972م، ص 19.

(3) م.ن، ص 19.

(4) البخلاء، ص 157.

ويشيع ويصبح في ولادة متجددة، ذلك أن العرب ما تحفظ من القول إلا (ما علق بقلوبهم والتحم بصدورهم واتصل بعقولهم)[1].

العمل الإبداعي لا يفهم ولا يدرك عند الجاحظ ما لم يكن ناجما عن مشاركة تواصلية انفعالية بين المؤلف والنص والجمهور. لذلك تجد الجاحظ يعتمد على قائله ويتكئ عليه (وليس يمنعني من تفسير كل ما يمر إلا اتكالي على معرفتك، وليس هذا الكتاب نفعه إلا لمن روى الشعر والكلام وذهب مذاهب القوم، أو قد يكون قد شدا منه شدوا حسنا)[2].

وإن اختلفت منازل القراء الفكرية وطبقاتهم فما (عند الوزراء في ذلك ما ليس عند الرعية، وعند الخلفاء ما ليس عند الوزراء، وعند الأنبياء ما ليس عند الخلفاء... وإنما علم الله كل طبقة من خلقه بقدر احتمال فطرهم ومقدار مصلحتهم)[3]. لذا تجد كبراء أهل قريش يجتمعون إلى مجلس جبير بن مطعم وهو أعلم قريش بالعرب بعد أبي بكر الصديق رضي الله عنه (لما يجدون عنده من طريف الكلام وغريب الشعر)[4].

فمراجعة القوم إنما جاءت من الرغبة والإمتاع والمؤانسة والتملح بالشعر لظرافته وغرابته أحيانا، ومن هنا حث الجاحظ الشاعر على إدراك حاجات المخاطب ورغبته وصولا إلى تلذذه بشعره واستهوائه، وتنشيط تفاعله مع النص[5]. فضلا عن مناسبة القول فلا يطيل القول إلا في موضعه، لأن (الكلام إذا قل وقع وقوعا لا يجوز تغيره، وإذا طال الكلام وجدت في القوافي ما يكون مجتلبا

(1) البيان والتبيين: 3/ 18.

(2) البخلاء، ص 221.

(3) كتاب الحيوان، 5/ 111.

(4) الرسائل السياسية، ص 142-143.

(5) اللفظ والمعنى في النقد العربي القديم، أسماء الزهراني، منتديات أزاهير الأدبية، مختصرات نقدية. (بحث منشور في الانترنت).

ومطلوبا ومستكرها)[1]، قال: (وأحسن الكلام ما كان قليله يغنيك عن كثيره)[2]. فالإطالة في غير موضعها قد تؤدي إلى الملل غير المرغوب فيه، والإيجاز مع إدراك المقاصد يجعله مرغوبا محببا إلى النفوس.

لكي يتحقق التواصل والإفهام دعا الجاحظ القائل إلى استعمال كل الوسائل على أن يبتعد عن التكلف، ولم يحتج كلامه إلى التفسير (البليغ من طبق المفصل، وأغناك عن المفسر)[3] وقال (لا خير في كلام لا يدل على معناك، ولا يشير إلى مغزاك)[4]، وقال أيضا: (خير بيت شعر الذي إذا سمعت صدره عرفت عجزه)[5].

وإن دعاك القول إلى تكراره وصولا إلى الفهم فافعل، فلقد نقل الجاحظ عن ابن السماك (أنه تكلم يوما وجاريته تسمع كلامه، فلما انصرف إليها قال لها: كيف سمعت كلامي؟ قالت: ما أحسنه لولا أنك تكثر ترداده، قال: أردده حتى يفهمه من لم يفهمه)[6]. وإن استطاع القائل أن يبلغ الغاية من غير تكرار فهو الأجود: (كان جعفر بن يحيى أنطق الناس قد جمع الهدوء والتمهل، والجزالة والحلاوة، وإفهاما يغنيه عن الإعادة)[7].

فإن (مل السامع... وأنت قد أعطيت كل مقام حقه وقمت بالذي يجب من سياسة ذلك المقام، وأرضيت من يعرف حقوق الكلام فلا تهتم بما فاتك من رضا الحاسد والعدو فانه لا يرضيهما شيء، وأما الجاهل فلست منه وليس منك، ورضا جميع الناس شيء لا تناله وقد كان يقال: رضا الناس شيء لا ينال)[8].

---

(1) البيان والتبيين: 1/ 197.

(2) م.ن: 1/ 65.

(3) م.ن: 1/ 79.

(4) م.ن: 1/ 85.

(5) م.ن: 1/ 85.

(6) م. ن: 1/ 78.

(7) م.ن: 1/ 79.

(8) البيان والتبيين: 1/ 85- 86.

لذا نجد أن الجاحظ قد استطاع أن يضع حدود هذه النظرية ابتداء من تعريفاته، ووصولا إلى إبراز العلاقة بين النص والمتلقي الممثلة بعلاقة التواصل، فضلا عما يثيره النص في المتلقي من إثارة وإعجاب وسرور، تتفاوت نسبته بحسب طبيعة المتلقي ومكانته الثقافية والاجتماعية، حتى بلوغ مرحلة إشراك المتلقي في الحكم على النص بالجودة أو الرداءة، من دون أن يتناسى القائل وما عليه فعلى القائل أن يراعي حال المتلقي ومقامه وثقافته فلكل مقام مقال.

لا يمكن أن تتحقق هذه العلاقة بين القائل من جهة والمتلقي من جهة أخرى ما لم يكن النص المتحقق متكاملا، بليغا، متضمنا لأدوات الشاعر اللفظ والسبك والنسج والتصوير...

ولكي يصل القول إلى غايته أوجب الجاحظ على قائله أن يعرضه على العلماء والخاصة من الناس، ممن يفهم القول، ويتجنب العامة لأنهم ليسوا قدوة في ذلك.

نجد أن النظرية التي جاء بها الجاحظ نظرية متكاملة لم تتجاهل ركيزة من ركائزها (النص والقائل والمتلقي).

الفصل الرابع

الفصل الرابع: الرؤية النقدية: من القصيدة إلى الشاعر

المبحث الأول
معايير التقويم النقدي

إن النقد القديم كان في غاية الصرامة حين يضع مسمى (شاعر) على قائمة التجارب الشعرية، إذ لا يمكن أن يمنح لأحد ما لم يستوف شروط الصنعة بتمامها وكمالها (للشعر صناعة وثقافة يعرفها أهل العلم كسائر أصناف العلم والصناعات، منها ما تثقفه العين ومنها ما تثقفه الأذن ومنها ما تثقفه اليد ومنها ما يثقفه اللسان، من ذلك اللؤلؤ والياقوت لا يعرف بصفة ولا وزن دون المعاينة ممن يبصره)[1].

وأمام هذه الصرامة لا يملك الشعراء إلا توحيد أشعارهم إجادة تتناسب ومعايير ذلك النقد.

كان الناقد القديم مولعا ببيت الشعر الواحد، ولذا تواترت الأحكام التي تفاضل بين الشعراء، استنادا إلى بيت واحد، ومن ضمن الأحكام النقدية الشائعة قولهم: أشعر الناس فلان في قوله كذا، أو أشعر بيت قالته العرب... الخ، فربما كانوا يقصدون بتلك الأبيات أبيات القصيد.

اهتم الجاحظ بهذه القضية النقدية ونالت منه حظا وافرا من جهده النقدي وشغلت حيزا كبيرا، من حيث الموازنة بين نصوص الشعر، والمفاضلة بين مبدعيها، من خلال نصوصه المتناثرة في ثنايا كتبه، وهي وإن كانت غير مبوبة تحت عنوان واضح، أو في كتاب يضم آراءه النقدية، إلا أنه يمكن للقارئ وهو يقرأ كتب الجاحظ أن يجد هذه الآراء.

إن معايير النقد تقوم على عنصرين أساسيين هما: الشكل والمضمون، ومما ينضوي تحت إطار المضمون: المعنى والعاطفة، وما ينضوي تحت إطار الشكل: الأسلوب والتخييل.

---

(1) طبقات الشعراء: ص 26.

أولا: معايير نقد المعنى: والقصد منها الفكرة التي تعبر عنها القصيدة، من ذلك قول الشاعر: [من الوافر]

(إذا ما مات مثلي مات شيء يموت بموته بشر كثير)

وأشعر منه عبده بن الطبيب، إذ يقول في قيس بن عاصم: [من الطويل]

(فما كان قيس هلكه هلك واحد ولكنه بنيان قوم تهدما)

وقال امرؤ القيس في شبيه بهذا المعنى: [من الطويل]

(فلو أنها نفس تموت سوية   ولكنها نفس تساقط أنفسا)[1]

إن الجاحظ قد جعل (خصوصية المجاز في الاستدلال على المعنى الواحد بطرق مختلفة)[2] إذ إن - (هذا الباب مفخر العرب في لغتهم وبه وبأشباهه اتسعت)[3] فحكم الجاحظ على شاعرية البيت الثاني سببه أن الشاعر في البيت الأول صرح وعبر باللفظ الحقيقي، أما الثاني فقد استخدم أسلوب الاستعارة والمجاز، مما جعل الجاحظ أخيرا يحكم لامرئ القيس بمثابة البيت الثاني لا الأول ولنفس السبب، إذ (المجاز أعطى اللغة زخما كميا في التعبير)[4] ومن أبرز معايير نقد المعنى ما يأتي:

1- معايير الصحة والخطأ: - إن هذا المقياس يلتزم صحة الشعر سواء أكانت صحته تاريخية أم لغوية أم عملية... إلخ، وذلك لأن العكس يفسد المعنى ويجعل الشعر غير مقبول من الناس. (قال عبد الرحمن بن الحكم في هجائه الأنصار بخبيث الطعام، فضرب المثل بالدجاج من بين جميع الحيوان، وترك ذكر الكلاب وهي له معرضة فقال: [من الوافر]

وللأنصــــــار آكـــــــل فــي قراهـــــا   لخبــــث الأطعـــــمات مـــن الـــدجاج

---

(1) البيان والتبيين: 2/ 230.

(2) مفهوم المعنى عند الجاحظ: ص 245.

(3) كتاب الحيوان: 5/ 227- 228.

(4) مفهوم المعنى عند الجاحظ: ص 245.

ولو قال: [من الوافر]

وللأنصــــــار آكــــــل في قراهــــــا　　　　لخبـــث الأطعـــمات مـــن الكـــلاب

لكان الشعر صحيحا مرضيا[1] وكان معيار الصحة علميا عند الجاحظ إذ إن (الدجاج لا ترضى بالعذرة)[2] ومما حكم عليه بالصحة أيضا على الرغم من طعن الرواة في هذا الشعر كما في قول (بشر بن أبي خازم): [من الكامل]

والعـــير يرهقهـــا الخبـــار وجحشـــها　　　　ينقض خلفهـــما انقضاض الكواكـب

فزعموا انه ليس من عادتهم أن يصفوا عدو الحمار بإنقضاض الكوكب ولا بدن الحمار ببدن الكوكب. وقالوا: في شعر بشر مصنوع كثير، مما قد احتملته كثير من الرسواة على انه من الصحيح شعره. فمن ذلك قصيدته التي يقول فيها: [من الوافر]

فرجـــــي الخـــــير وانتظـــــري إيـــــابي　　　　إذا مـــا القـــارظ العنـــزي أبى[3]

ومما ذكره في هذا المعنى أيضا (وضحك أبو كلـدة حين أنشـد شعر ابـن النطاح وهـو قولـه: [من الكامل]

والذئب يلعب بالنعام الشارد

قال: وكيف يلعب بالنعام والذئب لا يعرض لبيض النعام وفراخه حين لا يكونان حاضرين، أو يكون تحداهما، لأنهما متى ناهضاه ركضه الذكر فرماه إلى الأنثى، وأعجلته الأنثى فركضته ركضة تلقيه إلى الـذكر فلا يزالان كذالك حتى يقتلاه أو يعجزهما هربا. وإذا حاول ذلك منه أحداهما لم يقو عليه. قال: فكيف يقـول: [من الكامل]

---

(1) كتاب الحيوان: 1/ 152- 153.

(2) م.ن: 1/ 152.

(3) م.ن: 6/ 461.

والــــذئب يلعــــب بالنعــــام الشـــارد   وهـــذه حالـــه مـــع النعـــام؟!)[1]

ومما ذكره الجاحظ وعلق عليه قول زهير: [من المنسرح]

(والإثـــم مـــن شـــر مـــا تصـــول بـــه   والـــبر كالغيـــث نبتـــه أمـــر

أي كثير. ولو شاء ان يقول: والبر كالماء نبته أمر استقام الشعر، ولكن كان لا يكون له معنى. وإنما أراد إن النبات يكون على الغيث أجود)[2].

فاستقامة الشعر عند الجاحظ لا تتحقق بناء على تحقق معنى مألوف مثل تعليق (كالماء) بل قياسا بالمعنى الشعري، إذ هو يفرق بين المعنى الشعري والمعنى اللغوي.

ومما يتسم به نقد الجاحظ في هذا الجانب هو النظر في دقة الدلالة على الأشياء والتركيـز اللفظـي الشعري، ومن ذلك ما انشده الأصمعي وغيره: [من الرجز]

تعلقـــــت واتصـــــلت بعكـــــل   خطبـــي وهـــزت رأســها تســتبلي

تســألني مـــن الســنين كـــم لـــي   فقلـــت لـــو عمـــرت عمـــر الحســل

أو عمـــر نـــوح زمـــن الفطحـــل   والصـــخر مبتـــل كطـــين الوحـــل

صرت رهين هرم أو قتل

وهذا الشعر يدل على طول عمر الحسل لأنه لم يكن ليقول:

أو عمـــر نـــوح زمـــن الفطحـــل   والصـــخر مبتـــل كطـــين الوحـــل

إلا وعمر الحسل عنده من أطول الأعمار)[3].

والجاحظ يرى هذا الشاهد بأنه مطابق لواقع حال عمر الحسل ومن ثم فهو يسلم بصحة الشعر، وقد ورد الكثير من هذه الأمثلة التي تحمل آراء الجاحظ النقدية

---

(1) كتاب الحيوان: 4/ 421.

(2) م.ن: 3/ 229.

(3) م.ن: 6/ 375.

فيما يخص مسألة صحة الشهر في ثنايا كنيته، ومنها ما تحدث فيه عن دقة الوصف في الشعر وارتباطه بالمرجع إذ (قال بعض الشعراء، يهجو حارثة بن بدر الغداني: [من الكامل]

زعمت غدانه أن فيها سيدا ضخما يواريه جناح الجندب

وزعم ناس أنه قال: [من الكامل]

يرويه ما يروى الذباب فينتشي سكرا، وتشبعه كراع الأرنب

قالوا: لا يجوز أن يقول: "يرويه ما يروي الذباب (ويواريه جناح الجندب) ثم يقول: (ويشبعه كراع الأرنب).

وإنما ذكر كراع الأرنب: لأن يد الأرنب قصيرة، ولذلك سرع في الحصول ولا يلحقها من الكلاب إلا كل قصير اليد، وذلك محمود من الكلب والفرس توصف بقصر الذراع)[1].

2- معايير الجدة والابتكار: ليس من السهل الحكم على أبيات شعرية بأنها غاية في الجدة والابتكار ما لم يكن الحاكم عالما بأصل هذه الأبيات والدقة في شعريتها على النحو الذي تكون غير مقلدة أو مسروقة، وربما كانت أبيات عنترة بن شداد محط نظر الجاحظ، فوصفها لنا بأنها أبيات شاعر متقدم جاء بتثنية مصيب ومعنى غريب عجيب مخترع لم يسبق إليه أحد، وحتى من حاول ذلك فقد فشل، وذلك لأنها عكست سوء طبعه في الشعر وعكست إجادة عنترة: [من الكامل]

(جاءت عليها كل عين ثرة فتركن كل صديقه كالدرهم

فترى الذباب بها يغني وحده هزجا كفعل الشارب المترنم

غردا يحك ذراعه بذراعه فعل المكب على الزناد الأجذم

(1) كتاب الحيوان: 3/ 189.

... ولم أسمع في هذا المعنى بشعر أرضاه غير شعر عنترة)[1] وما ذاك إلا لجدته وابتكاره وحسن التشبيه.

ومن معايير الجدة والابتكار ما أورده في تفسير شعر غنية الأعرابية في شأن ابنها إذ قالت في أرجوزة لها:

(احلف بالمروة يوما والصفا أنك خير من تفاريق العصا

... ولا نعرف شعرا يشبه معنى شعر غنية بعينه لا يغادر منه شيئا... إلا قول أحدهم: [من الطويل]

فلا غرث ما كان في الناس كربج وما بقيت في رجل حيوان إصبع

وهذا الشعر وشعر غنية من الظرف الناصع الذي سمعت به، وظرف الإعراب لا يقوم له شيء)[2] إن المتتبع لمؤلفات الجاحظ يجده مؤلفا مرحا من الدرجة الأولى ومبطنا لسخريته وهزليته المعروفة بقالب الجد، ويأتي بالنادرة لتدل مباشرة على ما يريد، وكان يعشق ظرف الأعراب وملحهم ونوادرهم إذ حكم على هذين البيتين بأنهما من (الظرف الناصع) ومعناه: حسن العبارة والبلاغة والكلام الجيد، بحيث إذ أصبح الإنسان عن نفسه بما يسقط عنه الحد وكذلك هو من لا تضيق عليه معاني الكلام، فهو يكني ويعرف ولا يكذب[3] وقال أيضا (وظرف الأعراب لا يقوم له شيء)، وهذا يعني انه لا سابقة له، بمعنى انه جديد.

إن المعاني الشعرية تكون لها مكانة نقدية متميزة حين تتصف بالطرافة والابتكار، وهذا لا يعني أن يقدم الشاعر معاني جديدة لم يسبق إليها، فهذا صعب المنال في كثير من الأحيان، ولكن المطلوب أن يتناول الشاعر معنى من المعاني فيقدمه بأسلوب يبدو فيه جديدا، إذ إن العبرة هنا في الاستخدام الخاص والنوعي

---

(1) م.ن: 3/ 149- 15.

(2) البيان والتبين:3 / 32- 33.

(3) ينظر لسان العرب مادة (ظرف) (نصع).

للغة، وهذا ما جعله يحكم على قول الشاعر أنه من ظريف الشعر قول أبي عدنان: [من الطويل]

فـما كلبـة سـوداء تفـري بنابهـا عراقـا[1] مـن المـوتى مـرارا وتكـدم

أتـيح لهـا كلـب فضـنت بعرقهـا فهارشـها وهـي عـلى العـرق تعـذم[2]

فقف على هذا الشعر فإنه من أعاجيب الدنيا)[3].

إن إصدار الحكم النقدي أمر صعب بحاجة إلى مؤهل معرفي وكفاية أدبية ونقدية يجب إن يتميز بها الناقد، والأصعب منه هو معرفة السبب المنهجي الذي دفع الناقد إلى هذا الحكم؛ لذلك يبقى الجواب ضربا من التخمين، فربما الذي جعل الجاحظ يعد هذا الشعر من أعاجيب الدنيا، صورة الكلبة السوداء التي تلوك لحوم الموتى بأنيابها، وقد جهدت نفسها للعثور عليها، ثم يأتي كلب فيحاول الحصول على ما عثرت عليه الكلبة، دون أي تعب أو بذل مجهود فدلالة الصورة هنا تحميل على شكل الحياة وطبيعة الوجود، وتفسر مصائر الموجودات وأقدارها في الطبقة العميقة من المعنى.

ليس جمال المعنى وحده هو الدافع لحفظ الشعر إذ قيل "للمحلول: ويلك، ما حفظت بيت شعر قط؟ فقال: بيتا واحدا اشتهيته فحفظته. فقيل له: فهاته. فقال: أما إني لا أحفظ إلا بيتا واحدا. قيل: فكيف رزق منك هذا البيت؟ فأنشده، فأنشدهم: [من السريع]

كأنمـا نكهتهـا مـدة تسـيل مـن مخطـة مجـذوم)[4]

(1) عراقا: جمع عرق وهي الغدرة من اللحم، ينظر لسان العرب مادة (عرق).

(2) تعذم: العذم (العض) ينظر لسان العرب مادة (عذم).

(3) كتاب الحيوان: 1/ 178.

(4) كتاب الحيوان: 1/ 159.

ونظرنا إلى البيت فلم نجد المعنى الجميل الذي جعل المحلول يشتهيه فيحفظه، ولكن ما أعجبه جدة المعنى في تشبيه الرائحة الكريهة بالمدة التي تسيل من مخطة المجذوم.

3- معايير العمق والسطحية: المعنى العميق معنى مؤثر يذهب بالقارئ بعيدا في دلالة معنوية مؤثرة، والإحساس بعمق المعنى يكون بسبب موهبة الشاعر التي يتميز بها، وذلك بما يختص من قدرة عقلية عالية وملكة ذهنية وثقافة، وتكون الأبيات عميقة المعنى إذا اعتمدت على الحكمة التي تمثل اختزال قدر كبير من التجربة الإنسانية وتقديمها في عبارة موجزة بليغة. على النقيض من العمق هناك سطحية المعنى، ويقصد به المعنى الذي يكون سهلا جدا، ويعرفه أكثر الناس ولا مزية فيه (قال أبو زيد النحوي: (لو تمنيت أن أقول الشعر ما قلت إلا شعر عدي بن زيد): [من الطويل]

كفى زاجرا للمرء أيام عمره ... تروح له بالواعظات وتغتدي

فنفسك فاحفظها من الغي والردى ... متى تغوها تغو الذي بك يعتدي

فإن كانت النعماء عندك لامرئ ... فمثلا بها فاجز المطالب أو زد

عن المرء لا تسأل وأبصر قرينه ... فإن القرين بالمقارن مقتدي

ستدرك من ذي الجهل حقك كله ... بحلمك في رفق ولما تشدد

وظلم ذوي القربى أشد عداوة ... على المرء من وقع الحسام المهند[1]

فالذي جعل أبا زيد النحوي يتمنى قول الشعر هو ما تحمله الأبيات من معان في الوعظ والإرشاد والحكمة، حتى إن الجاحظ وصفها بأنها (قطعة من أشعار

---

(1) م.ن: 7/ 87 - 88.

الاتعاظ)[1] وقد (قيل ليزيد: ما أحسن ما مدحت به؟ قال: قول زياد الأعجم: [من الطويل]

فتـــى زاده السلطـان في الحمـد رغبـة   إذا غيـــر السـلطان كـــل خليــل)[2]

من الواضح أن الجاحظ ناقد تستهويه المعاني العميقة أكثر من المعاني السطحية، وهذا جلي في رده البيتين اللذين استجادهما أبو عمرو الشيباني إذ زعم (أن صاحب هذين البيتين لا يقول شعرا أبدا ولو لا أن أدخل في الحكم بعض الفتك؛ لزعمت أن ابنه لا يقول شعرا أبدا، وهما قوله: [من السريع]

لا تحسبـن المـــوت مـوت البـلى   فإنمـــا المـــوت ســؤال الرجـال

كلاهمـــا مـــوت ولكـــن ذا   أفظـــع مـن ذاك لــذل الســؤال)[3]

أن الجاحظ رأى أبا عمرو الشيباني يستحسن قول الشاعر، والبيتان يضمان فكرة تهذيبية وحكمة سامية وهي النهي عن ذل المسألة وإراقة ماء الوجه، فسؤال الرجال هو الموت سواء، بل هو اشد إلى النفس من الموت لما فيه من الذل. هذه الفكرة أعجبت أبا عمرو الشيباني.

أما الجاحظ فإنه يخالفه الرأي ويرى أن البيتين ليسا من الشعر في شيء؛ فهو يؤيد الفكرة السامية لكنه ينتقد الشاعر لبعده عن الإبداع والتميز.

إن مسألة العمق والسطحية في المعنى تعتمد اعتمادا كليا على موهبة الشاعر وقدرته في استحداث المعاني الجميلة والمؤثرة، ولكن هذه الموهبة لا تتوافر في كل الأوقات فـ (قد قيل للخليل بن أحمد: مالك لا تقول الشعر؟ قال (الذي يجيئني لا أرضاه، والذي أرضاه لا يجيئني).

---

(1) م.ن.: 7/ 87.

(2) م.ن: 7/ 88.

(3) كتاب الحيوان: 3/ 63.

فأنا أستحسن هذا الكلام، كما أستحسن جواب الأعرابي حين قيل له: كيف تجدك؟ قال: أجدني أجد ما لا أشتهي، وأشتهي ما لا أجد)[1].

ومن المعايير النقدية في هذا الجانب أيضا ما (قيل للمازني: أي هؤلاء أظرف في شعره الذي يقول:

جعلت فداك النيروز حق فأنت علي أعظم منه حقا

ولو أهديت فيه جميع ملكي لكان جليله لك مسدقا

فأهديت الثناء بنظم شعر وكنت لذاك مني مستحقا

أم الذي يقول:

دخلت السوق أبتاع وأستطرف ما أهدي

فما أستطرفت للإهدا إلا أطراف الحمد

إذا نحن مدحناك رعينا حرمة المجد

أم الذي يقول:

وكم من مرسل لك قد أتاني بما يهدي الخليل إلى الخليل

فأظهرت السرور وقلت أهلا وسهلا بالهدية والرسول

فقال: أشعرهم جميعهم وأظفرهم الذي يقول:

فو الله لا أنفك أهدي شواردا إليك يحملن الثناء المبجلا

ألذ من السلوى وأطيب نفحة من المسك مفتوتا وأيسر محملا[2]

(1) م.ن: 3/ 67- 68.

(2) المحاسن والأضداد: ص 286- 287.

الأبيات السابقة كلها تدور في معنى واحد وهو هدية الممدوح، لكن التعبير عن المعنى مختلف من شاعر إلى شاعر مما يجعل المازني يفاضل بينها ولم يختر مما خير فيه، بل أتى بأبيات لشاعر آخر في المعنى نفسه، وذلك لأنه أحسن بأن الشعراء الثلاثة لم يأتوا بألفاظ المجانسة للمعنى الواحد مما جعله يرى بأن الشاعر الرابع هو أشعرهم.

فالشاعر الأول أهدى ثناءه بنظم الشعر لأنه يرى جميع ملكه لا يساوي الممدوح، أما الثاني فلم يجد بين يديه ما يهديه مما اضطره للذهاب إلى السوق ليبتاع فلم يجد غير المدح والحمد هدية له، أما الثالث فلم يجد الهدية ولكنها على الأغلب مادية وليست معنوية.

أما المازني فيرى أن شاعرا آخر أظرف من هؤلاء وربما الذي جعل المازني يحكم بظرفه وشعريته انه مجدد لما يريد، غير محتار بما يهدي وليس بحاجة للذهاب إلى السوق ليبتاع، على النحو الذي بدت هديته ليست ككل الهدايا، فهو لا ينفك يهدي شوارده الشعرية مقسما على ذلك بالله، ويتخلل هذه الشوارد الثناء والجميل وهما ألذ من السلوى وأطيب من رائحة المسك الذي يباع في السوق، ومن ثم فهما أخف حمولة وأيسر، إذ لا تثقل إلا اللسان في بعض الأحيان، وكذلك هذه الشوارد لا تشبه الشعر الذي يهديه الخليل إلى الخليل وبقية المرسلين وإنما هي خاصة بالممدوح، مصنوعة لأجله فـ (من خير صناعات العرب الأبيات يقدمها الرجل بين يدي حاجته، يستنزل بها الكريم، ويستعطف بها اللئيم)[1].

إن النقد موهبة وذوق منحها الله لبعض الناس يستطيعون بها إن يتفحصوا الأشياء فحصا دقيقا، (قال العائشي: كان عمر بن الخطاب - رحمه الله - أعلم الناس بالشعر ولكنه كان إذا ابتلى بالحكم بين النجاشي والعجلاني وبين الحطيئة والزبرقان، كره أن يتعرض للشعراء، واستشهد الفريقان رجالا، مثل حسان بن ثابت وغيره ممن تهون عليه سبالهم، فإذا سمع كلامهم حكم بما يعلم، وكان الذي ظهر

(1) البيان والتبيين: 2/ 209.

من حكم ذلك الشاعر مقنعا للفريقين، ويكون هو قد تخلص بعرضه سليما، فلما رآه من لا علم له يسأل هذا وهذا، ظن أن ذلك لجهله بما يعرف غيره.

وقال: ولقد أنشدوا شعرا لزهير - وكان لشعره مقدما- فلما انتهوا إلى قوله: [من الوافر]

وإن الحـــق مقطعـــه ثـــلاث   يمـــين او نفـــار أو جـــلاء[*]

قال عمر كالمتعجب من علمه بالحقوق وتفصيله بينها، وإقامته أقسامها:

وأن الحـــق مقطعـــه ثـــلاث   يمـــين أو نفـــار أو جـــلاء

يردد البيت من التعجب

وأنشدوا قصيدة عبدة بن الطبيب الطويلة التي على اللام، فلما بلغ المنشد إلى قوله:

والمـــرء ســـاع لشيـــء لـــيس يدركـــه   والعـــيش شـــح وإشـــفاق وتاميـــل

قال عمر متعجبا: (والعيش شح وإشقاق وتأميل) يعجبهم من حسن ما قسم وفصل)[1]، إن الذي أعجب عمر بن الخطاب رضي الله عنه في البيت (صحة التقسيم الوارد فيه واكتمال معنى البيت ولا سيما إن الشاعر قد جعل التقسيم خاصا بجميع أطراف الحق وكذلك في سلامة تحقيقه لشروط صحة التقسيم... وتناوله الجاحظ وأعجب بإدراك زهير الأعرابي لمقاطع الحق الثلاثة: اليمين والمحاكمة والحجة الواضحة، بيد أن الشعر ليس وحده من أسبغ على الشاعر هذا الحكم الأخلاقي، إذ كان سلوك الشاعر معيارا في التقويم عند الجاحظ، الذي وضع الشاهد في باب الشعر في الزهد والتصوف[2].

(*) النفار أن يتنافرون إلى رجل يحكم بينهم – جلاء: أن ينكشف الأمر وينجلي، ينظر: البيان والتبيين:1/ 165 هامش (2).

(1) البيان والتبيين: 1/ 165- 166.

(2) متشابه الشواهد الشعرية عند النقاد العرب حتى نهاية القرن الخامس الهجري، محمد احمد شهاب العبيدي، كلية التربية/ جامعة تكريت، رسالة ماجستير، 2005، ص 39.

(*) الآل: الرحم. السقب: ولد الناقة ساعة يولد، الرأل: ولد النعام، يقول إن قرابتك من قريش كقرابة ولد الناقة لرأل النعام، أي لست منهم في نسب، ينظر: الحيوان: 4/ 435 هامش (7).

في بعض الأحيان قد تخرج الدلالة على غير ظاهر البيت كما في قول حسان بن ثابت ﵁: [من الوافر]

لعمرك إن آلك في قريش كآل السقب من رأل النعام(*)

وقد عاب عليه هذا البيت أناس، وظنوا أنه أراد التبعيد فذكر في قريش، وأنه حين أدنى نسب انتحل ذلك النسب)[1].

إن الجاحظ يبحث في البنية العميقة للدلالة، وهذا جزء من نظريته الشعرية التي تؤمن بأن الشعر دائما ينطوي على معنى عميق في باطن الدوال الشعرية (قال أبو عمرو بن العلاء: اجتمع ثلاثة من الرواة فقال لهم قائل: أي نصف بيت شعر أحكم وأوجز؟ فقال أحدهم: قول حميد بن ثور الهلالي: [من الطويل]

وحسبك داء أن تصبح وتسلما

ولعل حميدا أن يكون أخذه عن النمر بن تولب، فإن النمر قال: [من الطويل]

يحب الفتى طول السلامة والغنى فكيف ترى طول السلامة يفعل

وقال أبو العتاهية:

أسرع في نقص امرئ تمامه

ذهب إلى كلام الأول: كل ما أقام شخص وكل ما ازداد نقص، ولو كان الناس يميتهم الداء، إذا لأعاشهم الدواء.

وقال الثاني من الرواة الثلاثة: بل قول أبي خراش الهذلي: [من الطويل]

نوكل بالأدنى وإن جل ما يمضي.

وقال الثالث من الرواة: بل قول أبي ذؤيب الهذلي: [من الكامل]

وإذا ترد إلى قليل تقنع[2].

---

(1) كتاب الحيوان: 4/ 435.

(2) قال الأصمعي: (هذا أبدع بيت قالته العرب) وصدره (والنفس راغبة إذا رغبتها)ينظر: الشعر والشعراء: 1/ 66.

فقال قائل: هذا من مفاخر هزيل: أن يكون ثلاثة من الرواة لم يصيبوا في جميع أشعار العرب إلا ثلاثة أنصاف، اثنان منها لهذيل وحدها، فقيل لهذا القائل، إنما كان الشرط أن يأتوا بثلاثة أنصاف مستغنيات بأنفسها، والنصف الذي لأبي ذؤيب لا يستغني بنفسه، ولا يفهم السامع معنى هذا النصف حتى يكون موصولا بالنصف الأول لأنك إذا نشدت رجلا لم يسمع بالنصف الأول وسمع:

وإذا ترد إلى قليل تقنع

قال: من هذه التي ترد إلى قليل فتقنع وليس المضمن كالمطلق وليس هذا النصف مما رواه هذا العالم وإنما الرواية قوله: [من الكامل]

والدهر ليس بمعتب من يجزع)[1]

هذه المحاورة مهمة جدا إذ أنها تكشف عن جزء مهم من رؤية الجاحظ للطبيعة الخاصة التي يتميز بها الشعر، وخاصة في طاقة الألفاظ على حمل المعاني المستقلة في ضوء تشكيل نصي محدد.

ثانيا: معايير نقد العاطفة: إن الحالة الوجدانية هي التي تدفع الإنسان إلى الميل للشيء أو الانصراف عنه، وما يتبع ذلك من حب أو كره، وسرور أو حزن، ورضا أو غضب.

ومن أبرز معايير نقد العاطفة ما يأتي:

1- مقياس الصدق والكذب: وتعد من القضايا المهمة في النقد الأدبي العربي، (والصدق والكذب عبارة أطلقها الأقدمون، على المطابقة للواقع، وعلى عدم المطابقة للواقع أو ما هو في حكمه)[2].

---

(1) البيان والتبيين: 1/ 110- 111.

(2) النظرية النقدية عن العرب: ص 191.

إن الشعر فن جميل يحتاج -كسائر الفنون- إلى موهبة وذوق وإحساس وشعور، ويأتيه الجمال من إنه يوحي أكثر مما يصرح، ويجمع الفكرة أو الصورة في فقرة أو سطر أو بيت، ويبتعد قليلا عن جدل الفكر ونقاش المنطق ليستخدم أسلوبا آخر في الإقناع، ويأتيه الجمال من انعدام الحدود أمام الصورة التي يقدمها الشاعر[1]، وهذه قد توصف بالواقعية أحيانا إذا كانت مطابقة للواقع وبالإفراط والكذب أحيانا أخرى إن كانت بعيدة عن الواقعية؛ (لأن الشاعر يكذب ويصدق وبيان المراتب لا يكذب مرة ويصدق مرة)[2].

إن معيار مفهوم الصدق والكذب في الشعر عند الجاحظ يكشف عن رؤيته لواقعية الشعر وتخييله وينعكس على نظرية الشعر عنده.

قال مهلهل: [من الوافر]

فلولا الريح أسمع من بحجر ... صليل البيض تقرع بالذكور[3]

عاب الجاحظ قول الشاعر لأنه مما يقع ضمن الكذب والاستحالة وتجاوز المعقول إذ عده (من إفراط الشاعر في صفة الضرب والطعن)[4] فالجاحظ أحس بذوقه أن هذا القول يخرج عن المعاني المألوفة، أما الخطأ الوارد فيه فيعود إلى تجاوز الحد إلى غير الممكن وقوعه[5].

ومما عده الجاحظ من الإسراف و(يدخل في هذا الباب قول عنترة: [من الكامل]

رعناهم والخيل تردي بالقنا ... وبكل أبيض صارم قصال

وأنا المنية في المواطن كلها ... والطعن مني سابق الآجال

(1) دفاع عن فن القول: ص 40- 42.

(2) البخلاء: ص 239.

(3) كتاب الحيوان: 6/ 540.

(4) م.ن: 6/ 540

(5) متشابهة الشواهد الشعرية عند النقاد العرب حتى نهاية القرن الخامس الهجري، ص 83.

وأما قوله: [من الكامل]

وأنـا المنيـة في المـواطن كلهـا   والطعـن منـي سابق الآجـال

إن المنيـة لـو تمثـل مثلــت   مثلـي، إذا نزلـوا بضـنك المنـزل [1]

لم يعلق الجاحظ على الأبيات ولم يحدد الإسراف الحاصل فيها، لكن المعنى الوارد في الأبيات ينطق بلسان الحال عن المبالغة الحاصلة وليس إسرافا فالوصف بالمصدر أعلى درجات المبالغة حتى جعل نفسه المنية أو الموت الذي يأخذ الأعداء إن مفهوم الإسراف في القول والاقتصاد في القول ينطوي على فهم دقيق لنظرية الشعر عند الجاحظ، أما الإسراف فهو (تجاوز ما حد لك، والسرف الخطأ، واخطأ الشيء، وضعه في غير حقه) [2] والاقتصادي في الشيء: (خلاف الإفراط وهو ما بين الإسراف والتقتير) [3].

إن الجاحظ ناقد (يميل إلى الواقعية الأدبية وإلى عدم المبالغة في الصورة الأدبية، ولذلك فهو يكره إفراط المولدين) [4] إذ قال (في صفة السرعة وليس ذلك بأجود - فقال شاعر منهم يصف كلبه بسرعة العدو: [من الرجز]

كأنما ترفع ما لم يوضع) [5]

فإفراط المولدين في السرعة يقلل من شعرية القصيدة ومن الشعراء من أسرف في القول وقال قولا يرغب عنه النابغة إذ قال: [من الطويل]

جـوانح قـد أيقـن أن قبيلـه   إذا مـا التقـى الجمعان أول غالـب [6]

---

(1) الحيوان: 6/ 541.

(2) لسان العرب: مادة (سرق).

(3) م.ن: مادة (قصد).

(4) النظرية النقدية عند العرب: ص 199.

(5) كتاب الحيوان 2/ 274.

(6) م.ن: 485.

علل الجاحظ سبب حكمه على هذا البيت بالإسراف قائلا: (وهذا لا نثبته، وليس عند الطير والسباع في إتباع الجموع إلا ما يسقط من ركابهم ودوابهم وتوقع القتل إذ كانوا قد رأوا من تلك الجموع مرة أو مرارا؟، فأما أن تقصد بالأمل واليقين إلى احد الجمعين فهذا ما لم يقله احد)[1].

ومما عده الجاحظ (من باب الإفراط... قول عدي بن زيد:

يـــــالبينى أوقـــــدي النـــــارا	إن مـــــن تهـــوين قـــــد حـــــارا
رب نـــــار بـــــت أرقبهـــــا	تقضـــــم الهنـــــدي والغـــــارا

وقال الآخر:

أرى في الهـــوى نـــارا لظبيـــة أوقـــدت	يشـــب ويـــذكى بعـــد وهـــن وقودهـــا
تشـــب بعيـــد أن اليلنجـــوج موهنـــا	وبالرنـــد أحيانـــا فـــذاك وقودهـــا[2]

يبدو أن وجه الإفراط عند الشاعر الأول إنه جعل العود الهندي والغار وهو شجر عظام له دهن وكلاهما شديد الصلابة وقوي على النار[3] وقودا لها، وفي العادة يكون وقود النار مما يتيسر الاشتعال به.

أما الشاعر الثاني فأفرط بان جعل للهوى نارا أوقدت بعد منتصف الليل وحيث الناس نيام، وجعل وقودها عيدان البخور وكل شجر ذا رائحة طيبة، وهذا ما لا يعقل، (فالراوية كلما كان الأعرابي أكذب في شعره كان أطرف عنده)[4].

---

(1) م.ن: 2/ 274.

(2) البخلاء، ص 213 -214.

(3) البخلاء، ص 213.

(4) كتاب الحيوان: 6/ 386.

وذكر الجاحظ (من أشعار المقتصدين في الشعر أنشدني قطرب: [من المتقارب]

تركـــت الركـــاب لأربابهــا فأجهـــد ت نفسـي عـــلى ابـن الصـعق

جعلــت يـدي وشــاحا لـــه وبعـض الفـوارس لا يــعتنق

وممن صدق على نفسه عمرو بن الإطنابة حيث يقول: [من الوافر]

وإقـدامي عـلى المكـروه نفسيــ وضربي هامـة البطـل المشـيح

وقـولي كلـما جشـأت وجاشـت مكانـك تجمـدي أو تسـتريحي(1)

ووصف قول أبي (الأصلت بن ربيعة:

اشرب هنيئـا عليـك التـاج مرتفعـا في رأس غمـران دارا منـك محـلالا

وليس هذا من باب الإفراط)(2) (لأن الشاعر يشبع الصفة إذا مدح أو هجا)(3).

ومن أشعار المقتصدين قول (قطري بن الفجاءة: [من الوافر]

وقـولي كلـما جشـأت لنفسيــ مـن الأبطـال ويحـك لا تراعـي

فإنـك لـو سـألت حيـاة يـوم سـوى الأجـل الـذي لـك لم تطـاعي(4)

الجاحظ يكره الكذب ومن يطيله إذ يقول: (وأبو البلاد هذا الطهري كان من شياطين الأعراب، وهو كما ترى يكذب وهو يعلم، ويطيل الكذب ويخبره، وقد قال كما ترى: [من الوافر]

فقالـت زد فقلـت رويـد إني عـلى أمثالهـا ثبـت الجنـان

_____

(1) م.ن: 6/ 544.

(2) م.ن: 438- 439.

(3) البخلاء: ص 287.

(4) البيان والتبيين: 4/ 28.

لأنهم هكذا يقولون يزعمون أن الغول تستزيد بعد الضربة الأولى لأنها تموت من ضربة، وتعيش من ألف ضربة)[1].

إن صفة الذوق الأدبي مكملة لصفة الموهبة ومرتبطة بها غالبا، فمن أوتي موهبة الإحساس بالعيوب الخفية والجمال الرقيق فسوف يستخدمها في حسن الاختيار، والجاحظ ناقد متحفظ للأشعار فموهبته وذوقه يشتركان في إدراك الفروق الصغيرة بين معنى ومعنى وصورة وصورة، وفي إدراك الفروق بين الألفاظ في أثناء وقعها على الأذان وإدراك التناسق أو التنافر في ترتيب الكلمات، فالجاحظ وان لم يعلق على الأدبيات وحكم عليها حكما عاما من غير تعليل ذلك لثقته بالقارئ، فـ (ليس يمنعني تفسير كل ما يمر إلا اتكالي على معرفتك)[2]، إن الجاحظ يكتب وينتخب الأشعار ويفسرها لقراء معنيين ومحددين بالمعرفة الشعرية السابقة المتفق عليها بينه وبينهم، وهذا الأمر يمكن أن يفصل بنظرية القراءة عند الجاحظ، إذ هو يتوجه في ذلك إلى نخبة قارئة يحسن الظن بقدرتها على الفهم والاستقبال، لذا يترك الكثير من الفراغات التحليلية والتأويلية في قراءة النصوص الشعرية لقدرة القارئ على ملئها، والتوصل من خلالها إلى المراد.

إن مسألة الصدق والكذب في الشعر مسألة نفسية تتعلق بالدافع الذي دفع الشاعر إلى القول، فما القول إلا شيء تجيش به الصدور فتقذفه على الألسن؛ وكذلك من أحسن شيئا أظهره وأكثر من ذكره[3]، فالإنسان في سجيته إذا أحب أو مدح مثل الشيء الصغير في صورة الكبير، ورأى ما لا يرى، وسمع ما لا يسمع، وتوهم على الشيء اليسير الحقير، انه عظيم جليل ثم جعل ما تصور له في ذلك شعرا يتناشده الناس[4].

---

(1) كتاب الحيوان: 6/ 438 -439.

(2) البخلاء: 221.

(3) البيان والتبيين: 4/ 28.

(4) كتاب الحيوان: 6/ 446.

فمما زاد الشعراء في (هذا الباب وأغراهم به، ومد لهم فيه، أنهم ليس يلقون بهذه الأشعار وبهذه الأخبار إلا أعرابيا مثلهم، وإلا عاميا لم يأخذ نفسه قط يتميز ما يستوجب التكذيب والتصديق)[1] فإن (الناس يغلطون على العرب ويزعمون أنهم قد يمدحون الشيء الذي قد يهجون به، وهذا باطل، فإنه ليس شيء، إلا وله وجهان وطرفان وطريقتان، فإذا مدحوا ذكروا أحسن الوجهين وإذا ذموا ذكروا أقبح الوجهين)[2].

2- **معيار القوة أو الضعف:** ويعتمد هذا المعيار على تأثير الشعر في القارئ، ووجدانه فان حصل ذلك كانت القصيدة قوية، وإذا لم تترك أثرا كانت عاطفتها ضعيفة وترتبط قوة العاطفة ووضوح تأثرها بطبائع الناس وأمزجتهم، فمنهم من يتأثر بالهجاء، ومنهم من يتأثر بالرثاء أو الغزل أو المدح... الخ.

قال كثير عزة وإنها لكما قلت فيها:

وإن خفيت كانت لعينك قرة	وإن تبد يوما لم يعمك عارها
من الخفرات البيض لم ترشقوة	وفي الحسب المحض الرفيع نجارها
فما روضة بالحزن طيبة الثرى	يمج الندى جثجاثها وعرارها
بأطيب من فيها إذا جئت طارقا	وقد اوقدت بالمندل الرطب نارها

قالت: و الله ما سمعت شعرا أضعف من شعرك هذا، و الله لو فعل هذا بزنجية طاب ريحها إلا قلت كما قال امرؤ القيس:

ألم ترأني كلما جئت طارقا	وجدت بها طيبا وإن لم تطيب

(1) م.ن. 6/ 447.

(2) م.ن: 5/ 97.

قال در بلادك وخرج وهو يقول:

الحـــــق أبلـــــج لا تزيـــغ ســبيله   والحـــــق يعرفـــه ذوو الألبـــاب(1)

فالقوة والضعف في موافقة القول لقائله، وإنما جاء ضعف القول في قوله (بأطيب مـن فيهـا إذا جئـت طارق) فتقييد طيب الرائحة بقدومه إليها (إذا جئت طارق) لا يمايز بينها وبين غيرها فكذا الزنجيـة والفاحشة والرذيلة من النساء تتطيب إذا ما جاء إليها طارق، وكان الأولى أن يجعل الطيب صفـة ملازمـة لها كما في قول امرئ القيس:

(وجدت بها طيبا وإن لم تطيب).

إن هذه القراءة هي قراءة (موازنة) سعى فيها الجاحظ لتعزيز حكمه إلى موازنة أبيات كثيرة ببيـت امرئ القيس، وهي أنموذج نقدي حي يعكس عمق ثقافة الجاحظ وسعة معرفته، ويكرس في الوقت نفسه الطبيعة الشمولية والكلية لنظرية الشعر عنده.

ومن معايير القوة والضعف في الشعر ما قاله المبرد: أحسن ما سمعت في حفظ اللسان والسر ـ ما روي لأمير المؤمنين علي بن أبي طالب كرم الـله وجهه:

لعمـــرك أن وشـــاة الرجـــا   ل لا يتركـــون أديمـــا صـــحيحا

فـــلا تبـــد ســـرك إلا إليـــك   فـــإن لكـــل نصـــيح نصـــيحا(2)

يبدو إن سر إعجاب المبرد بهذه الأبيات؛ لأنها تنطوي على حكمة جميلة مـن الممكـن استخلاصها في مقولة أخرى (إذا لم يتسع صدرك لحفظ سرك فلن يكون صدر المقابل أوسع لحفظه).

_____

(1) المحاسن والأضداد: ص 166.

(2) م.ن: ص 27.

ومن المعايير أيضا قول صالح بن سليمان إن (من أحق الشعر قول الذي يقول: [من الطويل]

أهـيم بـدعـد مـا حـييـت فإن أمـت   أوكـل بـدعـد مـن يـهـيم بهـا بعـدي

ولا يشبه قول الآخر:

فـلا تنكحـي إن فرق الـدهـر بيننـا   أغـم القفـا والوجـه ليـس بأنزعـا[1]

إن معيار القوة والضعف مبني على معيار اجتماعي أخلاقي، فانقطاع العلاقة بالموت أو الفراق مع انهيار محكم الغيرة وعدم التمسك بالمحبوب أضعف القول. في حين قوى نظره الذي يمسك بمحبوبته وأثار الغيرة حتى وإن تفرقا.

(قال كعب الأشقري لعمر بن عبد العزيز: [من الكامل]

إن كنت تحفـظ مـا يليـك فإنمـا   عمـال أرضـك بـالبلاد ذئـاب

لـن يستجيبوا للـذي تـدعو لـه   حتـى تجلـد بالسيوف رقـاب

بـأكف منصـلتين أهـل بصـائر   في وقعهـن مزاجـر وعقـاب

هـلا قـريش ذكـرت بثغورهـا   حـزم وحـلام هنـاك رغـاب

لـولا قـريش نصـرهـا ودفاعهـا   ألقيـت منقطعـا بي الأسبـاب

فلما سمع هذا الشعر قال: لمن هذا؟ قالوا: لرجل من أزد عمان، يقال له كعب الأشقري قال: ما كنت أظن أهل عمان يقولون مثل هذا الشعر)[2].

قد يخرج معيار الشعر عن حدوده المكانية والقبلية الضيقة ليتجه إلى شاعرية الشاعر وذاتية الشعر، فتكون مقياسا فنيا يلغي من خلاله الناقد المقاييس المخزونة والمحمولة في الذاكرة (ما كنت أظن أهل عمان يقولون مثل هذا الشعر).

الناقد بحكمه على جودة الشعر أخرج مقياسا آخر قد فرض أحيانا على معايير الشعر وجودتها. فرب قبيلة تفضل على قبيلة أخرى ورب شعر لا يخرج عن دائرة

(1) البيان والتبيين: 4/ 6.
(2) البيان والتبيين 3/ 222.

أمة أو قبيلة أو فئة أو عائلة، وفي هذا تحرر من المقياس التي لا ترتبط بفنية الشعر.

في حين قد يتجه الجاحظ إلى أبراز قيمة الشعر، فالهجاء من أغراض الشعر التي تخرج صفة مرغوبة أو عدد من الصفات من المهجو أو تثبت صفه مذمومة أو بعض الصفات، إلى أن المبالغة وسلب المهجو كل الصفات المحمودة والمرغوبة وترسيخ كل الصفات المذمومة يعد أبلغ ما يكون في الهجاء أو كما يراه الجاحظ (من أشد الهجاء)[1] من ذلك قول الشاعر: [من البسيط]

أضرب ندى طلحة الطلحات مبتدئا

ببخل أشعت واستثبت وكن حكما

تخرج خزاعة من لؤم ومن كرم

ولا تعد لها لؤما ولا كرما)[2]

إن معيار القوة والضعف في منظور الجاحظ يقع حتما في منطقة التلقي؛ فطريقة استقبال النص الشعري والتفاعل معه وجدانيا ودلاليا هي التي توقع حكم القوة والضعف على النص، وهو معيار يؤسس على طبيعة الثقافة والرؤية والمزاج والذوق، وإذ أولاه الجاحظ هذه الأهمية فإنما يعكس ذلك نظرة كلية عنده تجعل من نظرية الشعر عنده تتوافر على قدر عال من الشمول، ولا تتوقف عند الحدود التشكيلية والبنائية للنص الشعري.

ثالثا: معايير نقد الخيال: إن الجاحظ ناقد، في كثير من الأحيان يبني أحكامه على أساس عقلي، لا يسلم للأساطير والخرافات بسهولة، وما ينقله لا يعد بالضرورة عن إيمان به وإنما ينقله ليعرف الناس بما يعرف من الأساطير والخرافات؛ فيؤدي الذي قالوا ويمسك عن الشهادة إذا لم يجد

---

(1) كتاب الحيوان: 1/ 240.

(2) م.ن: 1/ 360.

عليها برهانا[1]. فـ (للناس في هذا الضرب ضروب من الدعوى، وعلماء السوء يظهرون تجويزها وتحقيقها، كالذين يدعون من أولاد السعالي من الناس، كما ذكروا عن عمرو بن يربوع، وكما يروي أبو زيد النحوي عن السعلاة التي أقامت في بني تميم حتى ولدت فيهم، فلما رأت برقا يلمع من شق بلاد ألسعالي، حنت وطارت إليهم... وأنشدني أن الجن طرقوا بعضهم فقال: [من الوافر]

أتوا ناري فقلت منون انتم | فقالوا الجن قلت عموا ظلاما

فقلت إلى الطعام فقال منهم | زعيم نحسد الإنس الطعاما

ولم أعب الرواية وإنما عبت الإيمان بها، والتوكيد لمعانيها[2].

إن الشاعر في إطار تنويع مصادر تشكيلية لقصيدته وبناء مقوماتها الفنية والفكرية، هو صاحب مخيلة بصرية تربطه بتيار الحكاية ربطا وثيقا بل إن كل شاعر يعتمد التشكيل الخرافي يجعل حكايته الرمزية مخيلة بصرية شديدة التمييز للأفكار التي يوردها، وهو في تلك الحال يمد أمامنا أسباب التعبير على نحو لا نطالبه فيه بالحقيقة كما يرويها التاريخ بل حسبه أن يجعل من شعره ترجمة عقلية في تشكيل لغوي للمفهومات التي تركز عليها الخرافات كمعطى حضاري كان ينبغي أن يظل كائنا ما ظلت الحياة[3].

فالخيال هو الفضاء الضروري الذي تتشكل فيه الصور الشعرية وتنجز أبرز ملامحها، وهو عنصر أصيل وأساس في الأدب كله، وفي الشعر بوجه خاص. فما أكثر من أن ينكر أن يكون في الدنيا حيوان يسمى.... عنقاء.... وإن كانوا يرون صورة العنقاء مصورة في بسط الملوك..... قال أبو السري الشميطي، وهو معد أن المكفوف المد يبري: [من الخفيف]

(1) كتاب الحيوان: 1/ 121.

(2) م.ن: 1/ 121- 122.

(3) المنهج الأسطوري في تفسير الشعر الجاهلي: ص 188.

يـا سـمي النبـي والصـادق الوعـد وجـد الصـبي ذي الخلخـال

مهدتـه العنقـاء وهـي عقيـم رب مهـد يكـون فـوق الهـلال....

فأهل هذه النحلة يثبتون العنقاء، ويزعمون أنها عقيم.

وقال زرارة بن أعين، مولى بني أسعد بن همام وهو رئيس الشميطية وذكر هذا الصبي الذي تكلفته العنقاء، فقال:

وآخـر برهاناتـه قلـب يـومكم والجامـه العنقـاء في العـين أعجـب

يصـيف بسـاباط ويشـتو بامـد وذلـك سر لـو علمنـاه معـجب

أمـاع لـه الكبريـت والنحـر جامـد وملكـة الأبـراج والشمـس تجنـب

فثبت زرارة بن أعين قول أبي السري في العنقاء، وزادنا تثبيت الكبريت الأحمر ولا أعلم في الأرض قوما يثبتون العنقاء على الحقيقة غيرهم)[1].

إن للخيال معيارا نوعيا خاصا وهذا المعيار هو مدى صحة الخيال المتخيل وضرورته للتشكيل الشعري في القصيدة، وهذا مرده إلى حساسية الذوق الأدبي، فمن الممكن أن يكون الخيال كحلم النائم لا يستند إلى واقع، مما يعد ضربا من الوهم. ولذا فالجاحظ لا يعتد به ولا يأخذ به، بل أحيانا يرده أو يقيده بفئة محدده لذا يقول: (ولا أعلم في الأرض قوما في الأرض يثبتون العنقاء على الحقيقة غيرهم).

وقد يكون الخيال مقبولا أو مصدقا أحيانا، فما يكون من الجاحظ في هذا السياق إلا أن يأخذ به (لم أر قط أطيب منه احتجاجا، ولا أطيب عبارة قال في شعر له يهجو ولد عقبة بن جعفر، فكان في احتجاجه عليهم وتقريعه لهم أن قال: [من البسيط]

تهـتم علينـا بـأن الـذئب كلمـكم فقـد لعمـري أبـوكم كلـم الذيبـا

فكيـف لـو كلـم الليـث الهصـور إذا تـركتم النـاس مـأكولا ومشرـوبا

(1) ينظر: كتاب الحيوان: 7/ 72- 73.

هـــذا الســـنيدي لا أصـــل ولا طـــرف   يكلـــم الفيـــل تصـــعيدا وتصويبـــــا

ولو كان ولد اهبان بن أوس ادعوا أن أباهم كلم الذئب، كانوا مجانين وإنما ادعوا إن الـذئب كلـم أباهم، وانه ذكر ذلك للنبي ﷺ وأنه صدقه)[1].

الأمر عند الجاحظ مبني على القبول أو الرفض، أو التصديق والتكذيب وان كـان الخيـال في الأسـاس مبنيا على أبعاد العقل عن ما هو مألوف وإقحام الخيال والأسطورة فيه "فـأنتم أمليـاء بالخرافـات، أقويـاء على رد الصحيح وتصحيح السقيم ورد تأويـل الحـديث المشـهور إلى أهـوائكم، وقـد عارضـناكم وقابلنـاكم وقارضناكم).

رابعا: معايير نقد الأسلوب: وتتمثل في البناء اللغـوي للشـعر مـن حيـث اختيـار المفـردات وصـياغة التراكيب، والطريقة النوعية الخاصة في استخدامها وتشكيلها.

1. **نقد المفردات**: ويتمثل هذا النقد في:

أ. **فصاحة الكلمة وسلامتها من الغرابة**، ويتحقق ذلك بخلوها من العيوب التي تصيب الكلمة، فـ (من ألفاظ العرب، ألفـاظ تتنـافر، وان كـان مجموعـة في بيـت شـعر لم يسـتطع المنشـد إنشادها إلا ببعض الاستكراه، فمن ذلك قول الشاعر: [من السريع]

وقـــبر حـــرب بمكــــان قمـــر   ولـــيس قـــرب قـــبر حـــرب قـــبر)[2]

فالتنافر واضح باجتماع الأصوات المتقاربة في المخرج والصفة وهو ما لا يرضاه الجاحظ في القول[3].

فضلا عن خلو اللفظة من اللكنة غير المحببة التي تعـتري اللسـان مـما يمنـع مـن البيـان أمـور منهـا اللثغة التي تعتري الصبيان إلى أن ينشؤوا، وهو خلاف مـا يعـتري الشـيخ الهـرم المـاج، المسـترخي، الحنـك، المرتفع اللثة؛ وخلاف ما يعتري أصحاب

(1) م.ن: 7/ 129.

(2) البيان والتبيين: 1/ 53 - 54.

(3) ينظر: ثنائية اللفظ والمعنى من الرسالة: ص 75.

اللكن من العجم، ومن ينشأ من العرب مع العجم (فمن اللكن ممن كان خطيبا، أو شاعرا، أو كاتبا داهيا زياد بن سلمى أو إمامة، وهو زياد الأعجم، قال أبو عبيدة: كان ينشد قوله: [من الطويل]

فتـــى زاده الســـلطان في الـــود رفعـــة　　　إذا غـــير الســـلطان كـــل خليـــل

قال: فكان يجعل السين شينا والطاء تاء، فيقول: فتى زاده الشلتان.

ومنهم سحيم بن عبد بني الحسحاس، قال له عمر بن الخطاب، رحمة الله، وأنشد قصيدته التي يقول أولها:

عمـــيرة ودع إن تجهـــزت غاديـــا　　　كفـــى الشـــيب والإسـلام للمـــرء ناهيـــا

فقال عمر: لو قدمت الإسلام على الشيب لا جزتك. فقال له ما سعرت يريد ما شعرت. جعل الشين المعجمة سينا غير معجمة)[1].

ب. إيحاء الكلمة: حسن اختيار الكلمات واستخدامها على نحو أنموذجي يلقي ظلالا وتداعيات؛ لذا يختارها الشاعر قصدا ليفيد مما توحيه من معان متعددة تكسب الشعر آفاقا رحبة ومديات دلالية عميقة وخصبة. فالنص الشعري الذي يكون موضوعه الضحك، فإن كلماته تكون مليئة بالمعان المضحكة (فهو يملأ مختاراته نوادرا وأشعارا ضاحكة وهو مقل من ذكر شعر الرثاء. ومن نماذج الشعر الضاحك ما يذكره من أشعار لأبي الشمقمق في الفأر والسنور)[2]:

(ولقـــد قلـــت حيـــن أقفـــر بيتـــي　　　مـــن جـــراب الدقيـــق والفخـــاره

ولقـــد كـــان آهـــلا غـــير قفـــر　　　مخصـــبا خـــيره كثيـــر العمـــاره

فـــأرى الفـــأر قـــد تجـــنن بيتـــي　　　عائـــذات منـــه بـــدار الإمـــاره

ودعـــا بالرحيـــل ذبـــان بيتـــي　　　بـــين مقصوصـــة إلـــى طيـــاره

(1) البيان والتبيين: 1/ 57- 58.

(2) النقد المنهجي عند الجاحظ: ص 41.

وأقــــام الســـــنور في بيتـــــي حــــــولا ‏ ‏ مــــــا يـــرى في جوانـــب البيـــت فــــاره
يـــنغض الـــرأس منـــه شـــدة الجـــو ‏ ‏ ع وعـــــيش فيـــــه أذى ومــــــزاره
قلـــت لمـــا رأيتـــه ناكـــس الـــرأ ‏ ‏ س كئيبـــا، في الجـــوف منـــه حـــراره
ويـــك صـــبرا فأنـــت مـــن خـــير سنـــ ‏ ‏ ـور رأتـــه عينـــاي قـــط بـــحاره
قـــال لا صـــبر لي وكيـــف مقامـــي ‏ ‏ ببيـــوت قفـــر كجـــوف الحمـــاره
قلـــت: سر راشـــدا إلى بيـــت جـــار ‏ ‏ مخصـــب رحلـــه عظـــيم التجـــاره)[1]

إن الجاحظ ناقد حاذق عارف بمتلقيه وبمجتمع التلقي الذي يتوجه إليه، فحينما يشعر بملله يدخل عليه مثل هذه الإشعار إذ يقول: (إنما اكتب لك من كل باب طرفا، لأن إخراجك من باب إلى باب أبقى لنشاطك)[2]، لأني (اعرف ملالة الناس للكتاب إذا طال)[3].

شعر الرثاء قليل الورود عند الجاحظ وعندما يرد فانه يكون (من المراني المستحسنة قول حارثة بن بدر الغداني، يرثي زيادا بن أبيه: [من البسيط]

أبــــا المغـــيرة والـــدنيا مغيـــــرة ‏ ‏ وان مـــن غـــرت الـــدنيا لمغـــرور
قـــد كـــان عنـــدك للمعـــروف معرفـــة ‏ ‏ وكـــان عنـــدك للنكـــراء تنكيـــر
وكنـــت تـــؤتى فتـــؤتي الخـــير مـــن سعـــة ‏ ‏ أن كـــان قـــبرك امسى وهـــو مهجـــور
صـــلى الإلـــه عـــلى قـــبر بمحنيـــة ‏ ‏ دون الثويـــة يســـفي فوقـــه المـــور)[4]

(1) كتاب الحيوان: 5/ 143- 144.
(2) م.ن: 7/ 97.
(3) م.ن: 7/ 132.
(4) م.ن: 7/ 95.

ج. **براعة استعمال الكلمات أو الإصابة في المعنى**: على الشاعر أن يجد في البحث عن الكلمات التي تناسب المقام، وأن يكون استعماله للمفردات استعمالا متقنا، يتجلى فيه جهد بارع في حسن الاستخدام والتوظيف فـ(هم يمدحون الحذق والرفق، والتخلص إلى حبات القلوب وإلى إصابة عيون المعاني، ويقولون: أصاب الهدف، إذا أصاب الحق في الجملة، ويقولون قرطس فلان، وأصاب القرطاس، إذا كان أجود إصابة من الأول فان قالوا: رمى فأصاب الغرة، وأصاب عين القرطاس، فهو الذي ليس فوقه أحد ومن ذلك قولهم: فلان يفل الحز، ويصيب المفصل، ويضع الهناء موضع النقب.

وقال زرارة بن جزء، حين أتى عمر بن الخطاب - رحمه الله- فتكلم عنده ورفع حاجته إليه: [من الطويل]

أتيـــت أبـــا حفـــص ولا يستطيعـــه فـــوفقني الـــرحمن لمـــا لقيتـــه

من الناس إلا كالسنان طريـــر وللبـــاب مـــن دون الخصـــوم صريـــر

قـــروم غيـــارى عنـــد بـــاب ممنـــع تنـــازع ملكـــا يهتـــدي ويجـــور

فقلـــت لـــه قـــولا أصاب فـــؤاده وبعـــض كـــلام الناطقيـــن غـــرور

... وفي إصابة فص الشيء وعينه، يقول ذو الرمة في مديح بلال بن أبي بردة الأشعري: [من الوافر]

تنـــاخي عنـــد خـــير فتـــى يمـــان إذا النكبـــاء عارضـــت الشمـــالا

وخـــيرهم مـــآثر أهـــل بيـــت وأكـــرمهم وإن كرمـــوا فعـــالا

وأبعـــدهم مســـافة غـــور عقـــل إذا مـــا الأمـــر مرقـــي الشـــبهات عـــالا

إذا مـــا الأمـــر مرقـــي الشـــبهات عـــالاء أعـــد لـــه الشـــغارب والمحـــالا

وكلهـــم ألدلـــه كظـــاط أعـــد لكـــل حـــال القـــوم حـــالا

فصلت بحكمة فأصبت منها   فصوص الحق فانفصل انفصالا[1]

إن محاولة الشاعر هنا تقوم على وفق معادلة استنتاجيه أساسها الكلام وفرعها المتلقي، ولا يمكن التواصل بين الأساس والفرع ما لم يكن الشاعر قادرا على نقل متخيله إلى أحضان المتلقي بدقة، وحضور وخصب على النحو الذي تبلغ فيه درجة الإصابة في المعنى.

للفظ علامة تشكيلية بالمقام الأول من حيث الدلالة، وثمة مفارقة (وعدم تطابق بين النص الشعري والتعليق النثري، وهذه الثنائية قائمة فيما يقدم من روايات تتعلق ببعض الممد وحين اعترضوا على الشعراء حين استعمل الشعراء (كاف الخطاب) في مقدمات قصائد المديح)[2]، فحين دخل جرير على عبد الملك بن مروان انشأ يقول: (أتصحوا أم فؤادك غير صاح؟ فقال: ذاك فؤادك)[3]، فالخليفة (الممدوح) (لا يريد من الشاعر أن يبدأ قصيدته بخطاب تجريدي يستغله مدخلا لتجربته الشعرية)[4].

إذا الدقة في الوصف واستخدام الألفاظ المعبرة عن المعاني المقصودة ومطابقتها لمقتضى الحال، ما يريده الجاحظ من الشاعر، فمن الأمثلة التي ذكرها والتي تمثل دقة الوصف والإصابة في المعنى قول ابن حذام: [من الطويل]

كأني غداة البين يوم تحملوا   لدى سمرات الحي ناقف حنظل[5]

فالشاعر عبر بالصورة المنقولة عن واقع البيئة والطبيعة، مصورا عذابه لفراق صبيته تصويرا حسيا، مصيبا في دقة المعنى الذي قصده.

---

(1) البيان والتبيين: 1/ 106.

(2) بحث: التجريد البلاغي الدلالة والتوظيف، (دراسة نقدية)، د. عبد السلام محمد رشيد الدليمي، مجلة الأستاذ - جامعة بغداد/ كلية التربية/ ابن رشد، العدد السادس: ص 25-26.

(3) كتاب التاج في أخلاق الملوك والأمم، ص 133..

(4) بحث: التجريد البلاغي الدلالة والتوظيف: ص 26.

(5) كتاب الحيوان: 2/ 325.

فالبيت يظهر حسية مضاعفة، إذ عبر الشاعر عن العذاب الداخلي في النفس بالدموع في العين والمرارة في الفم، وهو لم يكتف بذلك بل مثل المعنى الحسي وأجاد تمثيله، عبر صورة أخرى، إذ جعل عينيه تبدوان كعيني ناقف الحنظل، ليضعنا إمام مشهده مستثيرا في فضاء تلقينا حالة نفسية تشابه حالته[1] فـ(قد نجد الرجل ينقف شحم الحنظل، وبينه وبين صاحبه مسافة صالحة، فيجد في حلقة مرارة الحنظل)[2].

2- نقد التراكيب الأسلوبية: يعني رصد خواص التراكيب في أسلوبية البناء الشعري ومميزاته من حيث الجزالة والسهولة.

أ- الأسلوب الجزل: يتمثل الأسلوب بقوة الكلمات، وقصر الجمل، وغلبة الإيجاز فيه على الأطناب، فـ (مما قالوا في الإيجاز، وبلوغ المعاني بالألفاظ اليسيرة قول ثابت بن قطنة: [من البسيط]

ما زلت بعدك في هم بجيش به ... صدري وفي نصب قد كان يبليني

لا أكثر القول فيما يهضبون به ... من الكلام قليل منه يكفيني

إني تذكرت قتلى لو شهدتهم ... في غمرة الموت لم يصلوا بها دوني)[3]

فكلما كانت الكلمات أو أوجز وأفهم كانت أسرع إلى قلب المتلقي وعقله، (وقال رجل من طي ومدح كلام رجل فقال: (هذا كلام يكتفى بأولاه، ويشتفى بآخراه)[4] فإذا كان الإيجاز في النثر محمودا فهو في الشعر أولى: ومن كلامهم الموجز في إشعارهم قول العكلي في صفة قوس: [من الرجز]

---

(1) الواصف والموصوف دراسة للوصف في الشعر الجاهلي، حيدر عبد كاظم سلطان الجبوري، رسالة ماجستير، الجامعة المستنصرية 2006: ص 16.

(2) كتاب الحيوان: 2/ 325.

(3) البيان والتبيين: 1/ 107.

(4) البيان والتبيين: 1/ 107.

في كفـــه معطيــــة منـــوع　　　　موثقـــة صـــابرة جـــزوع

وقال الأخر، ووصف سهم رام أصاب حمارا، فقال:

حتى نجا من جوفه وما نجا)[1]

وقد يشبه الإيجاز بالوحي والإشارة، فـ (مما مدحوا به الإيجاز والكلام الـذي هـو كـالوصي والإشـارة، قول أبي داؤد بن حريز الابادي: [من الكامل]

يرمـــون بالخطـــب الطـــوال وتـــارة　　　　وحـــي الملاحـــظ ضـــيفه الرقبـــاء

فمدح كما يرى الإطالة في موضعها والحذف في موضعه، ومما يدل على شغفهم وكلفهم وشدة حبهم للفهم والإفهام، قول الأسدي في صفة كلام رجل نعت له موضعا من تلك السباسب التي لا إمارة فيها، بأقل اللفظ وأوجزه، فوصف إيجاز الناعت، وسرعة فهم المنعوت له، فقال: [من الطويل]

بضـــربة نعـــت لم تعـــد غـــير إننـــي　　　　عقـــول لأوصـــاف الرجـــال ذكورهـــا

وهذا كقولهم لابن عباس: إني لك هذا العلم؟ قال: (قلب عقول، ولسان مسؤول)[2].

إن الجاحظ يعد أول من تكلم على الإشارة بوصفها علامة سيميائية فهو يرى (بـأن الرمـز أو الإشـارة هما طريقان من طرق الدلالة، لأنهما إن صحيا الكلام فإنهما يفصحان ويبينان ما يريده المتكلم، لأن حـس الإشارة باليد، أو الرأس من تمام حسن البيان، كما يعتبر الجاحظ أول من أطنب في الكلام عـن الإشـارة مـن أدباء العرب)[3]، ذلك أن الإشارة تحمل معنى الاتساع والإيجاز، فكم من إشارة تغنى عن كم مـن الألفـاظ، ولما كان الإيجاز هو أصل البيان بل دلالته جاءت الإشارة دليلا

---

(1) م.ن: 1/ 107.

(2) م.ن: 1/ 111.

(3) الرمز والعلامة والإشارة، د. كعوان محمد، ضمن "محاضرة الملتقى الرابع - السيمياء والنص الأدبي، منشورات قسم الأدب العربي، مكتبة الآداب والعلوم الإنسانية والاجتماعية جامعة محمد خضير بسكرة، الجزائر 2006: 351.

عليه، ونظرية الجاحظ سواء في القول أو الإلقاء أو التلقي مبينة على كمال البيان مع الإيجاز، ولذا تراه يجعل الإشارة من معاني خاص الخاص (ولولا الإشارة لم يتفاهم الناس معنى خاص الخاص، ولجهلوا هذا الباب البتة، ولولا أن تفسير هذه الكلمة يدخل في باب صناعة الكلام لفسرتها لكم، وقد قال الشاعر في دلالات الإشارة: [من الطويل]

أشـــارت بطــرف العــين خيفــة أهلهــا   إشـــارة مـــذعور ولم تتكـــلم

فأيقنـــت أن الطــرف قـد قـال مرحبــا   وأهـــلا وســهلا بالحبيـب المتيـــم

وقال الآخر: [من الهزج]

وللقلـــب علــى القلـــب   دليـــل حـــين يلقــــاه

وفي النـاس مـن النـــاس   مقــــاييس وأشــبـــاه

وفي العـــين غنــى للمــــر   ء أن تنطـــق أفـــواه

.... هذا ومبلغ الإشارة ابعد من مبلغ الصوت)(1) ذلك (إن النفوس إذ كانت إلى الطرائف احن، وبالنوادر أشغف، والى قصار الأحاديث أميل، وبها احسب أنها خليفة لاستثقال الكثير، وان استحقت تلك المعاني الكثيرة، وإن كان ذلك الطويل انفع، وذلك الكثير أرد)(2)، وقد يتحول تفصيل الإيجاز إلى شغف وكلف فينهض على التوصل بشعرية الكلام وبلوغه ف (مما يدل على شغفهم وكلفهم وشدة حبهم للفهم والإفهام، قول الاسدي في صفة كلام رجل نعت له موضعا من تلك السباسب التي لا أمارة، فيها بأقل اللفظ وأوجزه، فوصف إيجاز الناعت وسرعة فهم المنعوت له، فقال: [من الطويل]

بضـــربة نعـت لــم تعـد غـير أننــي   عقــول لأوصــاف الرجـال ذكورهـا)(3)

---

(1) البيان والتبيين: 1/ 62.

(2) كتاب الحيوان: 6/ 323.

(3) البيان والتبيين: 1/ 111.

ب. الأسلوب السهل: غالبا ما يخلو هذا الأسلوب من الألفاظ الغريبة التي تحتاج إلى بيان وتفسير، "وقد يتملح الإعرابي بأن يدخل في شعره شيئا من كلام الفارسية كقول العماني للرشيد، في قصيدته التي مدحه فيها: [من الرجز]

من بلقه من بطل مسرند | في زغفة محكمة بالسرد

تجول بين رأسه و(الكرد)

يعني العنق، وفيها يقول أيضا:

لما هوى بين غياض الاسد | وصار كف الهزير الورد

إلى يذوق الدهر آب سرد[1]

ومثل هذا كثير في أشعار العرب ولا سيما شعر أبي العذافر الكندي واسود بن أبي كريمة، وشعر يزيد بن ربيعة بن مفرع"[2].

إن تقدير الجاحظ للسياقات الأسلوبية التي يجري عليها كلام العرب عموما وشعرهم خصوصا، يدخل في باب الإحاطة النظرية بطبيعة المفاهيم العاملة في حقول الصياغة والتركيب والتشكيل، وهي تتجلى على أفضل ما يكون في فن الشعر.

لو نظرنا إلى المقاييس النقدية عند الجاحظ لوجدنا أنه من الممكن أن تقسم على قسمين: قسم يتعلق بنقد الشعر وتراكيبه وقسم آخر يتعلق بالشاعر، أما ما يتعلق بالشعر ونقده فقد مر، أما الذي نحن بصدد بيانه فهو ما يتعلق بالشاعر من أحكام نقدية، وهي أحكام ليست كبقية الأحكام في الكتب النقدية التي سبقت

---

(1) مسرند: يغلب ويعلو، الزغفة: الدرع، الكرد: أصله في الفارسية كردن (العنق). م.ن: 1/ 102.

(2) البيان والتبيين: 1/ 102- 103.

وعاصرت الجاحظ، والتي من أشهرها طبقات ابن سلام، وخلاصة آراء ابن سلام وضع الشعراء في مراتب وطبقات يمكن تصنيفها على النحو الأتي:

1. قدم الشاعر فقد قدم الشعراء الجاهليين على الإسلاميين.
2. تعدد الأغراض إذ فضل كثير على جميل وجميل أجمل أسلوبا، ولكن كثيرا كثير الأغراض.
3. كثرة الشعر وقلته.
4. النسب وشرف المحتد.

هذه الأصول الأولى للنقد التي كانت عبارة عن أحكام نقدية يطلقها الرواة ونقاد الأدب، اجتمعت وتكونت على شكل أحكام ثابتة في كتاب طبقات الشعر[1].

إلا أن الجاحظ اهتم بعقد الموازنات بين الشعراء، وهو أول من بدأ يتناول الأدب على أسس جديدة من دون أن يطغى ذلك على مادته النقدية، إذ (استطاع أن يصنع قواعد قامت على تعامله مع مسائل الموازنة بين النصوص الشعرية، والمفاضلة بين مبدعيها، وترتيبهم ثم تحديد درجاتهم بغرض البحث عن الجودة أينما كانت ومن أينما كانت، بعيدا عن مؤثرات العصبية والنسب والمذهب وذيوع الصيت ليكون المعيار الفني هو الفيصل الوحيد والأوحد، وهو ما يحكى في مقارباته التي عالجت هذه المسائل)[2].

اهتم الجاحظ بمسالة تقسيم الشعراء على طبقات، إلا إن هذا التقسيم لم يكن له، وإنما نقله عمن سبقه، فـ (الشعراء عندهم أربع طبقات، فأولهم: الفحل الخنذيذ. والخنذيذ هو التام قال الأصمعي: قال رؤية الفحولة هم الرواة. ودون الفحل الخنذيذ، الشاعر المفلق، ودون ذلك الشاعر فقط، والرابع الشعرور. ولذلك قال الأول في هجاء بعض الشعراء: [من الكامل]

(1) النقد المنهجي عند الجاحظ: ص49.

(2) قراءة في النص النقدي وإشكاله المختلفة عند الجاحظ - معايير الموازنة والمفاضلة د. يوسف غوطة، (بحث منشور في الانترنت).

يــا رابــع الشــعراء كيــف هجــوتني وزعمــت أني مفحــم لا أنطــق؟

فجعله سكيتا مخلفا ومسبوقا مؤخرا)[1] والجاحظ هنا يعلق على بيت الشاعر تعليقا طبقيا وكيف أن الشاعر قد هجا شاعرا آخر ليس من رتبته ولا طبقته فجعله (سكيتا) كما يقول الجاحظ، والسكيت هو آخر الخيول في السباق[2]. أي أن رتبته متأخرة عن رتبه الشاعر الهاجي. ونقل الجاحظ تقسيما آخر للشعراء قد سمعه من بعض العلماء إذ (يقول: طبقات الشعراء ثلاث: شاعر، وشويعر، وشعرور. قال والشويعر محمد بن حمران بن أبي حمران، سماه بذلك أمرؤ ألقيس بن ‹حجر[3].

ومنهم من بني ضبة: المفوف شاعر بني حميس، وهو الشويعر، وبذلك قال العبدي: [من الوافر]

ألا تنهــى سراة بــن حمــيس شــويعرها فويليــه الأفــاعي
قبيلــة تــردد حيــث شــاءت كزائــدة النعامــة في الكــراع)[4]

إن الجاحظ لم يتطرق إلى بيان معنى هذه التسميات، كما فعل ابن رشيق القيرواني من بعده، إذ بين معانيها بدقة وإيجاز فـ (الشعراء عند ابن رشيق (أربعة: شاعر خنذيذ، وهو الذي يجمع إلى جود شعره رواية الجيد من شعر غيره وسئل رؤبة عن الفحولة، قال: هم ألرواة وشاعر مفلق، وهو الذي لا راوية له، إلا انه مجدد في شعره كالخنذيذ في شعره. وشاعر فقط، وهو فوق الرديء بدرجة، وشعرور وهو لا شيء)[5]. إذ ربما وجد الجاحظ أن تعريفا مفصلا لهذه مصطلحات

(1) البيان والتبيين: 2/ 6.

(2) م.ن: 2/ 6.

(3) وكان قد طلب منه ان يبيعه فرسا فابى فقال فيه:

أبلغا عني الشويعر أني عمد عين قلدتهن حريما

وحريم هو جد الشويعر: ينظر لسان العرب مادة (شعر).

(4) البيان والتبيين: 2/ 6.

(5) العمدة: 1/ 114.

مصطلحات الطبقة والرتبة في تصنيف الشعراء غير ضروري؛ لأن طبيعة الطبقة والرتبة من جهة ودلالة اللفظة الاصطلاحية من جهة أخرى واضحة في إشارتها، على النحو الذي لا تحتاج فيه إلى مزيد من التفصيل.

ومن الأحكام النقدية، أحكام خاصة بالشاعر وشاعريته، منها ما كان خاصا ومنها ما كان عاما، الخاص محدد بشاعر ما أو بغرض شعري معين أو صفة أخلاقية محددة وأحكام عامة خاصة بالقبيلة أو المكان أو الزمان أو بعموم الشعراء.

من الأحكام الخاصة بالشاعر الموازنة التي عقدها بين عيينة بن حصن والنابغة إذ قال (وعيينة بن حصن وإن كان أسود من النابغة وأشرف، فان النابغة كان أحزم وأعقل)[1]. أن الجاحظ ربما سود عيينة وجعله أنفذ كلمة في قومه، (إما؛ لأنه صاحب سيف في قومه، إذ كان مقاتلا مع أبيه في وقت كانت السيادة والعظمة للسيف أكثر، وهذا لا يقلل من مكانة النابغة أو شرفه، وإنما وضع موضع الموازنة فحسب. أو أن الجاحظ يتضامن مع من أقر أن الشعر غض آو حدد من مكانة النابغة في قومه)[2]، فقال في موضوع آخر من كتابه (البيان والتبيين) على لسان آبي عمرو بن العلاء: (ولقد وضع قول الشعر من قدر النابغة الذبياني، ولو كان في الدهر الأول ما زاده ذلك إلا رفعة)[3].

ووصف الفرزدق بأنه (راوية الناس وشاعرهم وصاحب أخبارهم.. قال يونس: لولا شعر الفرزدق لذهب نصف أخبار الناس)[4].

وهذا ما أشار إليه أبو عمرو بن العلاء بقوله: (لقد كثر هذا المحدث وحسن حتى لقد هممت أن آمر فتياننا بروايته - يعني شعر جرير والفرزدق واشباهمها)[5].

(1) كتاب الحيوان: 1/ 241

(2) النابغة الذبياني بين ناقدية قديما وحديثا؛ إيمان محمد إبراهيم العبيدي، رسالة ماجستير، جامعة بغداد، كلية التربية (ابن رشد)، 2001م، ص 26.

(3) م.ن: 1/ 167.

(4) م.ن: 1/ 217.

(5) م.ن: 1/ 217

هــذا الحكــم خــاص بــالفرزدق إمــا الحكــم الخــاص بشــاعريته فيقــول الجــاحظ (وهذا الفرزدق وكان مستهترا بالنساء، وكان زيرغوان، وهو في ذلك ليس له بيت واحد في النسيب مـذكور. مع حسده لجرير. وجرير عفيف لم يعشق امرأة قط وهو مع ذلك أغزل الناس شعرا)[1].

ومن الأحكام الخاصة بالشعراء أيضا ما وصف به عمر بن أبي ربيعة بأنه (لم يحل إزاره عـلى حـرام قـط، وإنما كان يذهب في نسيبه إلى أخلاق ابن أبي عتيق فان ابن أبي عتيق كـان مـن أهـل الطهـارة والعفـاف، وكـان من سمع كلامه توهم أنه من أجرأ الناس على فاحشة. وما يشبه الذي يقول بنو مخزوم مـا ذكـروا عـن قـريش والمهاجرين، فأنهم يقولون: إن عمر بن عبد اللـه بن أبي ربيعة أنما سمعي بعمر بن الخطـاب وإنـه ولـد ليلـة مات عمر. فلما كان بعد ذلك ذكروا فساد هذا وصلاح ذلك فقالوا: أي باطل وضع وأي حق رفع)[2].

إذ جاء حكمه أخلاقيا محضا في القولين سوى أنه ربط بين أخلاقيـة الشـاعر مـن جهـة شـاعريته مـن جهة أخرى في القول الأول، وان كان في القول غرابة. وغرابة القول أن فساد الأخلاق يمكن الشاعر مـن قـول الغزل أو النسيب، إلا انه يدحض هذا الاعتقاد عندما ينفي قول الغـزل عـلى لسـان الفـرزدق وتمكنـه عـلى لسان جرير مع ما عرف عن الفرزدق من سوء أخلاق حتى عرف بزير نساء وما عرف عن جرير بـالتعفف، وبذا يمكن القول إنه لا يمكن القياس أو الربط بين الشاعرية وبين أخلاق الشاعر، وقـد يتجـه حكمـه نحـو القول مباشرة أي: الشاعرية فمن ذلك قوله في حق

---

(1) البيان والتبيين: 1/ 144.

(2) م.ن: 1/ 296.

امرئ القيس: (شاعر الشعراء من الأولين والآخرين)[1] ونحوه قوله في علقمة بن عبدة الفحل (وكان نظير امرئ القيس في عصره)[2].

ومن أحكامه على شاعرية الشاعر ما وصف به شعر طرفه بن العبد وعبد يغوث فـ (ليس في الأرض أعجب من طرفة بن العبد وعبد يغوث، وذلك أنا إذا قسنا جودة أشعارهما في وقت إحاطة الموت بهما لم تكن دون سائر أشعارهما في حال الأمن والرفاهية)[3] وقال في موضع آخر في كتابه الحيوان (وما قرأت في الشعر كشعر عبد يغوث بن صلاءة الحارثي، وطرفة بن العبد، وهدبة هذا فإن شعرهم في الخوف لا يقصر عن شعرهم في الأمن. وهذا قليل جدا)[4].

وذكر الجاحظ لنا مثالا من شعر هدبة وهو في حالة خوف من المصير الذي سيلقاه إذ يقول (**قال هدبة العذري**): [من الطويل]

فـأب بي إلى خـير فقـد فـاتني الصبا	وصـيح بريعـان الشـباب فنفـرا
أمـور وألـوان وحـال تقلبـت	بنـا وزمـان عرفـه قـد تنكـرا
أصـبنا بما لـو أن سـلمى أصابـه	لسـهل مـن أركانـه مـا توعـرا
فـان تـنج مـن أهـوال مـا خـاف قومنـا	علينـا فـان اللـه مـا شـاء يسـرا
وان غالنـا دهـر فقـد غـال قبلنـا	ملـوك بنـي نصر وكسرى وقيصرا...

وكان هدبة هذا من شياطين عذرة، وهذا شعره كما ترى، وقد أمر بضرب عنقه وشد خناقه. وقليلا ما ترى مثل هذا الشعر عند مثل هذه الحال، وإن امرأ مجتمع القلب صحيح الفكر، كثير الرين[5] عضب اللسان في مثل هذه الحال، لناهيك

---

(1) رسائل الجاحظ عبد إمهنا: 2/ 77.

(2) م.ن: 2/ 77.

(3) البيان والتبيين: 2/ 176.

(4) م.ن: 7/ 157.

(5) الرين: يقال رين بالرجال زينا إذا وقع فيما لا يستطيع الخروج منه ولا قبل له به، وقيل: رين بـه انقطع بـه، لسان العرب مادة (رين).

به مطلقا غير موثق، وادعا غير خائف.. وهو القائل في تلك الحال: [من الطويل]

فـلا تعـذليني لا أرى الـدهر معتبـا إذا مـا مضى يومـا ولا اللـوم' مرجعـا
ولكـن أرى أن الفتـى عرضـة الـردى ولاقـى المنايـا مصـعدا ومفرعـا[1]

إن ثنائية الخوف والأمن بوصفها موضوعا شعريا مركزيا في الشعرية العربية، يقاربها الجاحظ نقديا من خلال معاينة قدرة الشاعر العربي على تمثيلها شعريا، وبقدر مناسبة كل من دلالة الخوف ودلالة الأمن من تجربة الشاعر في القصيدة، ولا سيما في مدى علاقة الموضوع الشعري بالبناء الفني للقصيدة، وهو يشكل جانبا أساسا من جوانب نظرية الشعر عند الجاحظ، وكما هو واضح من قوله الموازن بين طرفي الثنائية في هذا الشعر: (فان شعرهم في الخوف لا يقصر عن شعرهم في الأمن. وهذا قليل جدا)[2].

وقد توحي عبارته بمقصد أخر هو أن الأدوات الشعرية واحدة ولا علاقة للموضع الشعري في طريقة اشتغالها إلا في حدود تمثل الشاعر للموضوع وقيمة الانفعالية في التحول إلى تجربة صالحة للشعر.

إن الجاحظ في نقده وأحكامه يخرج عن قواعد شيوخه من علماء اللغة والرواية. وهذا الخروج يؤدي به إلى أحكام أخرى لم يسبق بها فهي تشكل (صيحة جديدة جدا في الأدب العربي لم يسبق الجاحظ أحد قط إلى قولها ولم يتجرأ أن يقولها أحد غير الجاحظ)[3] والجاحظ صاحب نظرة ونظرية في هذا المجال قال (والقضية التي لا أحتشم منها، ولا أهاب الخصومة فيها: أن عامة العرب والأعراب والبدو والحضر من سائر العرب أشعر من عامة شعراء الأمصار والقرى، من المولدة والنابتة وليس ذلك بواجب لهم في كل ما قالوه. وقد رأيت ناسا منهم

---

(1) كتاب الحيوان: 7/ 92-93.

(2) م.ن: 7/ 157.

(3) النقد المنهجي عند الجاحظ: ص 51.

يبهرجون أشعار المولدين، ويستقسطون من رواها، ولم أر ذلك قط إلا في راوية للشعر غير بصير بجوهر ما يروي. ولو كان له بصر لعرف موضع الجيد ممن كان. وفي أي زمان كان)[1].

إن الفيصل عند الجاحظ هو الجودة بوصفها معيارا فنيا خالصا، وهذا يسقط أهمية مصدر الشعر مضافا إليه الزمان، فقيمة الشعر وما ينطوي عليه من جمال هو أساس القضية التي عليها مدار الأمر، وحتى لو تجسد ذلك في إشعار ألد الأعداء. أما من يسقط شعرا بسبب عرق صاحبة، أو مذهبه، أو زمنه، فهو لا يتسبصر جماليا وبنيويا بجوهر ذلك الشعر، ولا علم له بحقيقة ذلك الفن. إذن الجاحظ ينكر على بعض الرواة المتقدمين أنهم كانوا يسقطون أشعار المولدين جملة[2] ولعل موقفه من طرديات أبي نؤاس التي فضلها على ما للإعراب في الموضوع نفسه، يعد أصدق أنموذج على رؤيته النقدية قال: (وأنا كتبت لك رجزه في هذا الباب، لأنه كان عالما راوية، وكان قد لعب بالكلاب زمانا، وعرف منها ما لا تعرفه الأعراب، وذلك موجود في شعره، وصفات الكلاب مستقصاة في أراجيزه هذا مع جودة الطبع وجودة السبك، والحذق بالصنعة. وان تأملت شعره فضلته إلا أن تعترض عليك فيه العصبية، أو ترى أن أهل البدو أبدا أشعر، وأن المولدين لا يقاربونهم في شيء فإن اعترض هذا الباب عليك فأنك لا تبصر الحق من الباطل، ما دمت مغلوبا)[3].

إن هذا النص والنصوص السابقة تتضمن موقف الجاحظ الصريح من الأسس النظرية التي يجب أن تبنى عليها الأحكام النقدية والنهج الذي يجب على أصحابها إتباعه، كذلك تعد دليلا قويا على موضوعية الجاحظ وتقيدة بالمعيار الفني كعامل لتقويم الإعمال الفنية، واهم هذه المعايير والقواعد ما يأتي:

---

(1) كتاب الحيوان: 3/ 67.

(2) قراءة: في النص النقدي وأشكاله المختلفة عند الجاحظ. (بحث منشور في الانترنت).

(3) كتاب الحيوان: 2/ 271.

1- تحديد العناصر الإبداعية التي تشكل القاعدة الفنية التي يقوم عليها الحكم النقدي

أ- الثقافة الشعرية، فمن كان عالما بالبيئات الشعرية، راوية لنصوص المبدعين ليس كمـن لا علم له بذلك.

ب- التجربة: فمن خبر الأمر زمانا، وعايشه، تكون إحاطته بموضوعه أشمل وقوله فيه أصـدق وأبين.

ج- توافر عنصر الإبداع في شخصية الشاعر، كالحذق والطبع والمهارة في الصنعة.

2- يجب أن تكون القاعدة التي تقوم عليها المفاضلة قاعدة فنية خالصـة، بحيـث لا تتعـدى حـدود النص الشعري، وأي حكم يدخل عوامل أخرى في دائرة التقويم، كالعرق والزمان والمكان يسقط في أعماق الزلك والخطأ، ويكون برهانا على ضلال صاحبه ودليلا علـى عجـزه عـن التفرقـة بين الحق والباطل.

3- يشير الجاحظ في مقولته الأخيرة إلى علماء اللغة والرواية الذين كانوا يرون (إن أهل البـدو أبـدا أشعر وان المولدين مهما بلغوا في فن الشعر هـم أقل درجـة، وأصغر شـانا، وفي إشـارته هـذه معالم موقف رافض لرؤية أولئك العلماء ناقد لها، بل أكثر من ذلك فأنه يصرح بـأن مـن يفعل ذلك فإنما يفعله على سبيل العصبية؛ لأنه لا يفرق بين الحق والباطل. والنتيجة أنه غـير مؤهـل لإصدار إحكام في أمور لا يبصر من حقائقها قليلا ولا كثيرا)[1].

إن الجاحظ ناقد يقيم العمل الفني بعيدا عن المؤثرات الخارجية الحاضنة للعمل كعنصر الزمن مـن حيث القدم والحداثة وعنصر العرق، فهو بهذا يمهد لميلاد اتجاه

---

(1) قراءة في النص النقدي وإشكاله المختلفة عند الجاحظ (بحث منشور في الانترنت).

جديد في النقد يقوم على الموضوعية بعد أن كانت أراء انطباعية لا تعدو أن تكون وصفا خارجيا يمثل وجهة نظر عامة، كان يقول الناقد اشعر بيت وأخنث بيت... الخ.

لم يسبق الجاحظ أحد من النقاد ولم يتجرأ على المقارنة بين شاعر جاهلي يعد من فحول الشعر مولد نابت، قال الجاحظ: وقال آخر: [من الكامل]

أودى الخيار من المعاشر كلهم ... واستب بعدك ياكليب المجلس
وتنازعوا في كل أمر عظيمة ... لو قد تكون شهدتهم لم ينبسوا

وأبيات أبي نؤاس على أنه مولد شاطر، أشعر من شعر مهلهل في إطراق الناس في مجلس كليب وهو قوله: [من الطويل]

على خبز إسماعيل واقية البخل ... وقد حل في دار الأمان من الأكل
وما خبزه إلا كاوى يرى ابنها ... ولم تر آوى في الحزون ولا التسهل
وما خبزه إلا كعنقاء مغرب ... تصور في 'بسط الملوك وفي المثل
يحدث عنها الناس من غير رؤية ... سوى صورة ما أن تمر ولا تحلي
وما خبزه' إلا كليب بن وائل ... ليالي يحمي عزه منبت البقل
وإذ هو لا يستب' خصمان عنده ... ولا القول مرفوع بجد ولا هزل
فان خبر اسماعيل حل به الذي ... أصاب كليبا لم يكن ذاك عن بذل
ولكن قضاء ليس يسطاع دفعه ... بحيلة ذي دهي ولا فكر ذي عقل[1]

إذن فمعيار الجاحظ الجود هنا (ولا يضير المحسن منهم قديما كان أم حديثا)[2] ومما يؤيد قولنا باعتماد الجاحظ شاعرية الشاعر، انه كان يفضل محدثا على قديم في مواضع ويعبر عن إعجابه به، في مواضع أخرى في حين يصنف قوله أو يرده في مواضع آخر وهو مايعبر عن الموضوعية الحقة في المقاييس النقدية، ففي قول أبي نواس قال الجاحظ: وأنكروا عليه قوله: [من الرجز]

(1) كتاب الحيوان: 3/ 66-67.

(2) رسائل الجاحظ عبد إمهنا: 2/ 77.

لو أكثر التسبيح ما نجاه

فلما قال: [من البسيط]

يــا أحمــد المرتجــى في كــل نائبــة قــم ســيدي نعــص جبــار السمــوات

غطى هذا على الأول. وهذا البيت مع كفره مقيت جدا. وكان يكثر في هـذا البـاب وأمـا سـوى هـذا الفن فلم يعرفوا له من الخطأ إلا قوله: [من السريع]

أمســتخبر الــدار هــل تنطــق أنــا مكــان الــدار لا أنطــق

كأنهــا إذ خرســت جــارم بــين ذوي تفنيــده مطــرق

فعابوه بذلك، وقالوا: لا يقول أحد: لقد سكت هذا الحجر، كأنه إنسان ساكت، وإنما يوصف خرس الإنسان بخرس الدار، ويشبه صممه بصمم الصخر وعابوه بقوله، حين وصف عين الأسد بـالجحوظ، فقـال: [من السريع]

كــأن عينــه إذا التهبــت بــارزة الجفــن عــين مخنــوق

وهم يصفون عين الأسد بالغؤور، قال الراجز: [من الرجز]

كأنما ينظر من جوف حجر

وقال أبو زبيد: [من البسيط]

كــأن عينيــه في وقبــين مــن حجــر قيضــا اقتياضــا بــأطراف المناقيــر

ومع هذا فان لا نعرف بعد بشارا اشعر منه)[1]. قوله الأخير يكشف عن عـدم قناعتـه بهـذا الخطـأ. ويصف أبا نؤاس أيضا بأنه (كان يتعرض للقتل بجهده. وقد كانوا يعجبون من قوله: [من المديد]

كيــف لا يــدنيك مــن أمــل مــن رســول اللــه مــن نفــره)[2]

(وهو لعمري كلام مستهجن موضوع في غير موضعه؛ لأن حق رسول اللـه ﷺ أن يضاف إليه ولا يضـاف إلى غيره، ولو اتسع متسع فأجراه في باب الحيلة لخرج

(1) كتاب الحيوان: 4/ 484- 485.

(2) م.ن: 4/ 484.

على (الاحتيال، ولكنه عسر موضوع في غير موضعه، وباب الاحتيال فيه أن تقول: قد يقول القائل من بني هاشم لغيره من أبناء قريش: منا رسول الله ﷺ، وحق هذا أنه من القبيل الذي أنا منه. فقد أضافه إلى نفسه، وكذلك يقول القريشي لسائر العرب، كما قال حسان بن ثابت.

وما زال في الاستلام من آل هاشم ... دعائم عز لا ترام ومفخر

بها ليل منهم جعفر وابن أمه ... على ومنهم أحمد المتخير

فقال منهم كما قال هذا: (من نفره)، أراد من النفر الذين العباس هذا الممدوح منهم)[1] قال الجاحظ فلما قال: [من المنسرح]

فأحبب قريشا لحب أحمدها ... واشكر لها الجزل من مواهبها

جاء بشيء غطى على الأول)[2].

وكان الجاحظ يحكم أو يقوم البيت الشعري تقويما فنيا فيفوق بيت على بيت وإن كان التفوق دلاليا إلا أنه يمس قضية البناء، التي على أساسها حسم هذا التفوق بالنظر إلى الخلل الذي وقع في البيت الأول.

إن الكفاءة والقدرة مقياس أخر عند الجاحظ، ولذلك فهو يوجب على الشاعر الكفء أن لا يناظر من هو دونه في الكفاءة (وما كان ينبغي لبشار أن يناظر حمادا من جهة الشعر وما يتعلق بالشعر؛ لأن حمادا في الحضيض، وبشارا مع العيوق. وليس في الأرض مولد قروي يعد شعره في المحدث إلا وبشار أشعر منه)[3] وهذا التقويم يكشف أيضا عن وجهة نظر الجاحظ في تحديد قيمة الشعر والشاعرية عند كل من بشار وحماد.

لم تقف حدود النقد الجاحظية عند شاعرية الشاعر فحسب بل اتجهت إلى الشعر نفسه أو إلى أحد إغراض الشعر ولا سيما المدح، فقد أعاب الجاحظ مديح

(1) الكامل في اللغة والأدب (المبرد): 1/ 208-209

(2) كتاب الحيوان: 4/ 484.

(3) كتاب الحيوان: 4/ 484.

الكميت لرسول الله ﷺ إذ عده (من المديح الخطأ الذي لم أر قط أعجب منه، قول الكميت بن زيد وهو يمدح النبي ﷺ، فلو كان مديحه لبني أمية لجاز أن يعيبهم بذلك بعض بني هاشم، أو لو مدح به بعض بني هاشم لجاز أن يعترض عليه بعض بني أمية، ولو مدح أبا بلال الخارجي لجاز أن تعيبه العامة أو لو مدح عمرو بن عبيد لجاز أن يعيبه المخالف، أو لو مدح المهلب لجاز أن أصحاب الأحنف:

فإما مديح النبي ﷺ فمن هذا الذي يسؤوه ذلك حيث قال: [من المنسرح]

فاعتتب الشوق من فؤادي والشعـ ... ـر إلى من إليه معتتب
إلى السراج المنير أحمد لا ... يعدلني رغبة ولا رهب

ولو كان لم يقل فيه [عليه السلام] إلا مثل قوله: [من الطويل]

وبورك قبر أنت فيه وبوركت ... به، وله أهل بذلك يثرب
لقد غيبوا برا وحزما ونائلا ... عشية واراك الصفيح المنصب

فلو كان لم يمدحه عليه السلام إلا بهذه الأشعار التي لا تصلح في عامة العرب- لما كان ذلك بالمحمود فكيف مع الذي حكينا قبل هذا)[1].

مساجلة نقدية تكشف عن وجهة نظره في حساسية البناء الدلالي لفن المديح. ومما يعيبه على المادح انه لا ينزل الناس منازلهم، وهي تكشف عن وجهة نظره في حساسية البناء الدلالي لفن المديح الذي يوجب أن يكون شعره صالحا للممدوح، ولذلك فهو يعيب على الكميت بن زيد قوله في الرسول محمد ﷺ.

(1) م.ن: 5/ 169- 170.

المبحث الثاني
مواصفات الشاعر

للشاعر عند الجاحظ مواصفات خاصة، فهو يختلف عن الخطيب وعن الراوية وعن الفقيه، إذ يقول: (وأما إبراهيم فإنه كان رجلا لا نظير له، كان خطيبا وكان ناسبا وكان فقيها وكان نحويا عروضيا، وحافظا للحديث راوية للشعر .شاعرا، وكان فحم الألفاظ شريف المعاني)[1]. فمفهوم (الشاعر) هو غير مفهوم (العروضي) وغير مفهوم (راوية الشعر).

وكذلك نقل لنا الجاحظ قول إبراهيم بن هاني أن (من تمام آلة القصص أن يكون القاص أعمى، ويكون شيخا بعيد مدى الصوت. ومن تمام آلة الزمر أن تكون الزامرة سوداء ومن تمام آلة المعاني أن يكون فاره البرذوه براق الثياب، عظيم الكبر، سيء الخلق. ومن تمام آلة الخمار أن يكون ذميا ويكون اسمه أذين أو شلوما أو مازيار، أو أزدا نقاذار أو ميشا ويكون أرقط الثياب مختوم العنق ومن تمام آلة الشعر أن يكون الشاعر أعرابيا)[2].

على الرغم من أنه ينقل القول هنا إلا أن نقله للقول يؤكد موافقته له، وأهمية القول هنا تكمن في إيمان ابن هاني ومعه الجاحظ بقيمة الوضع الاستعدادي للتخصص، فـ (أعرابية الشاعر) المطلوبة لاستكمال آلة الشعر تكشف عن نظرتهما إلى ضرورة صفاء شخصية الشاعر اللغوية والثقافية. فالتميز بالشعر فوق التميز بأي شيء آخر فـ (اعلم أن العاقل إن لم يكن بالمتتبع فكثيرا ما يعتريه من ولده أن يحسن في عينه منه المقبح في عين غيره، فليعلم أن لفظه أقرب نسبا منه من ابنه وحركته أمس به رحما من ولده؛ لأن حركته شيء أحدثه من نفسه وبذاته، ومن عين جوهره فصلت، ومن نفسه كانت؛ وإنما الولد كالمخطة يتمخطها، النخامة يقذفها ولا سواء إخراجك من جزئك شيئا لم يكن منك، وإظهارك حركة لم تكن

---

(1) البيان والتبيين: 1/ 226.

(2) م.ن: 1/ 71.

حتى كانت منك ولذلك تجد فتنة الرجل بشعره، وفتنته بكلامه وكتبه، فوق فتنته لجميع نعمته)[1].

إن التفات الجاحظ إلى هذه القضية الشخصية في كيان الشاعر لهو دليل جديد على أن نظرية الشعر لا تتوقف لديه عند حدود الجانب اللغوي التعبيري الصرف، بل تمتد لتشمل الجوانب الثقافية الأخرى المصاحبة، وهي تحتشد في سياق واحد لتشكل متطورا متكاملا يؤلف نظرية للشعر، تأخذ بنظر الاعتبار القصيدة والشاعر والمتلقي فضلا عن المناخ الثقافي والاجتماعي المحيط بكل هذه المفردات المؤلفة للنظرية.

---

(1) كتاب الحيوان: 1/ 89.

المبحث الثالث
زي الشعراء وفضاء الشكل الخارجي

حملت نظرية الشعر عند الجاحظ أسسا ومفاهيم متعددة راعى فيها كثيرا من الجوانب المهمة في هذا السبيل، ومما أثاره الجاحظ في هذه النظرية الأثر النفسي وعلاقته بالشاعر، ولا سيما وجود الشاعر في المجتمع الذي ارتبط مرة بالجانب الفني، ومرة أخرى بالجانب الشكلي، فشخصية الشاعر ومكانته الاجتماعية ذات حدود مهمة في تكوين هذا الوجود، وقد أدرك الجاحظ أن للباس الشاعر أثرا في تحديد ملامح هذا الوجود، وكأن اللباس هو شيء مهم يراعيه الشاعر بل يلتزم به شكلا ولونا، ربما أصبح ميزة واضحة وشكلا ملتزما عند القدماء فقد (كانت الشعراء تلبس الوشي والمقطعات والأردية السود، وكل ثوب مشهر. وقد كان عندنا منذ خمسين سنة شاعر يتزيا بزي الماضين، وكان له برد أسود يلبسه في الصيف والشتاء، فهجاه بعض الطياب من الشعراء فقال في قصيدة له:

بع بردك الأسود قبل البرد   في قرة تأتيك هما صرد

وكان لجربان قميص بشار الأعمى وجبته لبنتان، فكان إذا أراد أن ينزع شيء منها أطلق الأزرار فسقطت الثياب على الأرض، ولم ينزع قميصه من جهة رأسه قط)[1].

يبدو مما يذكره الجاحظ أن الشعراء كانت في الزمن القديم ترتدي أثوابا خاصة بها ذات ألوان مزركشة، وأردية سوداء اللون وغير ذلك مما تتميز به عن سواها من الناس[2]، وربما كان ذلك (أهيب في القلوب وأهول في الصدور، وأعظم في العيون. ولذلك أجمعت الأمم رجالها ونساؤها على إطالة الشعور؛ لأن ذا الجمة

(1) البيان والتبيين: 3/ 74- 75.

(2) مفاهيم الجمالية والنقد في أدب الجاحظ: 132- 133.

أضخم هامة وأطول قامة وأن الكاسي أفخم من العاري، ولولا أن حلق الرأس طاعة وعبادة، وتواضع وخضوع، وكذلك السعي ورمي الجمار، لما فعلو ذلك)[1].

ولهذا ترى الشاعر العربي قبل الإسلام إذا أراد أن ينشد شعره تهيأ لذلك واستعد له، حتى يعرف الآخر (الناس) أن الشاعر يريد إلقاء شعره.

وكان لبيد إذا أراد الهجاء فإنه يدهن أحد شقي رأسه، وأرضى إزاره وانتعل نعلا واحدة، وكذلك كانت الشعراء تفعل في الجاهلية إذا أرادت الهجاء، وفي هذا يقول (بروكلمان): (قبل أن ينحدر الهجاء إلى شعر السخرية والاستهزاء كان في يد الشاعر سحر يقصد به تعطيل قوى الخصم بتأثير سحري. ومن ثم كان الشاعر إذا تهيأ لإطلاق مثل ذلك اللعن يلبس زيا خاصا شبيها بزي الكاهن، ومن هنا أيضا تسميته بالشاعر، أي العالم، لا بمعنى انه كان عالما بخصائص فن أو صناعة معينة، بل بمعنى انه كان شاعرا بقوة شعره السحرية كما أن قصيدته كانت هي القالب المادي لذلك الشعر)[2].

مما تقدم يتبين لنا أن لباس الشاعر مظهر خارجي يميزه من العوام وسياسة الرعية[3]. كما يتميز بقية القوم، فللخلفاء عمة وللفقهاء عمة وللبقالين عمة، وللإعراب عمة وللصوص عمة، وللأبناء عمة، وللروم والنصارى عمة، ولأصحاب التشاجي عمة، ولكل قوم زي، فللقضاة زي ولأصحاب القضاة زي وللكتاب زي، ولمجالس الخلفاء زي، ما ذلك كله إلا انه أكمل وأجزل وأفخم وأنبل[4]. فللمظهر الخارجي دوال تتصل بالجو النفسي للقصيدة إذ ترتبط بالعلاقة بين الشاعر والمتلقي من جهة وبين غرض القول والشاعر من جهة أخرى، فالشاعر بلباسه يهيئ المتلقي نفسيا لتقبل القول الذي ينشده فخرا أو هجاء أو

---

(1) البيان والتبيين: 3/ 77.

(2) تاريخ الأدب العربي: 1/ 46.

(3) البيان والتبيين: 3/ 76.

(4) م.ن: 3/ 74.

مدحا... الخ. فضلا عما يثيره في نفسية القائل وتهيئه للقول، وهذا غير محدد بـزمن معـين ذلك أن لكـل عصر لباسه ولكل شاعر طريقته أحيانا.

إذن يمكن القول بأن وصف حالات الشعراء وأشكال حضورهم الاجتماعي، وطبيعة أزيائهم لها علاقة بالتفرد والخصوصية. أن هذه القضية تنطوي على أهمية خاصـة لهـا علاقة بالجانـب البروتوكـولي المتعلـق بشخصية الشاعر، ولا سيما انه حال لسان القبيلة والقوم والشعب والأمة، علـى النحـو الـذي يجعلـه أشـبه بوزير إعلام يعبر عن خطاب القوم وضميرهم الشعبي، لـذا فـان انفـراده بـزي خـاص لـه جانـب اعتبـاري ونفسي واحتفالي يحيط شخصيته بقدر عال من الاهتمام والخصوصية تعلي مـن شـأنهم وتؤكد حضورهم الاستثنائي في المشهد وتجعلهم محط النظر الشعبي والرسمي.

المبحث الرابع
المختارات الشعرية

من الركائز التي اتسعت من خلالها النظرية التكاملية للشعر عند الجاحظ - الاختبارات- التي تقوم على أسس نقدية، فيها إحساس بالبعد الشعري أولا (طبيعته- أسسه - فرائده - صوره... الخ)؛ والقارئ وهو بعد مركزي أساس عند الجاحظ بنيت على أساس حضوره وأهميته كثير من الاختبارات الشعرية؛ لان القارئ عند الجاحظ يمثل أساس النظرية النقدية ومحورها وقد أشار الجاحظ في كثير من الموضوعات إلى أهمية هذا الأساس. لذا جاءت هذه الاختبارات لتمد جسور التلاقي بين القارئ والنص الشعري فهي تمثل الحس النقدي المقوم عنده. وآخر مقوم من هذه الاختبارات عنده هو الشاعر الذي لم يهمله الجاحظ في أكثر اختباراته وان كانت نظرية الشعر عنده معتمدة على البناء الشعري ومحطمة للثنائية التي أساسها الشاعر. الشاعر عند الجاحظ إما مطبوع وإما متكلف ولكي تتحقق ثلاثية النظرية المبنية على الأساس الصحيح عند الجاحظ اوجب الجاحظ الربط بين هذه الأسس وجاءت مقاييس الاختيار متنوعة فأحيانا بالأجود والاقيس والأقرب والأبعد... الخ واعتمد في كل ذلك على مهارة المتلقي في فهم النص الشعري المختار إذ يورد الجاحظ نصا يقول فيه (ولولا إن يطول الكتاب لذكرت ذلك أجمع وعلى أني قد تركت تفسير أشعار كثيرة، وشواهد عديدة مما لا يعرفه إلا الراوية النحرير من خوف التطويل)[1].

مع أن الجاحظ يعتمد على الذائقة الشعرية وإحساسه بجمالية الشعر وتفضيله نصا على آخر؛ لأنه يعتقد أنه دائما يمكن أن تكون هناك أساليب أخرى لقول الشعر غير الموجود فالبيت الشعري قد (يحظى أو يسير حتى يحظى صاحبه بحظه وغيره

(1) كتاب الحيوان: 3/ 130.

أجود منه)[1]. وهذا يعتمد على انتخاب الشاعر لأسلوب معين في بناء قصيدته وإمكانيته أو احتمالية وجود أساليب أخرى. ومثل هذا الشعر عند الجاحظ يوجب الحفظ، فيدعو المتلقي إذا ما (مر - بك - الشعر الذي يصلح للمثل وللحفظ فلا تنس حظك من حفظه)[2]. انه يؤسس مفهوما للاختبار يقوم على أساس المزاوجة بين الفهم والإدراك الخاص بالناقد (الجاحظ نفسه والمتلقي العالم العارف، فليس يعرف فروق النظر واختلاف البحث إلا من عرف القصيد من الرجز... والمزاوجة من النثور... وصنوف التأليف)[3]. وبذا يكثف الجاحظ عن الآلية التي من خلالها يمكن النظر إلى نظرية الشعر عبر إظهار الفرق بين الشعر وغيره من النظم على النحو الذي لا يتاح إلا لمن فهم عالم الشعر وأدرك مقاييسه ناقدا أو قارئا وهي من أساسيات الاختيار عنده. ولذا تجده في تعيينه للشعر يذكر كثيرا مقياس الجودة في الشعر (ومن الخطباء الشعراء ومن يؤلف الكلام الجيد)[4]. وقوله (ومن الخطباء الشعراء من كان يجمع الخطابة والشعر الجيد)[5]، فضلا عما يحدثه من تغيير ناتج من إحساسه العميق بأساليب الشعر وجودته ففي قول حماد عجرد في بشار:

و اللــــه مــــا الخنزيــــر في نتنــــه ... مــــن ربعــــه بالعشرــــا وخمســــه
بــــل ريحــــه أطيــــب مــــن ريحــــه ... ومســــه ألــــين مــــن مســــه
وعــــوده أكــــرم مــــن عــــوده ... وجنســــه أكــــرم مــــن جنســــه

(1) الرسائل الكلامية من كتاب حجج النبوة، ص 143.

(2) كتاب الحيوان: 185/3.

(3) الرسائل السياسية، ص 137.

(4) البيان والتبيين: 1/ 44.

(5) م.ن: 1/ 44.

علق الجاحظ قائلا: (وأنا حفظك الله تعالى استظرف وضعه الخنزير بهذا المكان وفي هذا المكان حين يقول: وعوده أكرم من عوده. وأي عود للخنزير؟ قبحه الله تعالى وقبح من يشتهي أكله)[1].

وقد يثير الجاحظ بعض التساؤلات التي تعطي لما يختاره من شعر نوعا من الإثارة أو التفكير، ففي شعر إبراهيم بن هاني يقول (وكان إبراهيم بن هاني لا يقيم شعرا ولا ادري كيف أقام هذا البيت؟)[2].

فالتشكيك قائم على أساس من المعرفة المسبقة وهي عدم إقامة الشعر على أساس إبراهيم بن هانئ فضلا عما عرف عن إبراهيم بن هانئ من تحريف البيت الشعري وكسره، إذا ما رواه، ولقد سئل عن ذلك فقال: (إني هكذا طبعت أن أقيمه إذا قلت واكسره إذا أنشدت)[3].

كل ذلك ينم عن مقدرة وتمكن ومعرفة وتذوق من الجاحظ بالشعر والشاعر والمتلقي وعلى أساسها بنيت معايير الاختيار عنده.

ومن أهم أساسيات الاختيار الجودة سواء أكان هذا قديما أم حديثا مع تغير في هذا المقياس تبعا لحالة الشاعر ومكانته، فإذا (قسنا جودة أشعارهما - طرفة بن العبد وعبد يغوث - في وقت أحاط الموت بهما لم تكن دون سائر أشعارها في حال الأمن والرفاهية)[4].

وحدد مفهوم الجودة بالتأثير والإثارة والتعلق والارتماء بين أحضانه والترنم به حتى ينشد ويغني، فـ (الجيد من أشعار العرب [ما يلقى] إلى الجواري فيترنمن به

---

(1) كتاب الحيوان: 1/ 158.

(2) م.ن: 3/ 56.

(3) م.ن: 3/ 56.

(4) البيان والتبيين: 2/ 176.

وينشدنه بحلوقهن ونغمهن)[1]. فغناء الشعر أو التنغم به يجعله في مواضع الاختيار عند الجاحظ، لذلك تراه يقول (ومن جيد الشعر قول جرير: [من الطويل]

لـئن عمـرت تـيم زمانـا بغـرة　　　لقـد حـديث تـيم حـداء عصبصـبا
فـلا يضـغمن الليـث تـيما بغـرة　　　وتـيم يشـمون الفـريس المنيـبا)[2]

ومن معايير الاختيار الأخرى عند الجاحظ (القراءة والخصوصية) فإذا ما تفرد شاعر من الشعراء بشعر لم يسبق إليه أو لم يكن معروفا حتى يكون شعره مما يشير الدهشة والعجب من ذلك قول امرئ القيس بن حجر في تشبيه الفرس بالظلم: [من الطويل]

(وخـد ايـل كالمسـن وبركـة　　　كجؤجـؤ هيـق دفـة قـد تمـورا

وقال عقبة بن سابق: [من الخفيف]

ولـه بركـة كجؤجـؤ هيـق　　　ولبـان مضـرج بالخضـاب)[3]

كما أن موضع لاختيار قد يكون مبنيا على دقة الوصف الشعري الذي يعد ضرورة عند الجاحظ؛ لأنها ترسم صورة المعنى في القصيدة وتعكس ثراء المعجم الشعري عند الشاعر، الذي يوفر له قدرة على التعامل مع الصور على نحو شعري دقيق وصحيح ويحقق استجابة قصوى عند المتلقي، فالعرب (تذكر الحيات بأسمائها وأجناسها فإذا قالوا أيم فإنما يريدون الذكر دون الأنثى، ويذكرونه عند جودة الأنساب وخفة البدن كما تذكر الشعراء في صفة الخيل الجرادة الذكر دون الأنثى، فهم وان الحقوا الهاء فإنما يريدون الذكر، قال بشر بن أبي خازم: [من الوافر]

جرادة هبوة فيها اصفرار؛ لان الأنثى لا تكون صفراء وإنما الموصوف بالصفرة الذكر)[4] وقد يكون الاختيار مبنيا بحسب موضوعات الشعر وهو جزء

---

(1) الرسائل الكلامية، كتاب القيان، ص 72.

(2) البيان والتبيين: 3/ 142.

(3) كتاب الحيوان: 4/ 422.

(4) م.ن: 4/ 343.

مهم من نظرية الجاحظ التي تنظر إلى طبيعة الشعر ووظيفته بقدر كبير من الأهمية. قال الجاحظ: (وفي انس الكلاب بالناس لطول الرؤية لهم شعر كثير... قال ذو الرمة:

راتني كلاب الحي حتى ألفنني ومدن نسوج العنكبوت على رحلي)[1]

كما إن الذروة في بلوغ المعاني في الشعر مقياس آخر في الاختبار عند الجاحظ، وهو يعكس قراءة خاصة للجاحظ في الانتخاب والموازنة والمضاهاة، والتغليب وإصدار الحكم في ذلك يقول الجاحظ: قال الغنوي:

فإذا بلغتم أهلكم فتحدثوا إن الحديث مهالك وخلود

فجعلوا الذكر بالجميل مثل الخلود في النعيم، وعلى هذا المعنى قال في درك الثار:

فتلا بتقتيل وعقرا كعقركم جزاء العطاس لا يموت من أثار

وقال حكيم الفرس حين بلغه موت الإسكندر، وهو قاتل دارا بن دارا، ما ظننت أن قاتل دار يموت!

وهذا القائل هو امدح منه لقاتله، ولم اسمع للعجم كلمة قط امدح منها، فأما العرب فقد أصبت لهم من هذا الضرب كلاما كثيرا ومما يدل على قدر نظم الشكر والمشكور له من العرب قول ارس بن حجر في حليمة:

سنجزيك أو يجزيك عنا مثوب وحسبك أن يثنى عليك وتحمدي)[2]

ومن المقاييس الأخرى في الانتخاب اعتماد نوادر الشعر التي تعد من أشعار المذاكرة عند الجاحظ والتي تسهم في تنشيط ذاكرة المتلقي بحيث تسهم في التواصل بين الشاعر من جهة وبين القارئ من جهة أخرى لذلك جاءت دعوة الجاحظ إلى حفظها، قال الجاحظ (وسنذكر من نوادر الشعر جملة، فان نشطت لحفظها فاحفظها، فإنها من أشعار المذاكرة، قال الثقفي: [من البسيط]

(1) البخلاء، ص 218.

(2) الرسائل الكلامية، رسالة في نفي التشبيه، ص 219.

من كان ذا عضد يدرك ظلامته

أن الذليل الذي ليس له عضد

تنبو يداه إذا ما قل ناصـره

ويأنف الضيم إن أثرى له عدد

وقال أبو قيس الاسلت: [من السريع]

بـــز امـرئ مستبسـل حــاذر للــدهر، جلـد غـــير مجـزاع

الكـيس والقـوة خـير مـن الــ إشـــفاق والفهــة والهـــاع[1]

يضاف إلى ذلك اختيارات خاصة بدوال وحكايات لموضوعات شعرية محددة، قال الجاحظ: (ومـن عادة الشعراء إذا كان الشعر مرثية أو موعظة أن تكون الكلاب التي تقتل بقر الوحش، وإذا كـان الشـعر مديحا. وقال كان ناقتي بقرة من صفتها كذا، أن تكون الكلاب هي المقتولة...)[2].

ومن محددات الاختيار المتعة التي هي محور اتصال نفسي ووجداني وشعوري بين الشعر مـن جهـة والمتلقي من جهة أخرى. قال الجاحظ: (ومن الأشعار الطيبة قول الشاعر في السمك والخادم: [من الخفيف]

مقبــل مـدبر خفيــف ذفيــف دسـم الثـوب قـد شـوى سـمكات

مـن شبــابيط لجــة ذات غمــر حدب مـن شـحومها زهـمات

ففكر فيهما فإنهما سيمتعانك ساعة)[3].

فضلا عما قد تحدثه بعض النصوص من الاستحسان والاستلطاف عند بعض النقاد والشعراء، التي قـد تلاقي استحسان الجاحظ فيؤكد اختياره لها، من ذلك أن (الأصمعي كان يستحسن قول الطرماح بن حكيم، في صفة الظليم: [من الكامل]

مجتلــب شــملة بزجــد لسرــاته قـدرا وأسلم مـا سـواه البرجـد

---

(1) كتاب الحيوان: 3/ 20.

(2) كتاب الحيوان: 2/ 268.

(3) م.ن: 3/ 468.

وكان أبو نواس يستحسن قول الطرماح: [من الطويل]

إذا قبضت نفس الطرماح أخلفت عرى المجد واسترخى عنان القصائد[1]

تكشف مختارات الجاحظ الشعرية عن رؤيته الذوقية والمعرفية والثقافية، التي تعمل بوصفها منظومة تفكير وتحسس وتذوق لها القابلية والكفاءة العالية على الانتقاء السليم والجميل، من خلال آلية الموازنة والمضادات والاختيار، للوصول بالأشعار المختارة إلى أعلى مرحلة من مراحل الجمال الشعري في جوهر البناء والصياغة، وانعكاس ذلك على طاقة تعبيرية ثرية بوسعها إنتاج معنى شعري خصب ومتعدد.

لا شك في أن حساسية الاختيار والانتخاب عند الجاحظ تشكل ركنا أساسيا من أركان نظرية الشعر عنده، هذه النظرية التي تجتهد في الإحاطة بكل ما يتعلق بقضية الشعر من قوانين وقواعد ونظم وتقاليد ومكونات وخصائص وعناصر وحيثيات وأطر وثقافة ورؤية وإمكانات وأحكام وغيرها فمنطلق الاختيار عند الجاحظ (المتلقي) رغبة منه في دفع الملل عنه وبث روح الدعابة والمرح والتواصل والترويح عن همومه ولا يمكن أن يتحقق ذلك ما لم يكن للاختيار المدى المناسب في التأثير مستندا على الذوق الرفيع والحس المرهف والمعرفة المسبقة بأذواق المتلقين ومنازلهم فلكل منهم ألفاظه ومعانيه وصوره المناسبة التي تحكم الاختيار عند الجاحظ وهو ما أكده في أكثر من موضع في كتبه.

فللاختيار عند الجاحظ منطلق يتمثل بالمتلقي وغاية يمثلها التواصل بين الشاعر وبين متلقيه فضلا عن التأثير الذي يوصل إلى المتعة وحفظ ما يتلقى والتنفيس عنه قدر المستطاع من دون ملل أو إكراه أو تكلف وفتح آفاق من المعرفة.

---

(1) م.ن: 3/ 468.

313

الخاتمة ونتائج البحث

سعى البحث في مسيرته النظرية - على صعيد الرؤية والمنهج وطريقة المعالجة - أن يصل إلى النتيجة المرجوة، التي تتمثل في استكمال صورة واضحة وموضوعية وعلمية عن (نظرية الشعر عند الجاحظ)، ونحسب أن نظرة مستوعبة لشؤون البحث وشجونه وتوصلاته وأسلوبية تناول فصوله وتقسيم مباحثه، تنتهي - في رأينا - إلى الاطمئنان إلى أن الجاحظ صاحب نظرية في الشعر، لها مقوماتها وأسسها ومنطلقاتها بحسب ما اجتهد البحث في قراءتها في المتن الجاحظي.

تحققت هذه النظرية من خلال اهتمام الجاحظ بالتمركز الثلاثي للمكونات النظرية الأساسية للعملية الإبداعية (الشعر/ الشاعر/ المتلقي)، ودراسة هذه المكونات من خلال الأخبار والروايات التي ينقلها ويعرضها ويصنفها ويعلق تعليقا نقديا عليها، والظواهر التي يخضعها للمساءلة والمناقشة والسجال، والقضايا التي يحيطها بقدر كبير من العناية العلمية، والأبيات الشعرية التي يتناولها بالنقد والتحليل والمعاينة الشاملة، وبحسب طبيعة الموضوع الذي يناقشه، والقضية التي يتناولها، والجزئية الشعرية التي يحاورها في شكلها أو مضمونها أو مقولتها، أو في علاقتها مع جزئية أخرى مشابهة أو متعارضة.

لا شك في أن قراءات الجاحظ في مجال الفن الشعري الذي هو فن العرب الأول، ونقوده، وملاحظاته، وتعليقاته، وموازناته، ومقارناته، ومداولاته، ومنهجيته في تأليف كتبه التي يأخذ الشعر وقضاياه وعوالمه الحيز الأكبر، ورؤيته الناضجة والمكثفة والرصينة في المعالجة والفحص والمعاينة، تحتشد كلها في سياق منهجي واحد اجتهد بحثنا في الوصول إليه للكشف عن ما يمكن أن نطمئن على تسميته (نظرية الشعر عند الجاحظ)، بهذا القدر من الثقة والأهمية والوعي والعلمية، التي طمح بحثنا التحلي بها وتمثلها على النحو الذي يكون قد أنجز فيها مهمته هذه.

يجد البحث أن من أبرز النتائج التي يمكن تسجيلها هنا هي الكشف عن طبيعة تفكير الجاحظ في الشأن النظري عموما، وفي شأن نظرية الشعر خصوصا، من خلال نوع أسلوبه وطريقة كتابته، ومستوى ذوقه وحساسيته، وعمق معرفته وسعتها، وخصب روحه النقديه وتمركزها حول الموضوع النقدي، وهي تميل إلى المحاججة العلمية والتناول المنهجي داخل رؤية واضحة تنطوي على قدر كبير من التجانس والتماثل. إذ وجد البحث أن الجاحظ يحرض كل هذه المستويات التي تؤلف شخصيته الثقافية الناقدة، ويشحذ طاقاتها وقدراتها وإمكاناتها لكي تعمل في سياق منهجي مركز واحد، يعكس سعة رؤيته، وثراء معلوماته، وذكائه في استثمار كل ذلك على نحو منظم وممنهج ومكثف من أجل بلوغ الغاية المرجوة.

كشف البحث أيضا وفي الإطار ذاته عن جوهر معاناة الجاحظ ومكابدته الأدبية والمعرفية في الإخلاص لتراثه العلمي والمعرفي والأدبي، وقد تمثل ذلك أكثر ما تمثل بصدق التعبير وقوته ونصاعته، ودقة العبارة وحرفيتها، وتكثيف الرؤية، ووضوح المنهج، والاقتصاد في استخدام اللغة بالقدر الذي يجيب على أسئلة الخطاب التي يشتغل عليه في كل ظاهرة يتناولها، وبالطريقة التي كونت شخصيته المفكرة والناقدة والكاتبة في آن معا، وهي تمضي من ظاهرة على ظاهرة، ومن مجال إلى آخر، ومن فكرة إلى أخرى، بروح معرفية مسؤولة تدرك ما تقول ووعي حاد وعميق وموضوعي بالأشياء.

أما في مجال الكشف عن نظرية للشعر عند الجاحظ حيث اجتهد البحث في التوصل إلى فضائها ومعالمها وخصوصياتها ونوعها، فيمكن القول إن استيفاء شروط التكون النظري للشعر في كتابات الجاحظ كانت حاضرة وظاهرة ومتجلية، من حيث التركيز على مصطلحات ومفاهيم (البناء/ النظم/ الشكل)، بالقدر الذي تمكنت فيه آليات المنهج البحثية من إلفات النظر إليه، ومن ثم التركيز في هذا الإطار على المكونات التركيبية للنظرية متمثلة بشبكة المفاهيم والمصطلحات، التي استعملها، أو أشار إليها، أو عاينها، أو ناقشها، أو حاورها، أو تمثلها، مثل

(وحدة الصوت، للفظ، المعنى، التركيب، التنظيم، التشكل، التشكيل، السبك، الصياغة، التصوير، التلاحم، مفاهيم التلقي ومصطلحاته، وغيرها كثير)، مما يمكن أن يقود إلى دراسة المعجم المصطلحي الجاحظي على هذا الأساس.

راعت (نظرية الشعر عند الجاحظ) بحسب رؤية بحثنا هذا مكانية القول وزمانيته وطبيعة القائلين والمتلقين، في تركيب ثلاثي على شكل مثلث هرمي/ قاعدته (القائل - المتلقي) وقمته النص الشعري، وقد وجد البحث أنه لا يمكن للنظرية - مهما كانت صفتها - أن تبلغ غايتها ما لم تصل إلى مستوى تجسيد هذه الثلاثية الهرمية، التي تتباين معالمها وخصائصها وآلياتها تبعا لاختلاف العصر، وطبيعته، وظروفه، ودرجة تعلقه بالمعرفة وإيمانه بمنجزاتها.

جسدت هذه النظرية في ضوء نتائج البحث صور الكلام الشعري وملامحه وآلياته في سياق النظم، عبر تميزه بجملة خصائص تمثلت في مصطلحات الجاحظ ومفاهيمه التي تجسدت عنده بـ (البعد عن التكلف أو التنافر، كثرة الماء، جودة السبك، حسن النظم، تلاحم الأجزاء، وما إلى ذلك مما يدخل في جوهر التأليف الشعري)، وكل ما ينتظم في سلسلة هذه المفاهيم والمصطلحات من قيم نقدية قادت إلى تشييد نظريته هذه.

وقد عملت تحليلاته ونقوده ورؤيته الجمالية الذوقية في تفضيله شاعر على آخر، والمقارنة بين ظاهرة وأخرى، وبيان عناصر التفوق والجودة وموطنها عند شاعر قياسا بشاعر آخر، وقصيدة قياسا بأخرى، وبيت شعري قياسا ببيت شعري آخر، ومعنى شعري قياسا بمعنى شعري آخر، وجودة استخدام لفظة شعرية قياسا باستخدام لفظة شعرية أخرى في سياق متقارب، وصولا إلى إنضاج (حكم قيمة) نقدي قائم على قرائن بنائية لغوية وبلاغية وفنية وجمالية وثقافية في آن معا. على هذا الأساس لم تكن نظرية الجاحظ مجرد آراء وأفكار ومقاصد ورؤى تقف عند حدود التعليق النظري المجرد والعام، أو أنها عابرة لا تهدف إلى بناء تصور عام ورؤية شاملة، بل تجسدت على نحو واضح وعميق من خلال التجلي التطبيقي

والإجرائي والعملي، عبر التحليل والمضاهاة والمقابلة والمقارنة، وتفصيل مواضع القوة والجودة ووضوح الأدوات النقدية الكاشفة عن ذلك.

ولعل من أبرز المظاهر التي يمكن تشخيصها في نتائج البحث هنا أن الجاحظ استخدم مصطلح (التصوير) استخداما نوعيا خاصا، ليعطي البعد الحقيقي للمتخيل على نحو جديد لم يسبقه فيه - كما نرى - أحد، وذهب في تكريس هذا المصطلح إلى مراقبة التشكل الاصطلاحي له في حدود التشكل الشعري للقصيدة، وفي حدود تلقي هذه الصورة واستقبالها من طرف المتلقي، وعلى نحو تصوري يجمع بين الخيال بوصفه مفهوما ثابتا، والتخييل بوصفه مفهوما متحولا.

ركزت (نظرية الشعر عند الجاحظ) وبحسب رؤية البحث على طبيعة التكوين البنائي الشعري العام، بأسلوبية بنيوية تبدأ من وحدة الصوت، ثم وحدة اللفظة (الدال)، وحتى أعلى مرحلة تكون تتمثل في تكامل القصيدة. أما توجه الجاحظ إلى التأكيد على موضوع العلاقة مع الآخر (الشاعر والمتلقي والموضوع)، بوصفه جزءا حيويا وفاعلا من النظرية، وما يشكله هذا الموضوع من رؤية يمكن أن تتدخل على رئيس وجوهري في بناء نظرية الشعر، فإن ذلك يستند عنده إلى مرجعية تشتغل على تأسيس الفضاء الثقافي والاجتماعي والرؤيوي للشعر، على النحو الذي يتدخل لاحقا في عمق التشكيل الشعري للقصيدة.

إن النتيجة المركزية الأهم التي يزعم البحث أنه حققها هي إلفات النظر إلى أهمية العودة إلى المناطق المضيئة في التراث العربي، والسعي بجهد وإخلاص إلى استكشاف جوهر الروح العلمية الحداثية فيه، واستثمار ما أمكن من آليات المنهجيات الحديثة وأدوات المعرفة الجديدة لاستكناه القيمة العالية في هذا الموروث.

وإذا كان بحثنا قد حقق بعض النجاح في التوصل بنظرية ذات أصول وقواعد ومنهج ورؤية واضحة عند الجاحظ في ميدان الفن الشعري، فإن البحث في الوقت عينه تمكن من الكشف عن مجالات عديدة في المفهوم والمصطلح والرؤية والمنهج

والنظرية في تراث الجاحظ نفسه، مما يكمن تناوله في دراسات أخرى تكشـف عـن منـاطق معرفيـة وعلمية وأدبية أخرى مضيئة ومشرقة في تراثه العلمي والأدبي.

وتحرض الدارسين في الوقت نفسه - كما نتمنى - على المضي قدما في قراءة التراث العربي مـن خـلال تناول من هو في قامة الجاحظ، وهو بحاجة إلى كشف وقراءة ودراسة وتعمق وإعادة إنتاج.

قائمة المصادر والمراجع

أولا: الرسائل الجامعية:

- التأثير والتأثر في النص النقدي العربي إلى آخر القرن السابع الهجري، أنور سعيد جواد، أطروحة دكتوراه، كلية الآداب، جامعة بغداد، 2005 م.

- الصورة الأدبية في الشعر الأموي، محمد حسين علي الصغير، رسالة ماجستير، كلية الآداب، جامعة بغداد، 1975 م.

- الصورة البيانية في الشعر العربي قبل الإسلام وأثر البيئة فيها، ساهرة عبد الكريم، رسالة دكتوراه، كلية الآداب، جامعة بغداد، 1984 م.

- الصورة الشعرية عند السياب، عدنان محمد علي المحادين، رسالة ماجستير، كلية الآداب، جامعة بغداد، 1986 م.

- الصورة في الشعر الحديث، د. سمير الدليمي، جامعة القاهرة، رسالة دكتوراه، 1977 م.

- متشابه الشواهد الشعرية عند النقاد العرب حتى نهاية القرن الخامس الهجري، محمد احمد شهاب العبيدي، جامعة تكريت - كلية التربية، رسالة ماجستير، 2005م.

- النابغة بين ناقديه قديما وحديثا، إيمان محمد إبراهيم العبيدي، رسالة ماجستير، جامعة بغداد، كلية التربية (ابن رشد)، 2001 م.

- النثر الفني في الدراسات النقدية عند العرب حتى نهاية القرن الخامس الهجري، رشيد حمودي رزوقي، رسالة ماجستير، جامعة بغداد، كلية التربية، 1983 م.

- الواصف والموصوف دراسة للوصف في الشعر الجاهلي، حيدر عبد الكاظم الجبوري، رسالة ماجستير، الجامعة المستنصرية، 2006 م.

ثانيا: الكتب المطبوعة:

☞ آثار الجاحظ، من التراث العربي، عمر أبو النصر، 1969 م.

☞ الأسلوب في الأعجاز البلاغي في القرآن الكريم، د. محمد كريم كواز، جمعية الدعوة الإسلامية، طرابلس، ليبيا، ط1، 1426 هـ

☞ الأسلوبية والبيان العربي، د. محمد عبد المنعم خفاجي، ود. محمد السعدي فرهود ود.عبد العزيز مشرف، الدار المصرية، اللبنانية، ط1، 1999م.

☞ إشكالية التعبير الشعري كفاءة التأويل، د. محمد صابر عبيد، دمشق، 2007.

☞ الأصول التراثية في نقد الشعر العربي المعاصر، دراسة نقدية في أصالة الشعر، عدنان قاسم، منشورات المنشأة الشعبية للنشر والتوزيع، ليبيا، ط 2، 1980.

☞ أصول النقد الأدبي، احد الشايب، القاهرة، 1973م.

☞ إعجاز القران، أبو بكر محمد بن الطيب الباقلاني، تحقيق: السيد أحمد الصقر، دار المعارف، مصر، 1963م

☞ إعراب القران الكريم وبيانه، محي الدين الدرويش، دار ابن كثير، دمشق، بيروت، ط 9، 2003م.

☞ الأغاني، أبو الفرج الأصفهاني، شرح سمير جابر، دار الفكر للطباعة والنشر، ط1، 1986م.

☞ البخلاء، أبو عثمان بحر الجاحظ، تقديم وتدقيق: يوسف الصميلي، المكتبة العصرية، سيدا، بيروت، لبنان، ط1، 2000م.

☞ البلاغة تطور وتاريخ، شوقي ضيف، دار المعارف، مصر، (د.ت).

- البلاغة عند الجاحظ، د. احمد مطلوب، دار الشؤون الثقافية للنشر، بغداد، ط1، 1983م.
- البلاغة والأسلوبية، د. محمد عبد المطلب، مكتبة لبنان، الشركة المصرية العالمية للنشر لونجمان، ط1، 1994م.
- بناء الصورة الفنية في البيان العربي، د. كامل حسن البصير، مطبعة المجمع العلمي العراقي،1987 م.
- بناء القصيدة الفني في النقد العربي القديم والمعاصر، مرشد الزبيدي، وزارة الثقافة والإعلام، بغداد، 1994م.
- بناء القصيدة في النقد العربي القديم في ضوء النقد الحديث، يوسف حسين بكار، دار الأندلس للطباعة والنشر، ط3، 1986م.
- البيان والتبيين، الجاحظ، كتب حواشيه: موفق شهاب الدين، دار الكتب العلمية، بيروت، لبنان، ط2، 2003م.
- تاريخ الأدب العربي، بروكلمان، نقله إلى العربية د. عبد الحليم النجار، دار المعارف، مصر، ط 3، (د.ت).
- تاريخ الأدب العربي - العصر الجاهلي- شوقي ضيف، الناشر ذوو القربى، ط1، 1426هـ.
- تاريخ الأدب العربي قبل الإسلام، د. نوري حودي القيسي- وآخرون، جامعة بغداد، ط2، 2000م.
- تاريخ النقد الأدبي عند العرب (نقد الشعر من القرن الثاني حتى القرن الثامن الهجري)، د. إحسان عباس، دار الشرق للنشر والتوزيع، عمان، الأردن (د.ت).
- تاريخ النقد العربي عند العرب من العصر الجاهلي إلى القرن السابع الهجري، طه أحمد إبراهيم، دار الحكمة، دمشق، ط1، 1972م.

- التراث النقدي والبلاغي للمعتزلة، د. وليد قصاب، دار الثقافة، الدوحة، ط1، 1985 م.

- تشريح النص، د. عبد الله محمد الغذامي، دار الطليعة للطباعة والنشر، ط 1، 1987م.

- التفسير النفسي للأدب، عز الدين إسماعيل، دار العودة، بيروت، ط 1، (د.ت).

- (تلخيص كتاب أرسطو طاليس)، ابن رشد (ضمن كتاب فن الشعر لأرسطو طاليس).

- الجاحظ منهج وفكر، د. داود سلوم، دار الشؤون الثقافية العامة، ط 1، 1989م.

- جمهرة أشعار العرب في الجاهلية والإسلام، أبو زيد محمد بن أبي الخطاب القرشي، دار نهضة مصر للطبع والنشر، القاهرة (د.ت).

- دراسات في الأدب الجاهلي، عبد العزيز نبوي، مؤسسة المختار للنشر والتوزيع، ط 3، 2000م.

- دراسات في الأدب العربي قبل الإسلام، نوري حمودي القيسي وآخرون، وزارة التعليم العالي، بغداد، ط 2، 2000م.

- دراسات في الشعر والمسرح، محمد مصطفى بدوي، القاهرة، ط 1، 1958م.

- دراسات نقدية في الأدب العربي، محمود الجادر، جامعة بغداد 1990م.

- دراسات نقدية معاصرة، ترجمة وتعليق: علي الحلي، دار الشؤون الثقافية العامة، بغداد، ط 1، 1986م.

- دفاع عن فن القول، د. عبد الكريم خلاب، الدار العربية للكتاب، ط 1، 1984م.

324

☜ دلائل الإعجاز، عبد القاهر الجرجاني، حققه: د. محمد رضوان الداية وفايز الداية، مكتبة سعد الدين، دمشق، ط 2، 1987م.

☜ ديوان لبيد بن ربيعة، اعتنى به: حمد وطماس، دار المعرفة، بيروت، لبنان، ط 1، 2004م.

☜ رسائل الجاحظ، الجاحظ، شرحها وقدم حواشيها عبد أمهنا، دار الحداثة طريق المطار، ط 1، 1988م.

☜ رسائل الجاحظ، الرسائل السياسية، الجاحظ، قدم لها: علي أبو ملحم، دار مكتبة الهلال، بيروت، ط 1987،1م.

☜ رسائل الجاحظ، الرسائل الكلامية كشاف آثار الجاحظ، الجاحظ، دار مكتبة الهلال، بيروت، ط 1، 1987م.

☜ الرمز والعلامة والإشارة، د. كعوان محمد ضمن "محاضرات الملتقى الرابع" السيماء والنص الأدبي، منشورات قسم الأدب العربي، مكتبة الأدب والعلوم الإنسانية والاجتماعية، جامعة محمد خضير بسكرة، الجزائر، ط1، 2006م.

☜ شرح ديوان الحماسة، أبو علي المرزوقي، نشره أحمد أمين، د. عبد السلام هارون، مطبعة لجنة التأليف والترجمة، القاهرة، ط 1، 1951م.

☜ شرح ديوان عنترة، دار الكتب العلمية، بيروت، لبنان، ط 1، 1985م.

☜ شرح ابن عقيل على ألفية ابن مالك، بهاء الدين عبد الله بن عقيل (ت 769هـ)، تحقيق: محي الدين عبد الحميد، دار الفكر، ط 1، (د.ت).

☜ شرح القصائد السبع الطوال الجاهليات، أبو بكر الانباري، تحقيق عبد السلام هارون، دار المعارف، مصر، ط 2، 1969م.

- شرح المعلقات السبع، الزوزني، تحقيق: محمد إبراهيم سليم، دار الطلائع للنشر والتوزيع، ط 1، 1994م.

- شعراء بصريون في القرن الثالث الهجري، محمد جبار المعيبد، منشورات مركز دراسات الخليج العربي، ط 1، 1977م.

- الشعر الجاهلي مراحله واتجاهاته الفنية، الهيئة المصرية العامة، ط 1، 1971م.

- الشعر العربي من الأبيات إلى القصيد منهج جديد في دراسة ونقد الأدب الجاهلي، د. عبد الحق حمادي الهواس، دار الأندلس، حائل، ط 1، 2006م.

- الشعر والرسم؟، فرانكلين لاوجزر، ترجمة مي مظفر، دار المأمون، وزارة الثقافة والإعلام، دار الكتب والوثائق، بغداد، ط 1، 1990م.

- الشعر والشعراء، ابن قتيبة، تحقيق: أحمد محمد شاكر، دار الحديث، القاهرة، ط 1، 2003م.

- الشعرية، العربية، أدونيس، دار الأدب، بيروت، لبنان، ط 1، 1984م.

- الصاحبي في فقه اللغة وسنن العرب في كلامها، ابن فارس (ت 395هـ)، تحقيق السيد أحمد الصقر، ط 1، 1977م.

- الصورة الأدبية، مصطفى ناصف، دار الأندلس للطباعة والنشر، بيروت، لبنان، 1981م.

- صورة بخيل الجاحظ الفنية من خلال خصائص الأسلوب في كتاب البخلاء، أحمد بن محمد بن أميريك، دار الشؤون الثقافية (آفاق عربية) بغداد، (د.ت).

- الصورة في التشكيل الشعري (دراسة بنيوية)، د. سمير علي سمير الدليمي، دار الشؤون الثقافية العامة، بغداد، ط 1، 1990م.

- الصورة الفنية في الشعر الجاهلي في ضوء النقد الحديث، د. نصرت عبد الرحمن، الأردن، ط 1، 1985م.

- الصيد والطرد في الشعر العربي حتى نهاية القرن الثاني الهجري، د. عباس مصطفى الصالحي، المؤسسة الجامعية للدراسات والنشر والتوزيع، بيروت، لبنان، ط 1، 1981م.

- طبقات الشعراء، محمد بن سلام الجمحي (ت231هـ)، مع تمهيد للناشر الألماني جوزيف هل، دراسة: طه أحمد إبراهيم، دار الكتب العلمية، بيروت، لبنان، ط 2، 1988م.

- طبقات فحول الشعراء، ابن سلام، تحقيق: محمود محمد شاكر، دار المدني، جدة، ط 1، (د.ت).

- علم الحشرات العام (الجزء العلمي) مجموعة من الأساتذة، منشورات جامعة الفاتح، ليبيا، ط 1، 1992م.

- العمدة في محاسن الشعر وآدابه ونقده، ابن رشيق القيرواني، تحقيق محمد محيي الدين عبد الحميد، دار الجيل للنشر والتوزيع والطباعة، بيروت، لبنان، ط 5، 1981م.

- عن اللغة والأدب (رؤية تاريخية ورؤية فنية)، أحمد الغراب، المركز العربي للثقافة والعلوم، بيروت، لبنان، ط 1، (د.ت).

- عيار الشعر، ابن طباطبا العلوي، تحقيق:عباس عبد الساير، مراجعة نعيم زرزور، منشورات علي بيضون، دار الكتب العلمية، بيروت، لبنان، ط 2، 2002م.

- فتح الباري في شرح صحيح البخاري، أحمد بن علي بن حجر العسقلاني، (ت852هـ) تبويب: محمد فؤاد عبد الباقي، دار السلام الرياض، ودار الفيحاء دمشق، ط 3، 2000م.

- الفسر أو شرح ديوان أبي الطيب المتنبي، ابن جني، تحقيق: صفاء خلوصي، دار الشؤون العلمية، بغداد، ط 1، 1988.

- فلسفة الأخلاق عند الجاحظ، عزت السيد أحمد، اتحاد الكتاب العربي، دمشق، ط 1، 2005م.

- فلسفة الجمال في الفكر المعاصر، محمد زكي العشماوي، دار النهضة العربية، بيروت، ط 1، 1980م.

- فن الترجمة في ضوء الدراسات المقارنة، صفاء خلوصي، مطبعة اللواء، بغداد، ط 2، 1958 م.

- فن الشعر، أرسطو طاليس، تحقيق: عبد الرحمن بدوي، النهضة المصرية، القاهرة، ط 1، 1954م.

- فن الوصف وتطوره في الشعر العربي، إيليا حاوي، منشورات دار الشرق الجديد، ط 1، 1959م.

- الفن ومذاهبه في النثر العربي، د. شوقي ضيف، مكتبة الدراسات الأدبية، دار المعارف، مصر، ط 1، (د.ت).

- فنون بلاغية، احمد مطلوب، بيروت، لبنان، ط 1، 1975م.

- القاموس المحيط، الشيخ محمد بن يعقوب الفيروز- أبادي، دار الفكر، بيروت، ط 1، 1983م.

- قراءة ثانية لشعرنا العربي، د. مصطفى ناصف، دار الأندلس للطباعة والنشر والتوزيع، ط 2، 1981 م.

- قراءة النص وجماليات التلقي، محمود عباس عبد الواحد، دار الفكر، القاهرة، 1996م.

- قضايا حول الشعر، عبدة بدوي، ذات السلاسل للطباعة والنشر، الكويت، ط 1، 1986م.

- قضية عمود الشعر في النقد العربي القديم (ظهورها وتطورها) وليد القصاب، المكتبة الحديثة، العين، الإمارات، ط 1، 1985م.

- الكامل في التاريخ، ابن الأثير (ت 630 هـ) إعداد: إبراهيم شمس الدين، دار الكتب العلمية، بيروت، لبنان، ط 1، (د.ت).

- الكامل في اللغة والأدب، أبو العباس بن يزيد المبرد (ت 285هـ) مؤسسة المعارف للطباعة والنشر، بيروت، لبنان، 2002م.

- كتاب التاج في أخلاق الملوك، الجاحظ، تحقيق: أحمد زكي باشا، المطبعة الأميرية، القاهرة، ط 1، 1914م.

- كتاب الحيوان، الجاحظ، تحقيق: محمد باسل عيون السود، دار الكتب العلمية، بيروت، ط 2، 2003م.

- كتاب الصناعتين الكتابة والشعر، أبو هلال العسكري، تحقيق: مفيد قمحة، دار الكتب العلمية، بيروت، لبنان، ط 2، 1989م.

- لسان العرب، ابن منظور (ت711هـ)، دار إحياء التراث العربي، بيروت، لبنان، ط 1، (د.ت).

- اللطائف والظرائف، الثعالبي، المطبعة العامرية الشرقية، مصر، 1300هـ.

- اللغة الشعرية في الخطاب العربي تلازم التراث والمعاصرة، محمد رضا مبارك، دار الشؤون الثقافية العامة، بغداد، ط 1، 1993م.

- المثل السائر في أدب الكاتب والشاعر، ابن الأثير، تحقيق: أحمد الحوفي وبدوي طبانة، دار النهضة، مصر للطباعة والنشر، ط 1، (د.ت).

- مجمع الأمثال، أبو الفضل أحمد بن محمد بن أحمد الميداني، تحقيق: أبو الفضل إبراهيم، دار الجيل، بيروت، لبنان، ط 2، 1987م.

☜ المحاسن والأضداد، الجاحظ، دار مكتبة العرقان، مطبعة الساحل الجنوبي، بيروت، (د.ت).

☜ محاضرات في تاريخ النقد عند العرب، ابتسام مرهون الصفار،وناصر حلاوي، مطبعة الموصل، وزارة التعليم العالي، العراق، ط 1، 1990م.

☜ المدخل في النقد الأدبي، نجيب فايق اندراوس، مكتبة الأنجلو مصرية، القاهرة، مصر، ط 1، 1974م.

☜ المرشد إلى عالم الحشرات الطبية، ترجمة علي محمد سليط وآخرون، جامعة الموصل، ط 1، (د.ت).

☜ المزهر في علوم اللغة وآدابها، جلال الدين السيوطي (ت 911هـ)، ضبطه: فؤاد علي منصور، منشورات محمد علي بيضون، دار الكتب العلمية، بيروت، لبنان، ط 1، 1998م.

☜ مستقبل الشعر وقضايا نقدية، عناد غزوان، دار الشؤون الثقافية العامة، بغداد، ط 1، 1994م.

☜ المصباح المنير في غريب الشرح الكبير، الفيومي، مطبعة الكتبي، مطبعة الحلبي وأولاده، ط 1، 1931 م.

☜ معجم شعراء تهذيب اللغة، داود غطاشة، دار الفكر للطباعة والنشر والتوزيع، الأردن، ط 1، 1999م.

☜ معجم مصطلحات الأدب، مجدي وهبة، مكتبة لبنان، بيروت، ط 1، 1974م.

☜ معجم المصطلحات الأدبية المعاصر، ترجمة سعيد علوش، دار الكتاب اللبناني، بيروت، موشيريس، الدار البيضاء، ط 1، 1985م.

معراج النص دراسات في السرد الروائي، نضال الصالح، ط 1، 2003م.

مفاهيم الجمالية والنقد في أدب الجاحظ، د. ميشيال عاصي، موسى نوفل، دار الفكر للطباعة، بيروت، لبنان، ط 2، 1981م.

المفصل في تاريخ العرب قبل الإسلام، جواد علي، مكتبة جرير، ط 1، 2006م.

مفهوم الشعر دراسة في التراث النقدي، د. جابر أحمد عصفور، المركز العربي للثقافة، ط 1، 1982م.

مقالات في تاريخ النقد العربي، داود سلوم، منشورات وزارة الثقافة والأعلام، سلسلة دراسات (277)، دار الرشيد للنشر، ط 1، 1981م.

مقدمة ابن خلدون المسمى بكتاب العبر وديوان المبتدأ والخبر، ابن خلدون، (ت808هـ)، دار العودة، بيروت، ط 1، (د.ت).

مقدمة في دراسة الحشرات، تأليف د. رونالدجي بودور، دوايت، م. دي لولج، دار النهضة العربية، ط 1 ، 1966م.

مقومات عمود الشعر الأسلوبية في النظرية والتطبيق، د. رحمن غركان، منشورات اتحاد الكتاب العرب، دمشق، ط 1، 2004م.

المناحي الفلسفية عند الجاحظ، د. علي أبو ملحم، دار الطليعة للطباعة والنشر بيروت، (د.ت).

منهاج البلغاء وسراج الأدباء، أبو الحسن حازم القرطاجي ت (684هـ)، تحقيق محمد الحبيب بن خوجة، دار الكتب الشرقية، تونس، ط 1، 1966م.

الموازنة بين شعر أبي تمام والبحتري، الأمدي، تحقيق: السيد أحمد الصقر، دار المعارف، القاهرة، مصر، ط 2، 1973م.

- مواقف في الأدب والنقد، عبد الجبار المطلبي، دار الحرية للطباعة والنشر، بغداد، ط 1، 1980م.

- موسوعة شعراء صدر الإسلام والعصر الأموي، عبد عون الروضان، دار أسامة للنشر والتوزيع، الأردن، عمان، ط 1، 2001م.

- الموشح، أبو عبد الله محمد بن عمران بن موسى المرزباني، (ت 384 هـ)، تحقيق علي محمد علي البجاوي، دار نهضة، مصر، 1965م.

- النثر الفني وأثر الجاحظ فيه، عبد الحكيم بليغ، مكتبة وهبة، القاهرة، ط 1، 1975م.

- نظريات الشعر عند العرب (الجاهلية والعصور الإسلامية)، مصطفى الجوزو، دار الطليعة للطباعة والنشر، بيروت، ط 1، (د. ت).

- نظرية الأدب، احمد السعدي، الطليعة باسيوط، مصر، ط 1، 1979م.

- نظرية الأدب، رينية ويلك أوستن وارين، ترجمة محيي الدين صبحي، دمشق، ط 1، 1972م.

- نظرية الأدب في القرن العشرين، ترجمة محمد العمري، إفريقيا الشرق، ط 1، 1996م.

- نظرية التلقي، روبرت هولب، ترجمة عز الدين إسماعيل، النادي الأدبي الثقافي، جدة، ط 1، 1994م.

- نظرية الشعر عند الفلاسفة المسلمين من الكندي حتى ابن رشد، د. الفت كمال الروبي، ط 1، لبنان، 1983م.

- نظرية النقد العربي وتطورها إلى عصرنا، محيي الدين صبحي، الدار العربية للكتاب، ليبيا، تونس، ط 1، 1984 م.

- نظرية المعنى في النقد العربي، مصطفى ناصف، دار القلم، القاهرة، 1965م.

- النظرية النقدية عند العرب، هند حسين طه، منشورات وزارة الثقافة والإعلام العراقية، دار الرشيد للنشر، سلسلة دارسات (283)، ط 1، 1981م.
- نقائض جرير والفرزدق، بيفان، أعاد طبعه بالاوفست قاسم محمد رجب، مكتبة المثنى، ببغداد، ط 1، (د.ت)
- النقد الأدبي، د.محمد رمضان الجربي وعلي رمضان الجربي، ليبيا، اللجنة الشعبية العامة، 2001 إفرنجي.
- النقد الأدبي الحديث، د. علي عبد الرزاق حمود، وزارة التعليم العالي، جامعة بغداد، العراق، ط 1، 1991 م.
- النقد الأدبي الحديث أصوله واتجاهاته، أحمد كمال زكي، النهضة الغربية، بيروت، لبنان، ط 1، 1981م.
- نقد الشعر، أبو الفرج قدامة بن جعفر، تحقيق كمال مصطفى، مكتبة الخانجي، القاهرة، ط 1، (د.ت).
- النقد المنهجي عند الجاحظ، د. داود سلوم، راجعه د. عبد الرزاق محي الدين، مطبعة المعارف، بغداد، ط 1، 1960 م.

ثالثا: البحوث المنشورة:

أ- المجلات.

- الأشكال التعبيرية في رسائل الجاحظ الأدبية، صالح بن رمضان حوليات الجامعة التونسية، العدد (29)، 1988م.
- التجريد البلاغي الدلالة والتوظيف (دراسة نقدية)، د. عبد السلام محمد رشيد الدليمي، مجلة الأستاذ، جامعة بغداد، كلية التربية (ابن رشد)، عدد (6)، 1997م.

☞ التفسير الأسطوري للشعر القديم، مجلة فصول، مجلد (3)، عدد (3) ابريل.

☞ تطور النظرية الأدبية، تودروف، ترجمة مها هلال أبو العـلا، مجلـة (ألـف)، الجامعـة الأمريكيـة، القاهرة، عدد (1)، 1981م.

☞ الجاحظ رائد الجمالية العربية، علي أبو ملحم، مجلة الفكر العربي، عدد (46)، 1987م.

☞ الخطوط العامة في تطور الشعر العـربي في الجاهليـة حتـى العصـرـ العبـاسي، داود سـلوم، مجلـة كلية الآداب، جامعة بغداد، عدد (11)، حزيران، 1968م.

☞ الرواية المكتوبة للشعر الجاهلي قبل الإسلام، د. عبد اللطيف الطائي، مجلة جامعـة تكريـت، مجلد (13)، عدد (6)، 2006م.

☞ في ترجمة الشعر، د. عبد الصاحب مهدي علي، مجلة آداب المستنصرية، عدد (15)، 1987م.

☞ القارئ في النص، (نظرية التأثير والاتصال) د. نبيلة إبراهيم، مجلة فصول المصريـة، مجلـد 5، عدد (1)، 1984م.

☞ محاورات مع النثر العربي، د. مصطفى ناصف، الكويت، سلسلة عالم المعرفة، عـدد (218)، شباط، 1997م.

☞ المعنى عند الجاحظ، د. ماهر هلال، مجلة آداب المستنصرية، العراق، عدد (15)، 1987م.

☞ نظرية الجاحظ في الترجمة، د. مصطفى عبـد الحميـد، مجلـة المـورد، مجلـد (7)، عـدد (4)، 1978م.

☞ الهيرمونيطيقا ومعضلة تفسير النص، نصر حامد أبو زيد، فصول،3 ابريل 1981م.

ب- الانترنت.

☞ الترجمة المعاكسة، خضير ميري، جريدة الصباح، الصفحة الرئيسة.

☞ خطاب الطبع والصنعة رؤية نقدية في المنهج والأصول، مصطفى درواش.

☞ ديوان نجد، بقلم وضحاء آل زغير (السرقات الشعرية).

☞ الشعر الجاهلي أول وجديد، د. إبراهيم عوض، موقع زبطة، أدباء الشام.

☞ الشعرية العراقية (الانزياح النظري) قراءة العقل الشعري أنموذجا، خالد البابلي، جريدة الصباح.

☞ الشعر والعالمية، عبد الوهاب البياتي، جريدة الفينيق، عدد (5)، عمان، الأردن.

☞ صعوبة ترجمة الشعر بين كبر الطموح وقلة الحيلة، رمضان مهلهل سدخان، مجلة دروب، 10 مايو، 2006م.

☞ القصيدة العمودية.. وحلم الشعر العربي، منتديات الساخر.

☞ القضايا النقدية في النثر الصوفي حتى القرن السابع الهجري، وضحى يونس، منشورات اتحاد الكتاب العرب، دمشق، 2006م.

☞ كلمات ورؤى استعصاء ترجمة الشعر، حسن اللوزي، أدب وثقافة، العدد (241).

☞ اللفظ والمعنى في النقد العربي القديم، أسماء الزهراني، منتديات أزاهير أدبية (مختصرات نقدية).

☞ مختصر معالم مكة التاريخية (2)، مجلة ميقات الحج، عدد (4) 1416 هـ.

☞ موسوعة المفاهيم، (ن).

☞ وظيفة الشعر في الخطاب البلاغي، فاضل عبود التميمي، ووسن عبد المنعم الزبيـدي، بيـت الشعر العراقي.

☞ وظيفة الشعر في النقد العربي القديم، د. وليد إبراهيم قصاب، مجلـة التـراث العربـي، اتحـاد الكتاب العرب، دمشق، عدد (102) السنة السادسة والعشرون، نيسان، 2006 م.